-10KG 밀가루 단식

내 몸 리셋 다이어트

최선녀 지음

−10KG 밀가루 단식
내 몸 리셋 다이어트

초판 1쇄 발행 2021년 6월 25일
초판 4쇄 발행 2021년 7월 22일

지은이 최선녀

발행인 우현진
발행처 용감한 까치
출판사 등록일 2017년 4월 25일
대표전화 02)2655-2296
팩스 02)6008-8266
홈페이지 www.bravekkachi.co.kr
이메일 aoqnf@naver.com

기획 및 책임편집 우혜진
디자인 죠스 **교정교열** 이정현 **마케팅** 리자 **포토그래퍼** 내부순환스튜디오 김지훈 **요리 촬영 어시스턴트** 김소영
화보 사진 제공 미드나잇안단테, 크레용크래프트, 밸런스버튼, 블룸브라이드, 민디무비, 베이보릿스튜디오, 나이키
CTP 출력 및 인쇄·제본 상지사

- 잘못된 책은 구입한 서점에서 바꿔드립니다.
- 이 책에 실린 모든 내용, 디자인, 이미지, 편집 구성의 저작권은 도서출판 용감한 까치와 지은이에게 있습니다.
  허락 없이 복제하거나 다른 매체에 옮겨 실을 수 없습니다.

ISBN 979-11-971969-7-3(13590)

ⓒ 최선녀
정가 19,800원

감성의 키움, 감정의 돌봄 용감한 까치 출판사

용감한 까치는 콘텐츠의 樂을 지향하며 일상 속 판타지를 응원합니다. 사람의 감성을 키우고 마음을 돌봐주는 다양한 즐거움과 재미를 위한 콘텐츠를 연구합니다. 우리의 오늘이 답답하지 않기를 기대하며 뻥 뚫리는 즐거움이 가득한 공감 콘텐츠를 만들어갑니다. 아날로그와 디지털의 기발한 콘텐츠 커넥션을 추구하며 활자에 기대어 위안을 얻을 수 있기를 바랍니다. 나를 가장 잘 아는 콘텐츠, 까치의 반가운 소식을 만나보세요!

세상에서 가장 용감한 고양이 '까치'

동물 병원 블랙리스트 까치.
예쁘다고 만지는 사람들을 마구 물고 할퀴는 회색 고양이.
까치는 일명 못된 고양이로 소문 나 있지만, 누구보다도 사람들을 사랑하는 고양이예요.
사람들과 친해지고 싶은 마음에 주위를 뱅뱅 맴돌지만, 정작 손이 다가오면
너무 무서워 할퀴고 보죠.

어느 날, 구석에서 혼자 울고 있는 까치에게
한 아저씨가 다가와 손을 내밀었어요.
"만져도 되겠니?"라는 말과 함께 천천히 기다려준 그 아저씨는
"인생은 가까이에서 보면 비극이지만, 멀리서 보면 코미디란다"라는 말만 남기고
하하 호호 웃으며 휑하니 가버리는 게 아니겠어요?
울고 있던 까치는 그 말이 무슨 뜻인지 아저씨를 찾아 직접 물어보고 싶어졌어요.
결국 용기를 내 아저씨를 찾아 '용감'하게 길을 나서기로 결심했죠.
그래도 아직은 무서우니까,
용기를 잃지 않기 위해 아저씨가 입던 옷과 똑같은 옷을 찾아 입고
사람들에게 뻥 뚫리는 즐거움을 줄 수 있는 '뚫어뻥' 지팡이를 들고 길을 나섭니다.

과연 겁 많은 고양이 까치는 사람들을 마음껏 사랑할 수 있는
세상에서 가장 용감한 고양이가 될 수 있을까요?

내 나이 스물여섯 살, 몸무게는 70kg.
술과 야식을 즐기는 평범한 레스토랑의 홀 서비스 직원이다.
유니폼이 꽉 끼어서 불편하다. 매사 피곤하고 무기력하다.
예쁜 옷을 입고 싶은데 뚱뚱한 내 몸이 너무 싫다. 인생이 재미없다.

당시 말끝마다 자기비하를 하며 외적으로 자신감 없고 자존감 떨어지던 나였다.
성격은 점점 뾰족해졌다. 누가 나한테 칭찬을 하면 몸둘 바를 모르겠고,
다가오는 사람을 의심하고 경계했다. 상대방의 생각과 시선에 갇혀 사니 나 스스로 숨이 막혀 죽을
것 같았다. 그래서 건강해지고 싶어서, 살고 싶어서 다이어트를 하자고 다짐했다.

가장 먼저 인터넷 검색창에 다이어트하는 방법을 찾아봤다.
모두가 뻔히 아는 "닭 가슴살, 고구마, 달걀, 채소를 먹어라",
"매일 운동을 해라" 등등의 내용이었다.
곧바로 회사 근처 헬스장을 등록했고 야식이랑 술을 끊었다. 회사에는 도시락을 싸 갔다. 주변 사람
들 대부분이 "네가 다이어트를 한다고?"라며 코웃음 쳤지만
지금까지 입으로만 내뱉고 수백 번은 포기했던 다이어트를 이번에는 제대로 해보고 싶었다.

> 단 1년만이라도 네가 거울을 보고
> '내 몸 죽인다'라고 생각할 수 있도록 해라.

그때쯤 우연히 인터넷에서 방송인 홍석천 님의 글귀를 보았다.

"단 1년만이라도 네가 거울을 보고 '내 몸 죽인다'라고 생각할 수 있도록 해라.
인간이 100년을 사는데 1년만 그렇게 사는 게 어려운 건 아니잖아.
1년을 그렇게 살다 보면 30~40대가 돼도 그 즐거움을 알기 때문에 관리하게 된다.
몸이 변하면 만나는 사람이 달라진다. 인생이 달라질 수도 있다니까?"

이 글을 읽자마자 멍해졌다. 그냥 멍해졌다. 정말 아무 말도 할 수 없었다.
나는 '노력의 결실'이라는 걸 잘 모르는 사람이었다.

정말로 1년만 미치면 내 상황이 달라질까?
의심스럽고 믿어지지 않았지만 정말 바뀌고 싶었다.
그래 1년만 미쳐보자. 딱 1년만 해보고 변화 없으면 그땐 평생 이 몸으로 살자.

이렇게 다짐하며 주변 사람들 연락을 끊고, 술을 끊고, 야식을 끊으며 철저하게 나를 관리했다.

그렇게 3개월 만에 15kg을 감량했다.
조금만 움직여도 헉헉대며 땀이 비 오듯 흐르던 몸은 없어지고 피로도, 무기력도 완전히 사라졌다. 유니폼은 점점 작은 치수로 바뀌어 기쁜 소비를 하게 됐고, 길 가다 마주친 동창이 나를 못 알아보기까지 했다. 작심삼일로 그치던 평소와 다르게 집중해서 다이어트를 하는 내 모습에 지인들도 하나둘 내 다이어트에 관심을 가지기 시작했다. 몸의 변화를 느낄수록 계속 더 노력하고 싶었고, 마치 이에 화답하듯 몸은 점점 바뀌어갔다. 한 가지에 집중해 꾸준히 노력하면 반드시 성과를 본다는 사실을 실감했다. 거울을 볼 때마다 성취감과 자신감이 날로 커졌다.

그렇게 다이어트에 성공한 후 그 모습을 약 2년 동안 유지했다.
그러다 어느 순간 "이제 더 이상 살이 안 찌는 체질이 된 것 같아"라며 뭔지 모를 자신감으로 관리를 놓아버리고 다시 먹는 재미에 빠져버리고 말았다.
예전처럼 음주를 즐기고 야식과 친해지며 나를 돌보지 않았다.

그때 나는 잦은 장염으로 특히 고생을 했고
불규칙한 수면 리듬으로 불면증이 있었으며,
원래 입던 옷은 전부 작아지고, 피곤과 통증에 지배당했다.
사진을 찍을 때마다 눈에 띄게 비대해진 몸이 보였다. 내가 어쩌다 이렇게 된 건지 한심하기 그지없었다. 자신감도 점점 떨어지기 시작했다.
나름 '15kg 감량'이라는 수식어를 달고 건강하게 운동하고 즐겼다고 생각했는데, 관리에 소홀해 10kg 가까이 요요가 오니 내 몸이 너무 싫고 내가 싫었다.

다시 다이어트를 해서 이 무기력에서 빠져나오고 싶었다.
가장 먼저 뭘 해야 할까 생각하며 주변을 정리했다.
그러던 중 갑자기 신랑이 전에 한 말이 스쳐 지나갔다.
"나는 장염 걸려본 적이 없는 것 같은데, 선녀는 너무 자주 배가 아픈 것 같아."
화장실에서 씨름을 하는 나를 보며 한 말이었다.
"나 배가 아파", "속이 좋지 않아"라는 말을 달고 살던 나.

바로 노트를 펴서 내가 가장 좋아하는 음식을 쭉 나열해봤다.
돈가스, 탕수육, 라면, 피자, 케이크, 도넛….
보자마자 머릿속에서 '밀가루'라는 단어가 스쳐 지나갔다.
'아, 내가 밀가루를 정말 좋아하는구나.'

밀가루가 건강에 좋지 않고 소화를 방해한다는 건 너무나 잘 알고 있던 사실이었기 때문에,
추진력 강한 나는 밀가루를 끊어야겠다고 난생처음 다짐했다.
인터넷으로 밀가루의 단점을 찾으면 찾을수록 밀가루를 끊어야겠다는 생각은 더 확고해졌고,
밀가루와 장 건강의 관계에 관심이 생겨 서점에서 장 관련 도서를 찾아 읽었다.

8월 18일, 밀가루 단식을 하루 앞둔 날.
친구들과 밀가루 쫑파티를 했다.
나의 마지막 밀가루 만찬은 칼국수였다.
"나 밀가루 끊고 관리 열심히 해서 살도 빼고 건강 되찾을 거야."
주변 사람들에게 동네방네 소문내며 이렇게 말하면 주로 이런 반응이 돌아왔다.
"밀가루를 어떻게 끊어?"
"밀가루를 끊으면 뭘 먹어?"
"난 절대 못해(절레절레)."
이해할 수 없다는 주변 사람들의 반응은 오히려 나를 더 절실하게 만들었다. 더 절실하게 밀가루를 끊고 싶어졌다.
남들이 쉽게 못하는 것인 만큼 더 확실히 해내고 싶었다.

2019년 8월 19일 월요일. 밀가루 단식 시작.
밀가루 단식을 시작한 후 처음 목표로 한 3주를 가뿐히 달성했고,
다시 50일로 바뀐 목표는 어느새 100일까지 해보자는 생각으로 바뀌었다.
그렇게 100일을 채웠을 때,
내가 처음에 목표했던 것을 모두 이뤄냈다.
전보다 더 많이 감량했고,
좋지 않았던 컨디션도 건강도 모두 되찾았다.

4년 전 느꼈던 반복의 힘을 다시 느끼니, 내가 살아 있는 게 느껴졌다.
밀가루를 끊고 나니 마치 세포 하나하나가 건강해지고 흐릿하던 시야가 뚜렷해지는 기분이
랄까. 먹지 못해 힘은 없을지언정 기운은 항상 넘쳐났다.
왜 밀가루 끊을 생각을 평생 못했을까.
이렇게 몸이 건강하고 가벼운데 왜 이 행복을 몰랐을까 싶어
주변 사람들에게 밀가루 단식이 주는 이로움을 얘기하고
나의 생각과 변화를 SNS에 기록하기 시작했다.
생각보다 사람들은 밀가루 끊기에 관심이 많았다. 그리고 하고 싶어 했다.
내 변화를 신기해했다. 나는 더 많은 사람들에게 나의 행복을 공유하며 알려주고 싶었다.
그래서 지금 이 책을 쓰고 있다.

노력해야지 말로만 반복하는 건 누구나 할 수 있는 일이니,
밀가루 단식을 통해 내 변화를 느끼며 사소한 습관부터 바꿔보자고 생각했다.
꾸준함과 반복은 반드시 결과를 만든다는 것을 믿었기 때문에
어디서든 그 방법은 통했다.
처음에는 습관을 만들다 보니 몸이 불편했지만, 나중에는 지키지 않으면 몸이 불편했다.
날이 갈수록 밀가루 단식에 익숙해지고 건강한 습관이 자리를 잡아갔다.
매일 나와 한 약속을 지키려고 이 악물고 힘든 과정을 보냈지만
그 과정에서 얻을 수 있는 사소한 것들이 전부 감사했다.
감사함은 절제력을 만들었고 절제력은 자존감을 만들었다.

단순히 체중계 숫자만 줄이거나 사진 촬영용 몸매를 만들기 위해서,
또는 여름철 비키니를 입기 위해 벌인 일시적인 퍼포먼스였다면
강박증에 시달려 나가떨어졌을지도 모른다.

평생 다이어트 없이 살고 싶었다.
밀가루 단식은 나의 다이어트를 '자기 관리'라는 타이틀로 바뀌게 했다.
지금도 밀가루 단식은 나에게 자기 관리 중 하나로 자리 잡고 있다.

하루하루를 투자해서 진짜 나를 알아가는 과정,
죽을힘을 다해 미쳐보더라도 '나를 아는 힘'으로 평생 행복하게 보낼 수 있다면
이전으로 돌아가도 다시 이 과정을 똑같이 참아낼 수 있다.
그만큼 지금 느끼는 행복감은 이루 말할 수 없다.

사람들이 가장 많이 묻는 것은
"밀가루 단식 해서 뭐가 좋아졌나요?"라는 것이다.
건강한 몸, 너그러워진 마음가짐, 반복의 힘,
또 다른 목표 설정, 자신감.
뭘 더 말할 수 있을까.

아무리 사소하더라도 의지력을 능가하는 건 단 하나, 작은 습관의 힘!
당신을 바꿀 히든 키는 의지가 아니라 습관이다.

일러두기

틀어진 내 몸의 균형을 맞추는 '내 몸 리셋 프로젝트'
저자가 몸으로 직접 검증한 100일 식단

저자가 실제로 10kg을 '건강하게' 감량하는 데 도움을 준 100일간의 밀가루 단식 식단을 소개합니다. 손이 많이 가는 다이어트는 이제 그만! 레시피가 복잡한 다이어트 요리도 이제 그만! 무작정 굶는 다이어트는 진짜 그만! 일주일 치 재료를 미리 준비하는 '일주일 밀프렙'으로 배부르고 쉽게 다이어트하는 방법을 소개합니다.

 일주일간의 다이어트를 한 번에 준비하는 밀프렙

 매주, 매일 생생하게 읽는 저자의 진짜 후기와 꿀팁

 100일간 아침, 점심, 저녁, 간식을 그대로 따라 하는 밀가루 단식 다이어트

알려드립니다!

- 본서에 구성된 100일간의 레시피는 저자가 실제 100일 동안 먹었던 레시피로, 조리가 필요한 레시피에는 저자만의 조리법을 함께 구성했습니다. 개인의 기호 및 상황에 따라 조리법을 다르게 응용해 요리하실 수 있습니다.
- 매주 구성된 밀프렙 이미지는 이해를 돕기 위한 사진으로, 실제 밀프렙에 필요한 재료 및 재료량과 다를 수 있습니다.
- 간식으로 먹는 아메리카노는 밀프렙 리스트 및 이미지에서 제외했습니다.
- 각 레시피의 이미지는 저자가 실제 먹었던 양을 기준으로 하여 구성된 이미지로, 실제 개인의 섭취량과는 다소 차이가 있을 수 있습니다.
- 10kg 감량은 실제 저자가 100일 동안 밀가루 단식 다이어트를 하며 감량했던 것으로, 본서의 100일 레시피를 그대로 따라 했을 때의 체중 감량은 개인에 따라 다를 수 있습니다.

매주 새롭게 불태우는 다이어트 의지

이제 끝이 없는 다이어트에 지치지 마세요. 주마다 새로운 다이어트 목표와 습관 성형 목표를 정해 매번 새로운 의지와 힘을 가질 수 있도록 구성했습니다. 또 친언니처럼 다독이는 응원 메시지와 다이어트 선배의 촌철살인 메시지를 담은 저자의 에세이를 매주 수록해 다이어트 동력을 잃지 않도록 했습니다.

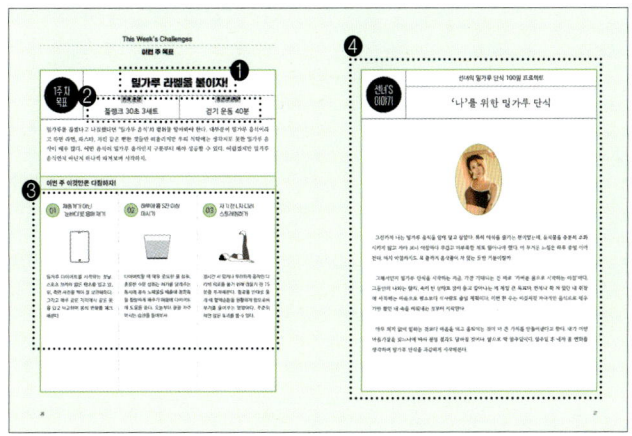

❶ 매주 새로운 목표를 미션 형태로 제시합니다.
❷ 매주 운동 프로그램을 제공합니다. 각 근력 운동과 유산소 운동은 일일 운동량입니다.
❸ 매주 새로운 습관 성형 미션을 제공해 건강한 다이어트를 할 수 있도록 도와줍니다.
❹ 저자가 실제 매주 도전하며 기록한 후기와 생각을 에세이로 구성해 약해질 수 있는 의지를 다시금 다잡게 해줍니다.

 한눈에 보는 일주일 식단

저자가 실제로 10kg 감량에 성공한 식단을 가감 없이 담았습니다. 매일 챙겨 먹은 간식까지 꼼꼼하게 담아, 100일간의 밀가루 단식 다이어트를 똑같이 따라 할 수 있도록 했습니다.

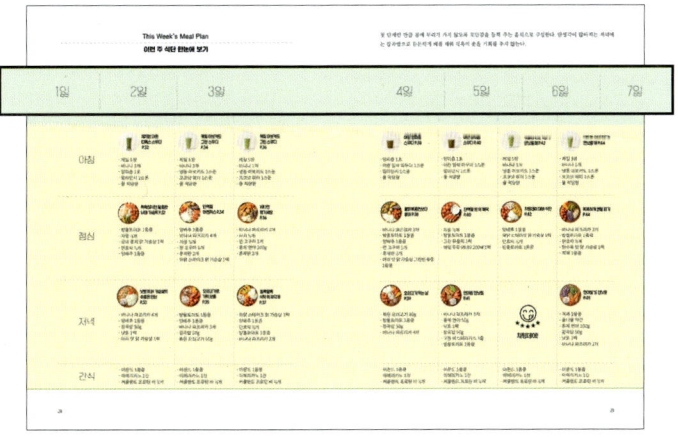

일주일에 딱 한 번 준비해 매일 쟁여두고 먹는 '일주일 밀프렙'

식단을 토대로 일주일 동안 먹어야 할 음식을 미리 준비할 수 있는 '일주일 밀프렙'을 소개합니다. 어느 마트에서나 쉽게 구입할 수 있는 신선 식품과 저자가 직접 엄선해 실제로 먹은 시판 제품으로 나눠 소개했습니다.

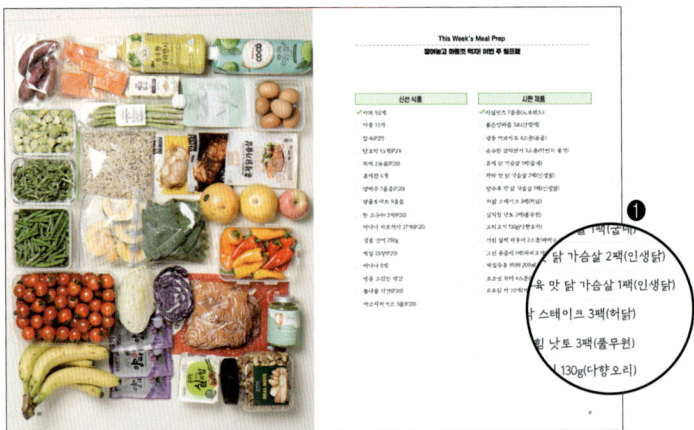

❶ 식단에 포함된 시판 제품은 저자가 실제 먹은 제품의 이름과 브랜드명을 함께 표기해 번거롭게 따로 찾아볼 필요 없도록 했습니다.
❷ 손질이나 조리가 필요한 식품의 경우, 손질·조리법을 소개한 페이지를 함께 구성했습니다.

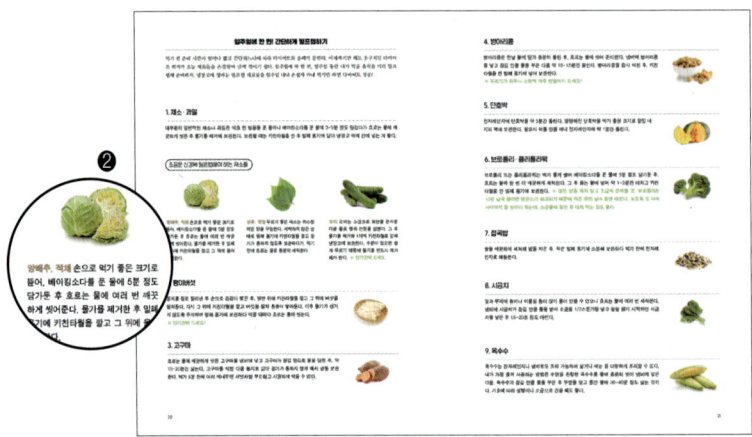

손질 조리가 필요한 재료들의 밀프렙 방법을 정리해두었습니다.

매일 그대로만 따라 하면 성공하는 밀가루 단식 다이어트

아침부터 저녁까지 그대로 따라만 하면 되도록 저자의 실제 식단을 일별로 소개합니다. 왼쪽 상단에서 아래로, 또 오른쪽 상단에서 아래로 '아침 - 점심 - 간식 - 저녁'의 흐름으로 구성해 쉽게 따라 할 수 있도록 했습니다.

❶ 필요한 재료와 조리 필요 여부를 확인할 수 있습니다. 조리가 필요한 경우, 상세 레시피도 함께 실어 따라 하기 쉽게 했습니다.
❷ 성공적인 밀가루 단식 다이어트를 위한 저자의 '꿀팁'을 생생하게 소개했습니다.
❸ 저자가 매일 기록한 일기를 함께 담아, 그때의 저자와 지금의 내가 서로 응원하며 함께 다이어트하는 느낌을 가질 수 있도록 했습니다.

Contents

프롤로그 P.4 ㅣ 일러두기 P.12 ㅣ 밀프렙 가이드 P.20 ㅣ 건강한 다이어트의 시작, '걷기' P.23 ㅣ 에필로그 '100일을 마무리하며' P.344

PART 1. 시작이 반! 일단 시작하는 밀가루 단식

1주

- 1주 차 목표   P.26
- 1주 차 식단   P.28
- 1주 차 밀프렙   P.30
- 1주 차 따라 하기 P.32
  - 1일
  - 2일
  - 3일
  - 4일
  - 5일
  - 6일
  - 7일

2주

- 2주 차 목표   P.48
- 2주 차 식단   P.50
- 2주 차 밀프렙   P.52
- 2주 차 따라 하기 P.54
  - 8일
  - 9일
  - 10일
  - 11일
  - 12일
  - 13일
  - 14일

3주

- 3주 차 목표   P.70
- 3주 차 식단   P.72
- 3주 차 밀프렙   P.74
- 3주 차 따라 하기 P.76
  - 15일
  - 16일
  - 17일
  - 18일
  - 19일
  - 20일
  - 21일

4주

- 4주 차 목표   P.92
- 4주 차 식단   P.94
- 4주차 밀프렙   P.96
- 4주 차 따라 하기 P.98
  - 22일
  - 23일
  - 24일
  - 25일
  - 26일
  - 27일
  - 28일

PART 2. 본격적으로 돌입하는 밀가루 단식

5주
- 5주 차 목표　　P.114
- 5주 차 식단　　P.116
- 5주 차 밀프렙　　P.118
- 5주 차 따라 하기　P.120

29일
30일
31일
32일
33일
34일
35일

6주
- 6주 차 목표　　P.136
- 6주 차 식단　　P.138
- 6주 차 밀프렙　　P.140
- 6주 차 따라 하기　P.142

36일
37일
38일
39일
40일
41일
42일

7주
- 7주 차 목표　　P.158
- 7주 차 식단　　P.160
- 7주 차 밀프렙　　P.162
- 7주 차 따라 하기　P.164

43일
44일
45일
46일
47일
48일
49일

8주
- 8주 차 목표　　P.180
- 8주 차 식단　　P.182
- 8주 차 밀프렙　　P.184
- 8주 차 따라 하기　P.186

50일
51일
52일
53일
54일
55일
56일

PART 3. 점점 습관이 되는 밀가루 단식

9주
- 9주 차 목표　　P.202
- 9주 차 식단　　P.204
- 9주 차 밀프렙　　P.206
- 9주 차 따라 하기　P.208

57일
58일
59일
60일
61일
62일
63일

10주
- 10주 차 목표　　P.224
- 10주 차 식단　　P.226
- 10주 차 밀프렙　　P.228
- 10주 차 따라 하기　P.230

64일
65일
66일
67일
68일
69일
70일

11주
- 11주 차 목표　　P.246
- 11주 차 식단　　P.248
- 11주 차 밀프렙　　P.250
- 11주 차 따라 하기　P.252

71일
72일
73일
74일
75일
76일
77일

12주
- 12주 차 목표　　P.268
- 12주 차 식단　　P.270
- 12주 차 밀프렙　　P.272
- 12주 차 따라 하기　P.274

78일
79일
80일
81일
82일
83일
84일

PART 4. 당신이라고 못할 것 없습니다

13주

- 13주 차 목표　　P.290
- 13주 차 식단　　P.292
- 13주 차 밀프렙　P.294
- 13주 차 따라 하기 P.296

　　　　　85일
　　　　　86일
　　　　　87일
　　　　　88일
　　　　　89일
　　　　　90일
　　　　　91일

14주

- 14주 차 목표　　P.312
- 14주 차 식단　　P.314
- 14주 차 밀프렙　P.316
- 14주 차 따라 하기 P.318

　　　　　92일
　　　　　93일
　　　　　94일
　　　　　95일
　　　　　96일
　　　　　97일
　　　　　98일

15주

- 15주 차 목표　　P.334
- 15주 차 식단　　P.336
- 15주 차 밀프렙　P.338
- 15주 차 따라 하기 P.340

　　　　　99일
　　　　　100일

"이제 시작, START"

일주일에 한 번! 간단하게 밀프렙하기

먹기 전 준비 시간이 얼마나 짧고 간단하느냐에 따라 다이어트의 승패가 갈린다. 어제까지만 해도 솟구치던 다이어트 의지가 오늘 재료들을 손질하며 금세 꺾이기 쉽다. 일주일에 딱 한 번, 일주일 동안 내가 먹을 음식을 미리 밀프렙해 준비하자. 냉장고에 쟁여둔 밀프렙 재료들을 일주일 내내 손쉽게 꺼내 먹기만 하면 다이어트 성공!

1. 채소 · 과일

대부분의 일반적인 채소나 과일은 식초 한 방울을 푼 물이나 베이킹소다를 푼 물에 3~5분 정도 담갔다가 흐르는 물에 깨끗하게 씻은 후 물기를 제거해 보관한다. 보관할 때는 키친타월을 깐 후 밀폐 용기에 담아 냉장고 야채 칸에 넣는 게 좋다.

> 조금은 신경써 밀프렙해야 하는 채소들

양배추, 적채 손으로 먹기 좋은 크기로 뜯어, 베이킹소다를 푼 물에 5분 정도 담가둔 후 흐르는 물에 여러 번 깨끗하게 씻어준다. 물기를 제거한 후 밀폐 용기에 키친타월을 깔고 그 위에 올려 보관한다.

상추, 깻잎 무르기 좋은 채소는 최소한 적은 양을 구입한다. 세척하지 않은 상태로 밀폐 용기에 키친타월을 깔고 공기가 통하지 않도록 보관하다가, 먹기 전에 흐르는 물로 충분히 세척한다.

오이 오이는 소금으로 표면을 문지른 다음 물로 헹궈 쓴맛을 없앤다. 그 후 물기를 제거해 1개씩 키친타월로 감싸 냉장고에 보관한다. 수분이 많으면 쉽게 무르기 때문에 물기를 반드시 제거해야 한다. ※ 단기간에 드세요.

2. 팽이버섯

꽁지를 칼로 잘라낸 후 손으로 겹겹이 찢은 후, 쟁반 위에 키친타월을 깔고 그 위에 버섯을 펼쳐둔다. 다시 그 위에 키친타월을 깔고 버섯을 펼쳐 층층이 쌓아둔다. 이후 물기가 생기지 않도록 주의하며 밀폐 용기에 보관하다 먹을 때마다 흐르는 물에 씻는다.

※ 단기간에 드세요!

3. 고구마

흐르는 물에 깨끗하게 씻은 고구마를 냄비에 넣고 고구마가 잠길 정도로 물을 담은 후, 약 15~20분간 삶는다. 고구마를 식힌 다음 봉지로 감아 공기가 통하지 않게 해서 냉동 보관한다. 먹기 5분 전에 미리 꺼내두면 셔벗처럼 부드럽고 시원하게 먹을 수 있다.

4. 병아리콩

병아리콩은 전날 물에 담가 충분히 불린 후, 흐르는 물에 씻어 준비한다. 냄비에 병아리콩을 넣고 잠길 만큼 물을 부은 다음 약 10~15분간 끓인다. 병아리콩을 잠시 식힌 후, 키친타월을 깐 밀폐 용기에 넣어 보관한다.
※ 무르기 쉬우니 소량씩 자주 만들어서 드세요!

5. 단호박

전자레인지에 단호박을 약 5분간 돌린다. 말랑해진 단호박을 먹기 좋은 크기로 칼집 내 지퍼 팩에 보관한다. 필요 시 먹을 만큼 꺼내 전자레인지에 약 1분간 돌린다.

6. 브로콜리·콜리플라워

브로콜리 또는 콜리플라워는 먹기 좋게 썰어 베이킹소다를 푼 물에 5분 정도 담가둔 후, 흐르는 물에 한 번 더 깨끗하게 세척한다. 그 후 끓는 물에 넣어 약 1~2분간 데치고 키친타월을 깐 밀폐 용기에 보관한다. ※ 많은 양을 하지 말고 조금씩 준비할 것. 브로콜리는 10분 넘게 끓이면 영양소가 파괴되기 때문에 적은 양만 넣어 잠깐 데친다. 되도록 잎 사이 사이까지 잘 씻어야 하는데, 소금물에 절인 후 데쳐 먹는 것도 좋다.

7. 잡곡밥

쌀을 깨끗하게 세척해 밥을 지은 후, 작은 밀폐 용기에 소분해 보관하다 먹기 전에 전자레인지로 해동한다.

8. 시금치

잎과 뿌리에 흙이나 이물질 등이 많이 묻어 있을 수 있으니 흐르는 물에 여러 번 세척한다. 냄비에 시금치가 잠길 만큼 물을 받아 소금을 1/2스푼가량 넣고 팔팔 끓기 시작하면 시금치를 넣은 후 15~20초 정도 데친다.

9. 옥수수

옥수수는 전자레인지나 냄비로도 조리 가능하며 삶거나 찌는 등 다양하게 조리할 수 있다. 내가 가장 즐겨 사용하는 방법은 수염을 손질한 옥수수를 물에 충분히 씻어 냄비에 넣은 다음, 옥수수가 잠길 만큼 물을 부은 후 뚜껑을 닫고 중간 불에 30~40분 정도 삶는 것이다. 기호에 따라 설탕이나 소금으로 간을 해도 좋다.

건강한 다이어트의 시작, '걷기'

의사들이 권장하는 운동이나 건강 서적에서 추천하는 운동을 보면
'걷기'가 빠지지 않는다.
밀가루 단식과 함께 내가 두 번째로 설정한 목표는 매일 밤 걸으러 나가기.

걷기는
시간, 장소, 비용 등의 제약이 없고
특별한 장비 없이도
누구나 할 수 있는 가장 안전한 운동이다.
가장 큰 매력은
날씨와 계절의 변화를 피부로 느낄 수 있다는 것!
운동복을 차려입고 편안한 운동화를 신은 채
가까운 공원이나 옆 동네를 거닐어보자.

걷기 운동 시 주의점은
쿠션이 있는 편한 운동화를 신어야 한다는 것이다.
또 스마트폰을 보지 말고 정면을 응시한 채 걷는다.
팔은 가볍게 앞뒤로 흔들어준다.
숨이 살짝 찰 정도로 빠르게 걸으면
운동 효과가 더 커진다.

1st Week

1주차

This Week's Challenges
이번 주 목표

밀가루 라벨을 붙이자!

근력 운동	유산소 운동
플랭크 30초 3세트	걷기 운동 40분

밀가루를 끊겠다고 다짐했다면 '밀가루 음식'의 범위를 알아봐야 한다. 대부분이 밀가루 음식이라고 하면 라면, 파스타, 치킨 같은 뻔한 것들만 떠올리지만 우리 식탁에는 생각지도 못한 밀가루 음식이 매우 많다. 어떤 음식이 밀가루 음식인지 구분부터 해야 성공할 수 있다. 어렵겠지만 밀가루 음식인지 아닌지 하나씩 따져보며 시작하자.

이번 주 이것만은 다짐하자!

 체중계가 아닌 '눈바디'로 몸매 재기

밀가루 다이어트를 시작하는 첫날. 스포츠 브라와 짧은 팬츠를 입고 앞, 뒤, 측면 사진을 찍어 잘 보관해둔다. 그리고 매주 같은 자리에서 같은 옷을 입고 비교하며 몸의 변화를 체크해본다.

 하루에 물 5잔 이상 마시기

다이어트할 때 매우 중요한 물 섭취. 충분한 수분 섭취는 허기를 달래주는 동시에 몸속 노폐물을 배출해 장운동을 활발하게 해주기 때문에 다이어트에 도움을 준다. 오늘부터 물을 자주 마시는 습관을 들여보자.

 자기 전 L자 다리 스트레칭하기

장시간 서 있거나 무리하게 움직인 다리의 피로를 풀기 위해 잠들기 전 15분을 투자해본다. 혈류를 반대로 돌게 해 혈액순환을 원활하게 함으로써 부기를 줄여주는 방법이다. 꾸준히 하면 많은 효과를 볼 수 있다.

선녀's 이야기

선녀의 밀가루 단식 100일 프로젝트

'나'를 위한 밀가루 단식

   그전까지 나는 밀가루 음식을 입에 달고 살았다. 특히 야식을 즐기는 편이었는데, 음식물을 충분히 소화시키지 않고 자다 보니 아침마다 무겁고 더부룩한 채로 일어나야 했다. 이 무거운 느낌은 하루 종일 이어진다. 마치 아침까지도 목 끝까지 음식물이 차 있는 듯한 기분이랄까.

   그래서인지 밀가루 단식을 시작하는 지금, 가장 기대되는 건 바로 '가벼운 몸으로 시작하는 아침'이다. 그동안의 나와는 달리, 속이 빈 상태로 잠이 들고 일어나는 게 제일 큰 목표다. 언제나 꽉 차 있던 내 위장에 사과하는 마음으로 평소보다 식사량도 줄일 계획이다. 이번 한 주는 이것저것 자극적인 음식으로 채우기만 했던 내 속을 비워내는 것부터 시작한다.

   아무 의지 없이 임하는 것보다 마음을 먹고 움직이는 것이 더 큰 가치를 만들어낸다고 한다. 내가 어떤 마음가짐을 갖느냐에 따라 분명 결과도 달라질 것이다. 앞으로 딱 일주일이다. 일주일 후 내게 올 변화를 생각하며 밀가루 단식을 과감하게 시작해본다.

This Week's Meal Plan
이번 주 식단 한눈에 보기

	1일	2일	3일
아침	**체지방 아웃 디톡스 스무디** P.32 · 케일 5장 · 바나나 1개 · 양파즙 1포 · 깔라만시 1스푼 · 물 적당량	**케일 아보카도 그린 스무디** P.34 · 케일 5장 · 바나나 1개 · 냉동 아보카도 1스푼 · 코코넛 워터 1스푼 · 물 적당량	**케일 아보카도 그린 스무디** P.36 · 케일 5장 · 바나나 1개 · 냉동 아보카도 1스푼 · 코코넛 워터 1스푼 · 물 적당량
점심	**퍽퍽하지만 달콤한 너의 가슴팍** P.32 · 방울토마토 1움큼 · 자몽 ½개 · 굽네 훈제 닭 가슴살 1팩 · 단호박 ⅓개 · 양배추 1움큼	**단백질 어벤져스** P.34 · 양배추 1움큼 · 바나나 파프리카 4개 · 자몽 ½개 · 찐 고구마 1개 · 훈제란 2개 · 허닭 스테이크 닭 가슴살 1팩	**비타민 챙기세요** P.36 · 바나나 파프리카 2개 · 사과 ½개 · 찐 고구마 1개 · 훈제 연어 100g · 훈제란 2개
저녁	**낫토와 닭 가슴살의 수줍은 만남** P.33 · 바나나 파프리카 4개 · 양배추 1움큼 · 잡곡밥 50g · 낫토 1팩 · 마라 맛 닭 가슴살 1팩	**오리고기로 기력 보충** P.35 · 방울토마토 1움큼 · 양배추 1움큼 · 바나나 파프리카 3개 · 잡곡밥 50g · 볶은 오리고기 50g	**알록달록 식탁 위 무지개** P.37 · 허닭 스테이크 닭 가슴살 1팩 · 양배추 1움큼 · 단호박 ½개 · 방울토마토 1움큼 · 바나나 파프리카 2개
간식	· 아몬드 1움큼 · 아메리카노 1잔 · 커클랜드 프로틴 바 ½개	· 아몬드 1움큼 · 아메리카노 1잔 · 커클랜드 프로틴 바 ½개	· 아몬드 1움큼 · 아메리카노 1잔 · 커클랜드 프로틴 바 ½개

첫 단계인 만큼 몸에 무리가 가지 않도록 포만감을 듬뿍 주는 음식으로 구성한다. 딴생각이 많아지는 저녁에는 잡곡밥으로 든든하게 배를 채워 식욕이 솟을 기회를 주지 않는다.

4일	5일	6일	7일
어린 양파즙 스무디 P.38 · 양파즙 1포 · 어린 밀싹 파우더 1스푼 · 깔라만시 1스푼 · 물 적당량	**어린 양파즙 스무디 P.40** · 양파즙 1포 · 어린 밀싹 파우더 1스푼 · 깔라만시 1스푼 · 물 적당량	**케일과 아보카도가 만났을 때 P.42** · 케일 5장 · 바나나 1개 · 냉동 아보카도 1스푼 · 코코넛 워터 1스푼 · 물 적당량	**케일과 아보카도가 만났을 때 P.44** · 케일 5장 · 바나나 1개 · 냉동 아보카도 1스푼 · 코코넛 워터 1스푼 · 물 적당량
불닭볶음면보다 좋아 P.38 · 바나나 파프리카 1개 · 방울토마토 1움큼 · 양배추 1움큼 · 찐 고구마 1개 · 훈제란 2개 · 마라 맛 닭 가슴살 그린빈 볶음 1움큼	**단백질 한 끼 뚝딱 P.40** · 자몽 ½개 · 방울토마토 1움큼 · 그린 뮤즐리 1팩 · 매일 두유 99.89 200㎖ 1팩	**치팅데이 대비 식단 P.42** · 양배추 1움큼 · 허닭 스테이크 닭 가슴살 1팩 · 단호박 ⅓개 · 방울토마토 1움큼	**똑똑하게 멘탈 잡기 P.44** · 바나나 파프리카 2개 · 방울토마토 1움큼 · 단호박 ⅓개 · 탕수육 맛 닭 가슴살 1팩 · 적채 1움큼
오리고기 먹는 날 P.39 · 볶은 오리고기 80g · 방울토마토 1움큼 · 잡곡밥 50g · 바나나 파프리카 4개	**연어랑 만낫토 P.41** · 바나나 파프리카 3개 · 훈제 연어 50g · 낫토 1팩 · 잡곡밥 50g · 구운 아스파라거스 3줄 · 방울토마토 1움큼	**치팅데이!**	**연어랑 또 만낫토 P.45** · 적채 1움큼 · 돌나물 약간 · 훈제 연어 100g · 잡곡밥 50g · 낫토 1팩 · 바나나 파프리카 2개
· 아몬드 1움큼 · 아메리카노 1잔 · 커클랜드 프로틴 바 ½개	· 아몬드 1움큼 · 아메리카노 1잔 · 커클랜드 프로틴 바 ½개	· 아몬드 1움큼 · 아메리카노 1잔 · 커클랜드 프로틴 바 ½개	· 아몬드 1움큼 · 아메리카노 1잔 · 커클랜드 프로틴 바 ½개

This Week's Meal Prep

쟁여놓고 마음껏 먹자! 이번 주 밀프렙

신선 식품

- ✓ 사과 1/2개
- ☐ 자몽 1.5개
- ☐ 잡곡(P.21)
- ☐ 단호박 1.5개(P.21)
- ☐ 적채 2움큼(P.20)
- ☐ 훈제란 6개
- ☐ 양배추 7움큼(P.20)
- ☐ 방울토마토 9움큼
- ☐ 찐 고구마 3개(P.20)
- ☐ 바나나 파프리카 27개(P.20)
- ☐ 냉동 연어 250g
- ☐ 케일 25장(P.20)
- ☐ 바나나 5개
- ☐ 냉동 그린빈 약간
- ☐ 돌나물 약간(P.20)
- ☐ 아스파라거스 3줄(P.20)

시판 제품

- ✓ 리얼넛츠 7움큼(노브랜드)
- ☐ 붉은양파즙 3포(산청애)
- ☐ 냉동 아보카도 4스푼(곰곰)
- ☐ 순수한 깔라만시 3스푼(자연의 품격)
- ☐ 훈제 닭 가슴살 1팩(굽네)
- ☐ 마라 맛 닭 가슴살 2팩(인생닭)
- ☐ 탕수육 맛 닭 가슴살 1팩(인생닭)
- ☐ 허닭 스테이크 3팩(허닭)
- ☐ 실의힘 낫토 3팩(풀무원)
- ☐ 오리고기 130g(다향오리)
- ☐ 어린 밀싹 파우더 2스푼(파파오가닉)
- ☐ 그린 뮤즐리 1팩(파파오가닉)
- ☐ 매일두유 99.89 200㎖ 1팩(매일)
- ☐ 코코넛 워터 4스푼(말리)
- ☐ 프로틴 바 3.5개(커클랜드)

아침

체지방 아웃 디톡스 스무디

철분이 풍부해 여자에게 특히 좋은 케일과 달짝지근한 바나나의 환상적인 궁합. 바나나는 스무디를 걸쭉하게 만들어 더 맛있게 해주는 동시에 포만감을 채워준다. 거기에 지방 배출을 돕는 양파즙과 깔라만시로 상큼한 맛을 더해보았다. 스무디의 농도를 체크하며 물 양을 조절하자.

재료 케일 5장, 바나나 1개, 양파즙 1포, 깔라만시 1스푼, 물 적당량 조리 필요 ❶ 믹서에 케일과 바나나를 넣는다. ❷ 베이스로 양파즙과 깔라만시를 넣는다. ❸ 갈면서 농도를 보며 물을 넣는다.

점심

퍽퍽하지만 달콤한 너의 가슴팍

단호박은 열량이 낮고 포만감이 커 체중 감량에 좋은 탄수화물군 식품이다. 단백질을 많이 섭취하는 게 좋은데, 한 끼에 최소 20g 정도의 단백질이 필요하다. 시중에서 판매하는 닭 가슴살은 간편하고 편리한 단백질 공급원이다. 식단 첫날인 만큼 위장에 좋은 양배추를 최대한 많이 섭취하자.

선녀's 꿀팁 매끼 약간씩이라도 제철 과일을 먹어보자. 달달한 군것질의 유혹을 떨쳐내도록 도와줄 것이다.

재료 방울토마토 1움큼, 자몽 ½개, 굽네 훈제 닭 가슴살 1팩, 단호박 ⅓개, 양배추 1움큼 조리 불필요(단호박과 닭 가슴살을 전자레인지에 약 1~2분간 돌린 후, 접시에 예쁘게 담은 식품과 함께 바로 먹는다.)

잠깐

오늘의 오후 간식

- 아메리카노 1잔
- 아몬드 1움큼
- 커클랜드 프로틴 바 ½개

 선녀's 토크

밤 9시부터 모든 다이어터들의 비명이 시작된다. 잠들기 전까지는 오롯이 나와의 싸움이다. 다이어트할 때는 늘 밤이 힘들다. 하지만 딱 그 순간만 힘들다는 걸 명심해야 한다. 그 순간만 참고 자면 다음 날 나 자신이 그렇게 자랑스럽고 뿌듯할 수가 없다. 전날 밤 먹지 못한 음식이 생각나는 게 아니라, 오히려 건강에 더 좋은 음식으로 내 몸에 '진짜 밥'을 주고 싶어진다. 하지만 그냥 먹어버리면 그다음 날도 흥청망청 보내고 싶어진다. 한마디로 건강한 하루는 또 다른 건강한 하루의 시작이 되고, 건강하지 않은 하루는 또 다른 건강하지 않은 하루를 불러온다.

저녁

낫토와 닭 가슴살의 수줍은 만남

아직은 식습관을 개선하기 위해 차근차근 노력하는 단계. 따라서 무리하게 시작하기보다는 식사량을 줄이고 고단백 식단과 채소를 준비해 먹는 게 좋다. 매콤하게 양념한 닭 가슴살은 밤마다 찾아오는 야식에 대한 미련을 말끔히 씻어준다.

선녀's 꿀팁 낫토에 동봉된 소스를 넣지 말고 본연의 맛을 즐겨보자. 최대한 실이 많이 나오도록 저어주어야 하는데, 실이 가득할수록 면역력을 더욱더 챙길 수 있다.

재료 바나나 파프리카 4개, 양배추 1움큼, 잡곡밥 50g, 낫토 1팩, 마라 맛 닭 가슴살 1팩 조리 불필요(밀프렙 재료를 꺼내 접시에 담고, 마라 맛 닭 가슴살은 약 1~2분간 전자레인지에 돌려 담아낸다. 낫토는 충분히 저어 준비한다.)

아침
케일 아보카도 그린 스무디

효소 가득한 그린 스무디를 섭취해 빈속을 든든하게 채워주자. 만드는 법이 매우 간단해 바쁜 아침에도 얼마든지 만들어 먹을 수 있다. 아침마다 시간에 쫓겨 아침밥을 굶어왔다면 이 기회에 건강한 식습관을 길러보자.

재료 케일 5장, 바나나 1개, 냉동 아보카도 1스푼, 코코넛 워터 1스푼, 물 적당량 조리 필요 ❶ 믹서에 케일, 바나나, 아보카도를 넣는다. ❷ 코코넛 워터와 물을 넣어 농도를 맞추며 간다.

점심
단백질 어벤져스

위장이 유독 약한 나에게 양배추는 몸과 마음의 단짝이다. 탄수화물은 고구마로 가볍게 부담 없이 섭취하고, 비타민도 파프리카로 충분히 섭취한다. 단백질은 한 끼에 최소 20g 이상 필요하기 때문에 닭 가슴살 스테이크와 훈제란을 함께 준비했다.

재료 양배추 1움큼, 바나나 파프리카 4개, 자몽 ½개, 찐 고구마 1개, 훈제란 2개, 허닭 스테이크 닭 가슴살 1팩 조리 불필요(닭 가슴살을 전자레인지에 약 1~2분간 돌려 밀프렙 재료와 함께 준비한다.)

선녀's 꿀팁 파프리카나 양배추 같은 단단한 채소는 다이어트할 때 식욕을 해소해준다. 노른자는 최대 2개분까지 섭취해도 괜찮다.

잠깐

오늘의 오후 간식

- 아메리카노 1잔
- 아몬드 1움큼
- 커클랜드 프로틴 바 ½개

 선녀's 토크

점심에는 옆에서 냉면과 치킨마요를 먹는 신랑을 보느라 약간 고통스러웠지만, 그래도 그나마 같이 먹자고 유혹하지 않아서 참 고마웠다. 오늘도 새삼 느낀 거지만, 다이어트할 때는 주변 사람들의 역할이 매우 중요하다. 그러니 미리미리 주변인들에게 부탁해두자. 나도 신랑에게 미리 부탁해뒀다. 나에게 음식을 권유하거나 유혹하지 말아달라고. 그래서일까, 샐러드를 먹고 있는 나에게 무심코 던진 신랑의 기특한 한마디. "인내는 쓰지만 열매는 달 거야." 이 간단한 말이 오늘따라 은근 힘이 된다.

저녁
오리고기로 기력 보충

한 가지 식품만 먹으면 몸에 좋지 않다. 그래서 이번에는 닭 가슴살이 아닌 오리고기를 준비해 되도록 다양한 단백질을 섭취할 수 있도록 했다. 볶은 오리고기는 외식하는 기분까지 들게 해주기 때문에 '맛있는 밥'이 당기는 감량기에 한 줄기 빛과 같다. 아삭한 파프리카와 양배추를 곁들이면 포만감까지 더해져 금상첨화.

재료 방울토마토 1움큼, 양배추 1움큼, 바나나 파프리카 3개, 잡곡밥 50g, 볶은 오리고기 50g 조리 필요 ❶ 냉동 오리고기를 꺼내 냄비에 3분 이상 끓인다. ❷ 팬으로 옮겨 한번 더 충분히 볶아낸다. ❸ 아삭한 파프리카와 양배추, 방울토마토, 잡곡밥을 곁들여 맛있게 먹는다.

선녀's 꿀팁 가공 육류에 많이 사용하는 아질산나트륨이 오리고기에도 들어 있는 경우가 있다. 아질산나트륨은 몸에 좋지 않기 때문에 귀찮더라도 반드시 끓는 물에 삶은 후 팬에 한번 더 볶아 최대한 걸러내야 한다.

1주

아침

케일 아보카도 그린 스무디

건강을 위해 마시기 시작했지만, 맛이 너무 훌륭해 계속 끌리는 케일 아보카도 그린 스무디. 특히 간밤에 긴 공복을 버텨야 했던 위가 부담 없이 하루를 시작할 수 있도록 돕기 때문에 건강한 아침 메뉴로 손색없다.

재료 케일 5장, 바나나 1개, 냉동 아보카도 1스푼, 코코넛 워터 1스푼, 물 적당량 **조리 필요** ❶ 믹서에 케일, 바나나, 아보카도를 넣는다. ❷ 코코넛 워터와 물을 넣어 농도를 맞추며 간다.

점심

비타민 챙기세요

아삭아삭한 사과와 파프리카는 비타민 C가 풍부해 다이어트 기간에 부족한 기운을 충전해준다. 수많은 다이어터를 환호성 지르게 하는 최고의 다이어트 식품인 연어 또한 비타민 D가 풍부하다. 여기에 단백질을 보충하기 위한 훈제란을 보태면 이보다 더 좋을 수 없다.

선녀's 꿀팁 사과는 몸속 독소를 분해하고 배출해주는 디톡스 역할도 하기 때문에 자주 섭취하는 게 좋다.

재료 바나나 파프리카 2개, 사과 ½개, 찐 고구마 1개, 냉동 연어 100g, 훈제란 2개 **조리 필요** ❶ 달군 팬에 냉동 연어를 올려 앞뒤로 뒤집어가며 약한 불로 충분히 굽는다(생으로도 먹을 수 있는 음식이기 때문에 겉면만 바삭하게 구워도 맛이 좋다). ❷ 나머지 재료와 함께 맛있게 먹는다.

잠깐	
오늘의 오후 간식	선녀's 토크

- 아메리카노 1잔
- 아몬드 1움큼
- 커클랜드 프로틴 바 ½개

오늘은 아침에 몸이 붓지 않고 종잇장처럼 가볍다. 벌써 몸이 가볍게 느껴지다니. 내가 여태 껏 무겁고 안 좋은 음식을 얼마나 많이 먹었는지 새삼 반성하게 된다. 식습관을 개선하기 위해 열량 낮은 대체 식품을 억지로 찾아먹기보다 날것 그대로의 채소를 챙겨 먹으려고 노력 중이다. 식단은 최대한 간결하게 먹는 것이 건강에든 미용에든 확실히 좋은 것 같다.

저녁

알록달록 식탁 위 무지개

생양배추에 닭 가슴살을 쌈 싸듯이 곁들여 먹으면 포만감이 크다. 닭 가슴살이 질릴 때쯤 아삭하고 식감 좋은 파프리카와 방울토마토를 한 입 베어 물면 질리지 않고 한 접시 뚝딱 비울 수 있다.

재료 허닭 스테이크 닭 가슴살 1팩, 양배추 1움큼, 단호박 ½개, 방울토마토 1움큼, 바나나 파프리카 2개 조리 불필요(전자레인지에 닭 가슴살을 약 1~2분간 돌려 밀프렙 재료와 함께 준비한다.)

선녀's 꿀팁 보통 다이어트를 하다 보면 저녁에 배가 고파 허겁지겁 먹는 경우가 많다. 배고픔에 급하게 먹지 않도록 식사 전후 시간을 체크하고 계속 의식하면서 최소 20분 이상 식사한다.

1주

아침

어린 양파즙 스무디

바쁜 아침에 간편하게 먹기 위해 미리 준비해둔 어린 밀싹 파우더. 그대로 동결 건조해 밀싹의 영양소를 충분히 섭취할 수 있다. 바쁜 아침 보틀에 넣어 흔들어 마시면 간편하게 식사를 해결할 수 있다.

재료 양파즙 1포, 어린 밀싹 파우더 1스푼, 깔라만시 1스푼, 물 적당량 조리 불필요(양파즙에 어린 밀싹 파우더와 깔라만시를 넣고 물을 적당량 부어 흔들어 마신다.)

점심

불닭볶음면보다 좋아

다이어트를 하면서 자극적이고 매운 음식이 유독 당기는 날이 있다. 그럴 땐 망설임 없이 매콤한 마라 맛 닭 가슴살을 픽! 양배추와 파프리카로 매운맛을 중화해 적절한 매운맛으로 즐길 수 있다. 다이어트 중 매운 음식이 먹고 싶은 마음을 억제해주는 효자 메뉴다.

재료 바나나 파프리카 1개, 방울토마토 1움큼, 양배추 1움큼, 찐 고구마 1개, 훈제란 2개, 마라 맛 닭 가슴살 그린빈 볶음(마라 맛 닭 가슴살 1팩, 냉동 그린빈 약간) 1움큼 조리 필요 ❶ 닭 가슴살을 전자레인지에 넣고 약 1~2분간 해동한다. ❷ 올리브유를 프라이팬에 살짝 두른 후 냉동 그린빈을 약한 불로 살짝 볶는다. ❸ 닭 가슴살을 넣어 그린빈과 함께 약간 더 볶는다. ❹ 나머지 재료를 곁들여 맛있게 먹는다.

선녀's 꿀팁 기본 닭 가슴살만 고집하지 말고 좋아하는 맛의 닭 가슴살을 주문해 먹으면 야식 생각을 억누를 수 있다. 다양한 닭 가슴살을 먹어보는 것을 추천한다.

4일
따라하기

잠깐

오늘의 오후 간식

· 아메리카노 1잔
· 아몬드 1움큼
· 커클랜드 프로틴 바 ½개

 선녀's 토크

아침, 점심, 저녁 등 식사 시간을 고정해서 꼭 지키려고 노력하고 있다. 앞뒤 30분의 차이는 있을 수 있겠지만 최대한 맞추려 노력 중이다. 오늘은 저녁에 이동해야 하는 스케줄이 있어 도시락을 싸 가서 먹었다. 처음에는 부끄러웠지만 이 과정도 나를 위한 노력이라고 생각하니 아무렇지 않았다.

저녁

오리고기 먹는 날

점점 힘들어지는 4일 차. 고비가 오는 것 같다면 정답은 오리고기! 맛있는 반찬이 먹고 싶은 오늘 같은 날, 조리하기 편한 오리고기로 기력을 충전해보자.

재료 볶은 오리고기 80g, 방울토마토 1움큼, 잡곡밥 50g, 바나나 파프리카 4개 **조리 필요** ❶ 냉동 오리고기를 꺼내 물에 3분 이상 끓인다. ❷ 달군 팬으로 옮겨 한번 더 충분히 볶아낸다. ❸ 나머지 재료를 곁들여 맛있게 먹는다.

선녀's 꿀팁 식이 섬유가 풍부하고 인슐린을 덜 분비하게 하는 현미밥이나 잡곡밥을 추천한다.

1주

아침

어린 양파즙 스무디

식사 시간을 규칙적으로 지키려고 노력 중이지만, 바쁜 아침에는 시간에 쫓길 때가 있다. 그럴 때는 보틀에 간단하게 여러 재료를 넣어 가지고 외출하면 이동 중에도 편하게 아침 식사를 할 수 있다.

재료 양파즙 1포, 어린 밀싹 파우더 1스푼, 깔라만시 1스푼, 물 적당량 **조리 불필요**(양파즙에 어린 밀싹 파우더와 깔라만시를 넣고 물을 적당량 부어 흔들어 마신다.)

점심

단백질 한 끼 뚝딱

가방에 선식이나 단백질 셰이크 1팩과 두유를 챙겨 가지고 다녀보자. 회사에서든 학교에서든, 안에서든 밖에서든 장소에 구애받지 않고 간편하게 먹을 수 있다. 여기에 자몽과 방울토마토를 함께 준비해 도시락처럼 싸 가지고 다니면 비타민까지 챙길 수 있으니 금상첨화다.

선녀's 꿀팁 외근이나 야근에 대비해 간편하게 마실 수 있는 셰이크와 보틀을 가방에 넣어 갖고 다니는 걸 추천한다.

재료 자몽 ½개, 방울토마토 1움큼, 그린 뮤즐리 1팩, 매일 두유 99.89 1팩(200㎖) **조리 불필요**(그린 뮤즐리에 두유를 부어 잘 섞은 후 밀프렙 재료와 함께 먹는다.)

잠깐	
오늘의 오후 간식  • 아메리카노 1잔 • 아몬드 1움큼 • 커클랜드 프로틴 바 ½개	**선녀's 토크** 오늘은 하루 종일 바쁜 날이었다. 먹는 것만큼은 잘 챙기고 싶었지만, 종일 외부에 있어야 하는 스케줄 탓에 그러지 못했다. 아침과 점심을 셰이크로 대충 때웠더니 오후에는 기력이 떨어져 서 있기도 힘들었다. 하지만 내일이면 기다리던 첫 번째 치팅데이. 치팅데이여도 밀가루는 제외해야 하지만, 아직은 설렘이 더 크다. 오늘 밤 잘 참고 자자.

저녁

연어랑 만낫토

스무디와 셰이크 위주인 아침과 점심 식사가 다소 부족했다면 얼른 연어와 아스파라거스를 굽자. 연어 스테이크와 구운 아스파라거스로 정성스러운 한 끼가 뚝딱 만들어진다. 여기에 구수한 낫토까지 더하면 부족한 에너지를 가득 채워주는 고단백 저녁 식사가 완성된다.

선녀's 꿀팁 소량 진공 포장한 냉동 연어는 필요할 때마다 꺼내 먹기 편리해 연어가 생각나는 날 구워 먹기 좋다.

재료 바나나 파프리카 3개, 훈제 연어 50g, 낫토 1팩, 잡곡밥 50g, 구운 아스파라거스 3줄, 방울토마토 1움큼 **조리 필요** ❶ 팬에 냉동 연어를 올리고 약한 불로 앞뒤를 굽는다. ❷ 아스파라거스도 후춧가루를 살짝 뿌려 약한 불로 굽는다. ❸ 나머지 재료와 함께 맛있게 먹는다.

아침

케일과 아보카도가 만났을 때

치팅데이의 아침 식사는 부드러운 스무디로 '속 편하게' 시작하는 게 좋다. 그린 스무디에 넣은 달콤한 바나나는 긴 공복으로 기력 없어 축 늘어진 몸에 활력을 불어넣어줄 것이다.

재료 케일 5장, 바나나 1개, 아보카도 1스푼, 코코넛 워터 1스푼, 물 적당량 **조리 필요** ❶ 믹서에 케일, 바나나, 아보카도를 넣는다. ❷ 코코넛 워터와 물을 넣어 농도를 맞추어 갈아낸다.

점심

치팅데이 대비 식단

갑자기 자극적인 음식이 들어가 놀랄 위를 위해 약간의 대비책을 세워보자. 양념하지 않은 닭 가슴살을 양배추에 싸서 포만감 있게 식사를 하고 열량이 낮은 단호박으로 부족한 느낌을 간단하게 채워주자.

재료 양배추 1움큼, 허닭 스테이크 닭 가슴살 1팩, 단호박 ⅓개, 방울토마토 1움큼 **조리 불필요**(닭 가슴살 1팩과 밀프렙된 냉동 단호박을 각각 전자레인지에 약 1~2분간 돌려 준비한다.)

선녀's 꿀팁 감량기 치팅데이에는 하루 종일 무거운 음식을 많이 먹기보다는 '한 끼만' 맛있는 음식을 먹는 걸 추천한다. 굶는 건 비추다. 하루 종일 굶으면 치팅하면서 과식할 수도 있기 때문이다.

잠깐	
오늘의 오후 간식  · 아메리카노 1잔 · 아몬드 1움큼 · 커클랜드 프로틴 바 ½개	**선녀'S 토크** 밀가루 단식 이후 첫 치팅데이. 수많은 밀가루 음식을 제쳐두고 치팅 메뉴로 족발을 선택했다. 포만감을 최대치로 끌어올리기 위해 최대한 고기를 음미하며 천천히 먹었고 상추와 깻잎도 두세 장씩 싸서 먹었다. 가장 좋아하는 술도 참아야 했다. 밥은 딱 1/3공기. 물론 부어라 마셔라 허리 풀고 먹고 싶은 마음은 굴뚝같았지만, 그렇게 하는 순간 내 지난 일주일이 순식간에 날아가버린다. 아직은 습관을 길들이는 과정이라 절제가 필요하다.

치팅데이

일주일 동안 밀가루를 전혀 먹지 않고 채소 위주로 가볍게 먹었기 때문에 단 한 끼라도 과식하는 것은 절대 금물이다. 위에 많은 부담을 줄 수 있기 때문에 술이나 자극적인 음식 또한 피하는 게 좋다. 다이어트 이전에 해오던 식습관이 아직 고쳐지지 않았기 때문에 함께 식사하는 사람에게 컨트롤을 부탁하는 것도 좋은 방법이다.

아침

케일과 아보카도가 만났을 때

치팅데이 다음 날 그린 스무디를 마시면 치팅의 여파를 똑똑하게 막을 수 있다. 베이스로 들어가는 코코넛 워터는 섬유질이 풍부해 소화를 도와주는데, 칼륨까지 많아 체내 나트륨과 노폐물을 빠르게 배출해주는 똘똘한 친구다.

재료 케일 5장, 바나나 1개, 냉동 아보카도 1스푼, 코코넛 워터 1스푼, 물 적당량 **조리 필요** ❶ 믹서에 케일, 바나나, 아보카도를 넣는다. ❷ 코코넛 워터와 물을 넣어 농도를 맞추어 갈아낸다.

점심

똑똑하게 멘탈 잡기

밀가루 단식을 하기 전 가장 좋아했던 탕수육과 비슷한 맛이 나는 닭 가슴살. 밀가루를 끊고 나서도 많은 힘이 되어주는 이 친구를 준비해, 아삭한 적채와 함께 먹는다. 치팅데이의 여운을 약간이나마 달래줄 수 있다.

재료 바나나 파프리카 2개, 방울토마토 1움큼, 단호박 ⅓개, 탕수육 맛 닭 가슴살 1팩, 적채 1움큼 **조리 불필요**(닭 가슴살을 전자레인지에 약 1~2분간 해동해 준비한다.)

선녀's 꿀팁 어떻게 보면 치팅데이 다음 날이 치팅데이 당일보다 더 위험하다. 한번 맛있는 걸 맛본 몸은 또 맛있는 걸 원한다. 좋아하는 음식의 맛을 최대한 재현해 식단 스트레스를 덜어내는 것이 중요하다.

잠깐	
오늘의 오후 간식	선녀's 토크
 · 아메리카노 1잔 · 아몬드 1움큼 · 커클랜드 프로틴 바 ½개	평소 우리 부부의 일요일 일정은 먹방 데이트였다. 이른 오전에 나가 점심과 저녁을 외식으로 해결하고 오는 게 일요일의 루틴이었다. 하지만 이제는 외출해서 커피만 간단히 마시고 돌아온다. 그렇다 보니 주말 외식 비용이 크게 줄었다. 일주일 만에 몸도 가벼워지고 가계부도 가벼워졌다. 오늘은 치팅데이 이후에도 긴장을 풀지 않고 스스로를 잘 컨트롤하는 내 모습에 많이 감동한 하루다. 일주일간 성공했으니, 이제 2주 차도 문제없다. 나는 나를 믿는다.

저녁

연어랑 또 만낫토

연어만큼 외식하고 싶은 마음을 쉽게 달래주는 것도 없다. 새콤하고 아삭한 돌나물과 함께 바삭하게 구운 연어를 한 입 먹어보자. 돌나물이 연어의 느끼함을 잡아준다. 잡곡밥과 낫토, 양배추를 함께 비벼 먹으면 담백하게 한 끼 든든히 먹을 수 있다.

선녀's 꿀팁 채소는 차려놓으면 색이 알록달록 푸릇푸릇해서 예쁘다. 먹을 때마다 생각하자, 예뻐지고 있다고!

재료 적채 1움큼, 돌나물 약간, 훈제 연어 100g, 잡곡밥 50g, 낫토 1팩, 바나나 파프리카 2개 조리 필요 ❶ 달군 팬에 냉동 연어를 올려 약한 불로 앞뒤를 충분히 굽는다. ❷ 새콤한 돌나물과 신선한 파프리카 등 나머지 재료를 곁들여 맛있게 먹는다.

2nd Week

2주차

This Week's Challenges
이번 주 목표

체중에 연연하지 않기

근력 운동	유산소 운동
스쿼트 20회 3세트	걷기 운동 40분

밀가루 단식을 하기 전에 입던 옷으로 몸을 체크해보자. 부기가 빠지면서 옷이 약간 헐렁해진 것 같은 느낌이 든다. 신이 나서 체중계에 올라가보면 변하지 않은 숫자에(혹은 더 올라간 숫자에) 이내 실망해 자포자기하는 심정으로 다 그만두고 싶어진다. 다이어트를 시작하며 대부분의 사람들이 실패하는 가장 큰 이유이자 패턴이다. 하지만 이것 한 가지는 확실하다. 이번 주만 지나면 몸무게는 분명 빠져 있을 것이다. 나의 노력을 숫자 따위에 비교하지 말자. 몸무게는 그냥 숫자일 뿐. 계속 마음을 다잡자.

이번 주 이것만은 다짐하자!

 2주 차 '눈바디' 사진 촬영하기

1주 차와 같은 장소에서 같은 옷을 입고 몸의 변화를 체크한다. 체중은 별 차이가 없지만 잘 들여다보면 몸의 군살이 정리되고 부기가 빠진 것을 체크할 수 있다.

 바른 자세·예쁜 자세를 취하자

삐딱하게 서 있거나 다리 꼬고 앉는 자세, 엎드려서 턱 받치고 텔레비전 보기 등등 우리가 흔히 하는 일상의 자세가 대부분 목부터 척추까지 온몸에 무리를 주는 동작이다. 나쁜 자세인 줄 알면서도 그 순간의 편함 때문에 고치지 못했던 습관을 이 기회에 약간씩 고쳐보자.

 천천히 식사하는 습관을 기르자

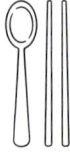

같은 양의 식사를 하더라도 천천히 식사를 할 때 렙틴 호르몬이 더 많이 분비되어 포만감과 충족감을 채워주고 배고픔의 신호를 차단한다고 한다. 가장 좋지 않았던 내 식습관이 바로 '빠르게 먹기'였다. 숟가락보다는 젓가락을 사용하고 식사 전후로 시간을 체크해 최대한 20분 이상 먹도록 노력해보자.

선녀's 이야기

선녀의 밀가루 단식 100일 프로젝트

나, 밀가루 단식 계속할 수 있을까?

밀가루 단식을 시작하기로 한 순간부터 평소에는 잘 생각나지 않던, 또 그다지 좋아하지 않던 밀가루 음식이 유독 더 많이 생각나고 배가 고프다. 식사량을 줄이면 몸이 가벼워지고 컨디션이 좋아지지만 그것과 비례해 힘이 많이 달려 운동을 병행하는 게 쉽지 않다.

이제 겨우 2주 차에 접어든 지금. '그래도 3주까지는 거뜬히 버티겠지' 했던 내 예상이 보기 좋게 빗나갔다. 일주일밖에 지나지 않았는데도 벌써 밀가루 음식이 머릿속에 둥둥 떠다닌다. 30년 가까이 유지한 식습관을 단번에 바꾸려고 하니 몸이 심하게 반항을 하는 듯한 느낌이다.

그렇지만 포기할 생각은 없다. 일주일은 성공했으니, 앞으로 '딱 하루만 더, 하루만 더'라는 작전으로 2주 차까지는 어떻게든 버텨볼 생각이다. 계속해서 건강하고 좋은 음식으로 내 몸을 채워주고, 운동량도 조금씩 늘려 감량에 더 집중하려 한다.

나, 밀가루 단식 계속할 수 있다!

This Week's Meal Plan
이번 주 식단 한눈에 보기

	8일	9일	10일
아침	**상큼한 자몽 요거트 볼** P.54 · 자몽 ½개 · 타이거 너츠 1스푼 · 어린 밀싹 파우더 1스푼 · 요거트 150㎖	**수분 톡톡 디톡스 스무디** P.56 · 코코넛 워터 1컵 · 어린 밀싹 파우더 1스푼 · 깔라만시 1스푼	**맛있게 예뻐지는 요거트 볼** P.58 · 사과 ½개 · 아몬드 1스푼 · 타이거 너츠 1스푼 · 어린 밀싹 파우더 1스푼 · 요거트 150㎖
점심	**건강해질 수밖에 없단닭** P.54 · 브로콜리 ½개 · 허닭 스테이크 닭 가슴살 1팩 · 단호박 ⅓개 · 사과 ½개 · 방울토마토 1움큼	**두부와 아이들** P.56 · 사과 ½개 · 두부 150g · 브로콜리 ½개 · 돌나물 약간 · 허닭 스테이크 닭 가슴살 1팩	**고소해서 손이 가는 슈퍼 푸드** P.58 · 허닭 스테이크 닭 가슴살 1팩 · 훈제란 1개 · 양상추 1움큼 · 병아리콩 1스푼 · 사과 ½개 · 방울토마토 1움큼
저녁	**마음이 두부두부해** P.55 · 두부 150g · 돌나물 약간 · 잡곡밥 50g · 탕수육 맛 닭 가슴살 1팩 · 적채 약간 · 바나나 파프리카 3개	**고단백 등 푸른 생선** P.57 · 바나나 파프리카 3개 · 고등어 1토막 · 잡곡밥 50g · 브로콜리 ½개 · 적채 1움큼	**불닭 팽이볶음** P.59 · 바나나 파프리카 1개 · 낫토 1팩 · 잡곡밥 50g · 브로콜리 ½개 · 적채 약간 · 불닭 맛 닭 가슴살 팽이볶음 1움큼
간식	· 아몬드 1움큼 · 아메리카노 1잔 · 커클랜드 프로틴 바 ½개	· 아몬드 1움큼 · 아메리카노 1잔 · 커클랜드 프로틴 바 ½개	· 아몬드 1움큼 · 아메리카노 1잔 · 커클랜드 프로틴 바 ½개

대표적인 다이어트 메뉴인 닭 가슴살, 고구마, 채소 위주로 일주일치 식단을 구성했다. 비슷한 식단으로 구성하면 스트레스가 폭발해 다이어트를 홧김에 포기하기 쉽다. 따라서 같은 채소, 단백질이라도 다양하게 준비해보자.

11일	12일	13일	14일
양파즙 디톡스 스무디 P.60 · 양파즙 1포 · 케일 5장 · 바나나 1개 · 깔라만시 1스푼 · 물 적당량	**맛있게 예뻐지는 요거트 볼** P.62 · 냉동 딸기 7개 · 타이거 너츠 1스푼 · 어린 밀싹 파우더 1스푼 · 바나나 1개 · 요거트 150㎖	**양파즙 디톡스 스무디** P.64 · 양파즙 1포 · 케일 5장 · 바나나 1개 · 깔라만시 1스푼 · 물 적당량	**케일과 아보카도가 만났을 때** P.66 · 코코넛 워터 1컵 · 케일 5장 · 바나나 1개 · 냉동 아보카도 1스푼 · 물 적당량
저기압일 땐 고기 앞으로 P.60 · 방울토마토 1움큼 · 사과 ½개 · 양상추 1움큼 · 오리고기 100g	**닭고야의 정석** P.62 · 바나나 파프리카 2개 · 찐 고구마 1개 · 사과 ⅛개 · 허닭 스테이크 닭 가슴살 1팩 · 양상추 1움큼 · 오리고기 100g	**냉장고 털이범 콥 샐러드** P.64 · 양상추 1움큼 · 허닭 스테이크 닭 가슴살 1팩 · 양파 약간 · 블랙 올리브 약간 · 적채 1움큼 · 방울토마토 1움큼	**똑똑하게 멘탈 잡기** P.66 · 방울토마토 1움큼 · 바나나 파프리카 3개 · 허닭 스테이크 닭 가슴살 1팩 · 오이 ½개 · 훈제란 2개 · 찐 고구마 1개
겉바속촉 연어 스테이크 P.61 · 적채 1움큼 · 돌나물 약간 · 훈제 연어 100g · 자몽 ⅛개 · 브로콜리 ⅓개 · 찐 고구마 1개 · 바나나 파프리카 1개	**든든하게 먹고 싶은 날** P.63 · 브로콜리 ⅓개 · 구운 아스파라거스 3줄 · 카르보나라 맛 닭 가슴살 1팩 · 적채 약간 · 잡곡밥 50g · 고등어 1토막	★★★★ **치팅데이!**	**슬기롭게 연어롭게** P.67 · 생연어 100g · 바나나 파프리카 3개 · 적채 1움큼 · 양파 슬라이스 약간 · 찐 고구마 1개 · 오이 1개
· 아몬드 1움큼 · 아메리카노 1잔 · 커클랜드 프로틴 바 ½개	· 아몬드 1움큼 · 아메리카노 1잔 · 커클랜드 프로틴 바 ½개	· 아몬드 1움큼 · 아메리카노 1잔 · 커클랜드 프로틴 바 ½개	· 아몬드 1움큼 · 아메리카노 1잔 · 커클랜드 프로틴 바 ½개

This Week's Meal Prep

쟁여놓고 마음껏 먹자! 이번 주 밀프렙

신선 식품

- ✓ 오이 1.5개(P.20)
- 브로콜리 3개(P.21)
- 사과 3개
- 자몽 ½개
- 두부 300g
- 양상추 4움큼(P.20)
- 잡곡(P.21)
- 단호박 ⅓개(P.21)
- 적채 5.5움큼(P.20)
- 훈제란 3개
- 방울토마토 4움큼(P.20)
- 찐 고구마 4개(P.20)
- 바나나 파프리카 16개(P.20)
- 냉동 연어 100g
- 생연어 100g
- 케일 15장(P.20)
- 미니나 4개
- 팽이버섯 1봉지(P.20)
- 아스파라거스 3줄(P.20)
- 돌나물 1봉(P.20)
- 양파 약간
- 병아리콩 1스푼(P.21)

시판 제품

- ✓ 블랙 올리브 약간(마리오 피티드)
- 고등어 2토막(윙잇)
- 코코넛 워터 2컵(말리)
- 요거트 450㎖(상하목장)
- 냉동 딸기 7알(곰곰)
- 리얼너츠 8움큼(노브랜드)
- 붉은양파즙 2포(산청애)
- 순수한 깔라만시 3스푼(자연의 품격)
- 허닭 스테이크 6팩(허닭)
- 카르보나라 맛 닭 가슴살 1팩(인생닭)
- 불닭 맛 닭 가슴살 1팩(인생닭)
- 탕수육 맛 닭 가슴살 1팩(인생닭)
- 실의힘 낫토 1팩(풀무원)
- 오리고기 200g(다향오리)
- 어린 밀싹 파우더 4스푼(파파오가닉)
- 핏콩 타이거 너츠 3스푼(핏콩)
- 냉동 아보카도 1스푼(곰곰)
- 프로틴 바 3.5개(커클랜드)

아침

상큼한 자몽 요거트 볼

새콤달콤한 요거트를 먹고 월요일을 힘차게 시작해보자. 슈퍼 푸드로 각광받는 타이거 너츠와 쌉쓰름한 자몽의 맛이 묘하게 조화를 이룬다. 자몽에 함유된 비타민은 하루 동안 필요한 비타민 C를 채워주기에 충분하다.

재료 자몽 ⅓개, 타이거 너츠 1스푼, 어린 밀싹 파우더 1스푼, 요거트 150㎖ **조리 불필요**(컵에 요거트를 담고 재료를 올려 맛있게 먹는다.)

점심

건강해질 수밖에 없단닭

월요병을 극복하고 힘을 낼 수 있도록 건강미 넘치는 친구들로 식단을 구성한다. 특히 항암 효과가 뛰어난 브로콜리는 열량이 낮아 체중 조절에 아주 좋다. 단호박으로 목이 막혀갈 때쯤 수분 풍부한 사과와 방울토마토로 마무리한다.

선녀's 꿀팁 사과는 저녁에 먹으면 장에 부담을 줄 수 있기 때문에 아침이나 점심에 먹는 걸 추천한다.

재료 브로콜리 ½개, 허닭 스테이크 닭 가슴살 1팩, 단호박 ⅓개, 사과 ½개, 방울토마토 1움큼 **조리 불필요**(밀프렙해 둔 재료를 접시에 담고 단호박과 닭 가슴살을 전자레인지에 각각 약 1~2분간 돌려 준비한다.)

잠깐	
오늘의 오후 간식	선녀's 토크

· 아메리카노 1잔
· 아몬드 1움큼
· 커클랜드 프로틴 바 ½개

월요일은 언제나 설레고 두렵다. 특히 주말에 맛있는 치팅을 즐긴 후라면 그 여운이 남아 오만 가지 생각이 다 든다. 관리의 끈을 놓지 않으려고 안간힘 쓰는 나와 하루만 더 먹고 내일 다시 시작하고 싶은 나. 두 감정 사이에서 왔다 갔다 하지만 지금 이 순간만 꾹 참으면 곧 다시 안정을 되찾을 수 있다. 두 눈 질끈 감고 무사히 참아내자.

저녁

마음이 두부두부해

밥반찬으로도 훌륭한 두부는 식물성 단백질이 풍부해 다이어트 식품으로 매우 좋다. 아삭한 돌나물과 적채, 잡곡밥으로 정갈하게 차려 한 접시 깔끔하게 비워보자. 월요일의 피곤함까지 싹 잊게 해주는 건강한 한 끼다.

선녀's 꿀팁 콩의 영양이 꽉 찬 두부는 반찬으로 좋을 뿐 아니라, 관리 중에 손쉽게 조리할 수 있어 다이어트 레시피 재료로도 좋다.

재료 두부 150g, 돌나물 약간, 잡곡밥 50g, 탕수육 맛 닭 가슴살 1팩, 적채 약간, 바나나 파프리카 3개 조리 필요 ❶ 키친타월로 수분을 뺀 두부를 팬에 올려 기름 없이 약한 불로 앞뒤를 굽는다. ❷ 밀프렙한 재료를 꺼내 접시에 담는다. ❸ 탕수육 맛 닭 가슴살을 전자레인지에 약 1~2분간 돌린다.

2주

아침

수분 톡톡 디톡스 스무디

코코넛 워터는 95% 이상의 수분으로 이루어져 있어, 몸속 갈증을 채워주고 불필요한 노폐물을 배출해주는 역할을 한다. 영양소가 풍부한 어린 밀싹 파우더 1스푼과 상큼한 깔라만시 1스푼을 넣으면 상큼새콤한 디톡스를 즐길 수 있다.

재료 코코넛 워터 1컵, 어린 밀싹 파우더 1스푼, 깔라만시 1스푼 **조리 불필요**(보틀에 각 재료를 넣고 흔들어 먹는다.)

점심

두부와 아이들

오전에 근력 운동을 하고 점심으로 두부와 닭 가슴살을 먹는다면 근육 생성에 도움을 주어 건강하고 날씬한 몸매를 조금이라도 더 빨리 가질 수 있다. 지금까지 채소를 더 많이 섭취했다면 오늘만큼은 고단백 식단으로 꾸며보자.

선녀's 꿀팁 두부는 기름을 사용하지 않아도 팬에 올려 중약불로 구워 간편하게 조리할 수 있다.

재료 사과 ½개, 두부 150g, 브로콜리 ⅓개, 돌나물 약간, 허닭 스테이크 닭 가슴살 1팩 **조리 필요** ❶ 키친타월로 수분을 뺀 두부를 기름을 두르지 않은 팬에 올려 약한 불로 앞뒤를 익힌다. ❷ 밀프렙한 재료를 꺼내 접시에 담는다. ❸ 닭 가슴살을 전자레인지에 약 1~2분간 돌려 해동한다.

잠깐	
오늘의 오후 간식	선녀's 토크
 · 아메리카노 1잔 · 아몬드 1움큼 · 커클랜드 프로틴 바 ½개	저녁마다 공원에 나가 걷기 운동을 하다 보면 수많은 가게를 지나치게 된다. 매일 가던 삼겹살집, 즐겨 찾던 족발집, 밤마다 한잔했던 호프집 등 습관처럼 들르던 가게가 무수히 스쳐 지나간다. 코를 막고 귀를 막고 눈을 가려 겨우 공원에 도착하는 게 매일의 일상. 모든 다이어터에게 가장 넘기기 힘든 고비는 밤 9시 이후. 오늘도 정말 잘 참았다.

저녁

고단백 등 푸른 생선

2주 차의 목표는 다양한 단백질을 골고루 섭취하기. 이번엔 매일 먹던 닭 가슴살이나 두부는 잠시 넣어두고 고등어를 구워보자. 고등어는 채소와 함께 먹어야 더 균형 있게 영양을 섭취할 수 있다. 적채와 브로콜리를 함께 준비해 건강하게 한 끼 먹도록 하자.

선녀's 꿀팁 천천히 먹는 습관을 기르자. 다시 속도가 빨라질 것 같으면 반대쪽 손으로 식사를 해보자.

재료 바나나 파프리카 3개, 고등어 1토막, 잡곡밥 50g, 브로콜리 ½개, 적채 1움큼 **조리 필요** ❶ 올리브유를 두른 팬에 고등어를 구운다. ❷ 밀프렙한 재료를 꺼내 접시에 담는다.

2주

아침

맛있게 예뻐지는 요거트 볼

요거트 볼의 장점은 매일 다른 재료로 다양한 레시피를 만들어 먹을 수 있다는 것. 오늘은 내가 좋아하는 상큼한 사과와 고소한 타이거 너츠, 아몬드를 넣어 달달 고소하게 준비해 보았다.

> **재료** 사과 ½개, 아몬드 1스푼, 타이거 너츠 1스푼, 어린 밀싹 파우더 1스푼, 요거트 150㎖ 조리 불필요(볼에 요거트를 담고 재료를 올려 맛있게 먹는다.)

점심

고소해서 손이 가는 슈퍼 푸드

슈퍼 푸드로 알려진 병아리콩은 칼로리는 적으면서 식이 섬유는 빵빵한 다이어트 식품이다. 아삭한 채소를 함께 준비해 닭 가슴살 스테이크와 곁들여 고단백 식사를 준비했다. 열량이 낮은 방울토마토와 사과는 포만감을 채우며 기분 좋게 식사를 마무리할 수 있도록 해준다.

선녀's 꿀팁 병아리콩은 밥을 할 때 함께 넣어 잡곡밥으로 먹어도 좋고, 에어프라이어에 튀겨 간식으로 먹어도 좋다.

> **재료** 허닭 스테이크 닭 가슴살 1팩, 훈제란 1개, 양상추 1움큼, 병아리콩 1스푼, 사과 ½개, 방울토마토 1움큼 조리 불필요(닭 가슴살을 전자레인지에 약 1~2분간 돌려 해동한 후, 밀프렙한 재료와 함께 그릇에 담는다.)

10일 따라하기

잠깐

오늘의 오후 간식

· 아메리카노 1잔
· 아몬드 1움큼
· 커클랜드 프로틴 바 ½개

 선녀's 토크

다이어트를 시작한 지 딱 10일 차. 약간 지쳐가던 찰나, 헬스장 관장님이 나를 보시더니 살이 좀 빠진 것 같다고 칭찬을 해주신다. 놀란 마음 반, 기분 좋은 마음 반. 다이어트는 나 스스로에게 뿌듯함을 느끼는 일이기도 하지만, 이렇게 남이 좋은 말을 해줄 때 더욱 보람차고 행복하다. 열흘간 힘들었던 과정을 말 한마디로 보상받았다. 앞으로도 살 빠졌다는 소리를 많이 듣고 싶다.

저녁

불닭 팽이볶음

유독 매콤한 게 생각나는 날이 있다. 그럴 때는 불닭 맛 닭 가슴살을 준비해 팽이버섯과 함께 볶아 준비한다. 매콤한 맛에 깜짝 놀란 혀를 달래줄 적채와 브로콜리, 2% 부족한 허전함을 채워줄 낫토를 곁들여 맛있게 먹어보자.

선녀's 꿀팁 하루아침에 식습관을 바꾸기는 어렵다. 식이를 조절하기 유독 힘든 날에는 몸의 신호를 무시하지 말고 좋아하는 맛의 닭 가슴살을 꺼내 다양한 채소와 함께 즐겁게 먹자.

재료 바나나 파프리카 1개, 낫토 1팩, 잡곡밥 50g, 브로콜리 ½개, 적채 약간, 불닭 맛 닭 가슴살 팽이볶음(불닭 맛 닭 가슴살 1팩, 팽이버섯 1움큼) 1움큼 조리 필요 ❶ 팽이버섯은 깨끗이 씻어 물기를 제거한다. ❷ 올리브유를 두른 팬에 해동한 닭 가슴살과 손질한 팽이버섯을 함께 올려 약한 불로 볶는다. ❸ 낫토는 동봉된 소스를 넣지 않고 여러 번 휘저어 준비한다. ❹ 밀프렙한 재료를 꺼내 접시에 담는다.

2주

아침

양파즙 디톡스 스무디

간단하지만 건강하게 아침을 챙기고 싶은 날. 포만감도 주는 데다 간편하게 먹기 좋은 디톡스 스무디로 하루를 시작해보자. 베이스로 사용하는 양파즙은 신진대사를 원활하게 해주어 피로 해소에 도움을 준다.

재료 케일 5장, 바나나 1개, 양파즙 1포, 깔라만시 1스푼, 물 적당량 **조리 필요** ❶ 믹서에 케일과 바나나를 넣는다. ❷ 양파즙과 깔라만시를 넣고 농도를 봐가며 물을 부어 간다.

점심

저기압일 땐 고기 앞으로

주말 치팅을 앞두고 끓어오르는 식욕을 잠재워줄 오리고기. 오리고기는 불포화지방산이 풍부해 기력을 북돋는 보양식으로도 아주 훌륭하다. 아삭한 양상추를 듬뿍 준비해 함께 먹으면 포만감도 굿! 맛도 굿! 기분 전환에 이만한 식단이 없다.

재료 방울토마토 1움큼, 사과 ½개, 양상추 1움큼, 오리고기 100g **조리 필요** ❶ 냉동 오리고기를 꺼내 물에 3분 이상 끓인다. ❷ 팬으로 옮겨 충분히 한번 더 볶는다. ❸ 나머지 재료와 함께 맛있게 먹는다.

선녀's 꿀팁 건강 관련 다큐나 서적을 보면 몸을 이해하게 되어 관리의 방향성을 건강으로 맞출 수 있다.

잠깐

오늘의 오후 간식

- 아메리카노 1잔
- 아몬드 1움큼
- 커클랜드 프로틴 바 ½개

 선녀's 토크

요즘은 밀가루 음식이 크게 생각나지 않는다. 술자리나 친구 모임에 가면 수많은 밀가루 음식의 유혹에 흔들릴 것 같아 당분간 약속을 잡지 않으려고 한다. 아직은 내 의지를 믿지 못하기 때문이다. 외롭고 고되지만 그래도 이제 며칠만 더 버티면 치팅데이다. 토요일까지 잘 참고 맛있는 거 먹어야지. 오늘도 수고했다, 정말!

저녁

겉바속촉 연어 스테이크

오늘 저녁은 나를 위해 선물하는 한 끼로 정해보자. 점심과 마찬가지로 새콤달콤 향긋한 돌나물을 준비해 구운 연어와 함께 먹으면 다이어트의 서러움을 금세 잊게 해주는 식단이 된다.

선녀's 꿀팁 플레이팅을 위한 예쁜 접시를 모아보자. 다이어트의 또 다른 재미를 느낄 수 있다.

재료 적채 1움큼, 돌나물 약간, 훈제 연어 100g, 자몽 ⅓개, 브로콜리 ½개, 찐 고구마 1개, 바나나 파프리카 1개
조리 필요 ❶ 냉동 연어는 약한 불로 앞뒤를 굽는다. ❷ 밀프렙한 재료를 접시에 담아 맛있게 먹는다.

2주

아침
맛있게 예뻐지는 요거트 볼

오늘 요거트에는 내가 가장 좋아하는 과일인 딸기와 바나나를 준비해보았다. 여기에 갖가지 영양소가 가득한 어린 밀싹 파우더를 넣어 부족한 영양소까지 더해 생기와 활력을 가득 채워보자.

재료 냉동 딸기 7개, 타이거 너츠 1스푼, 어린 밀싹 파우더 1스푼, 바나나 1개, 요거트 150㎖ **조리 불필요**(작은 볼에 요거트와 재료를 넣고 맛있게 먹는다.)

점심
닭고야의 정석

치팅데이를 하루 앞둔 오늘, 다이어트 어벤져스로 든든하게 영양소를 채워보자. 바로 닭가슴살, 고구마, 야채. 이 세 가지는 다이어트할 때 많은 힘이 되는 가장 강력한 군단이다. 치팅을 하루 앞두고 가장 정석 식단인 닭고야를 준비해 감량에 박차를 가해본다.

재료 바나나 파프리카 2개, 찐 고구마 1개, 사과 ½개, 허닭 스테이크 닭 가슴살 1팩, 양상추 1움큼, 오리고기 100g **조리 불필요**(닭 가슴살을 전자레인지로 약 1~2분간 해동해 밀프렙한 재료와 함께 준비한다.)

선녀's 꿀팁 외부에서 샐러드를 먹어야 할 일이 있다면 양념하지 않은 기본 닭 가슴살을 준비하는 것이 좋다. 냄새가 많이 나지 않아 주변 눈치 보지 않고 자유롭게 먹을 수 있다.

잠깐

오늘의 오후 간식

- 아메리카노 1잔
- 아몬드 1움큼
- 커클랜드 프로틴 바 ½개

 선녀's 토크

오늘은 왠지 마음이 뒤숭숭한 게 역대급으로 힘든 날이다. 언니의 생일을 축하하기 위해 같이 점심을 먹기로 했다. 식당에 들어가 2인분을 주문하고 늘 그랬던 것처럼 사장님께 허락을 받고 챙겨 온 도시락을 먹었다. 추어탕이 눈앞에서 아른아른거렸고 내 밥을 먹어도 먹은 것 같지 않았지만 무조건 꾹 참고 견뎠다. 내일 있을 치팅데이만 생각하면서 무조건 견뎠다. 하나를 합리화하면 그다음부터는 모든 게 무너진다는 걸 잘 알기 때문에 참을 수 있었다. 오늘은 몹시 피곤하고 고단한 하루다.

저녁

든든하게 먹고 싶은 날

치팅을 하루 앞둔 오늘은 유독 많이 지치고 힘들어 특히 좋아하는 메뉴로 식단을 꾸몄다. 기력을 충전하기 위해 고단백인 고등어를 굽고 식탐을 달래줄 카르보나라 맛의 닭 가슴살을 준비했다. 물론 채소는 항상 필수!

재료 브로콜리 ⅓개, 구운 아스파라거스 3줄, 카르보나라 맛 닭 가슴살 1팩, 적채 약간, 잡곡밥 50g, 고등어 1토막 조리 필요 ❶ 냉동 고등어는 약한 불로 앞뒤를 굽는다. ❷ 팬에 올리브유를 두르고 아스파라거스와 브로콜리를 올려 약한 불로 굽는다. 구우면서 후춧가루를 살짝 뿌린다. ❸ 닭 가슴살을 전자레인지로 약 1~2분간 해동해 밀프렙 재료와 함께 준비한다.

선녀's 꿀팁 외부에서 지인과 밥을 먹을 때는 2인분을 주문한 후 사장님께 양해를 구해보자. 대부분 허락해주신다.

2주

아침
양파즙 디톡스 스무디

토요일 저녁은 치팅데이이기 때문에 절대 굶지는 않되, 디톡스 스무디로 간단하게 아침을 챙긴다.

재료 케일 5장, 바나나 1개, 양파즙 1포, 깔라만시 1스푼, 물 적당량 **조리 필요** ❶ 믹서에 케일과 바나나를 넣는다. ❷ 양파즙과 깔라만시를 넣고 농도를 보며 물을 부어 간다.

점심
냉장고 털이범 콥 샐러드

냉장고에 묵혀둔 밀프렙 재료를 한 번에 처분할 수 있는 간편한 콥 샐러드. 드레싱을 넣지 않아도 닭 가슴살과 블랙 올리브에서 적당하게 느껴지는 짠맛이 신선한 채소의 아삭한 식감과 어우러져 풍미를 더한다.

재료 양상추 1움큼, 허닭 스테이크 닭 가슴살 1팩, 양파 약간, 블랙 올리브 약간, 적채 1움큼, 방울토마토 1움큼 **조리 불필요**(밀프렙 채소를 작게 썰고, 닭 가슴살은 전자레인지에 약 1~2분간 돌린 후 잘게 썰어 준비한다.)

선녀's 꿀팁 콥 샐러드에 드레싱을 곁들이고 싶다면 비건 마요네즈나 당류가 없는 하인즈 옐로 머스터드를 추천한다.

잠깐	
오늘의 오후 간식	**선녀'S 토크**
 · 아메리카노 1잔 · 아몬드 1움큼 · 커클랜드 프로틴 바 ½개	밀가루 단식 이후 두 번째로 맞이한 치팅데이. 먹고 싶은 음식이 머릿속에 한가득인지라 뭘 먹어야 할지, 뭐부터 먹어야 할지 하루 종일 고민하다 선택한 삼겹살. 먹으면서 너무 좋아 눈물까지 날 것 같았다. 음식이 주는 행복이 이리 컸던가. 최대한 천천히 먹으면서 '배가 부르면 젓가락을 놓자'를 주문처럼 다짐하고 또 다짐하며 먹었다. 반 공기 정도 먹으니 배가 차 수저를 내려놓았다. 삼겹살 먹으면서 소주도 참고, 똑똑하게 보낸 치팅데이. 2주 차 이후부터 몸의 변화가 본격적으로 티 나기 시작한다. 내가 지금까지 이뤄놓은 것을 놓치지 않기 위해 "너 배부르니?"라고 스스로에게 여러 번 물어보며 절제하고 또 절제한 날이다.

치팅데이

일주일간 음식을 제한하며 다이어트를 잘해왔어도, 단 하루의 과식으로 원상 복귀할 위험이 크다. 우리 몸은 항상성이라는 기전이 있기 때문에, 아직 체중이 빠진 몸을 기억하지 못하고 이전 상태를 기억해 금세 돌아갈 수 있다. 치팅데이는 원 없이 과식이나 폭식을 하는 것이 아닌 절제해서 먹고 싶은 것을 적정 수준으로 먹는 날이다.

아침

케일과 아보카도가 만났을 때

스무디로 전날에 놀랐을 위를 가볍게 채워주며 시작하자. 코코넛 워터라는 놈은 섬유질이 풍부해 소화에 좋다. 그뿐 아니라 체내 나트륨과 노폐물을 빠르게 배출하는 칼륨까지 많이 들어 있다. 이 녀석과 함께라면 치팅 다음 날 아주 똑똑하게 제자리로 돌아올 수 있다.

재료 케일 5장, 바나나 1개, 냉동 아보카도 1스푼, 코코넛 워터 1컵, 물 적당량 조리 필요 ❶ 믹서에 케일, 바나나, 아보카도를 넣는다. ❷ 코코넛 워터와 물을 적당량 넣어 농도를 맞추며 간다.

점심

똑똑하게 멘탈 잡기

오늘 점심도 늘 먹던 것처럼 가장 좋아하는 닭 가슴살을 꺼내 다양한 채소와 함께 먹었다. 여기서 제일 중요한 건 '내가 가장 좋아하는 맛의 닭 가슴살'이다. 그래야 계속되는 치팅데이의 미련을 끊어버릴 수 있다. "어제보다 더 맛있는, 내 페이보릿 닭 가슴살이잖아"라고 스스로에게 소리쳐주자.

재료 방울토마토 1움큼, 바나나 파프리카 3개, 허닭 스테이크 닭 가슴살 1팩, 오이 ½개, 훈제란 2개, 찐 고구마 1개 조리 불필요(닭 가슴살을 전자레인지에 약 1~2분간 해동해 밀프렙한 재료와 함께 준비한다.)

선녀's 꿀팁 월요일은 부기가 가장 심한 날이다. 반신욕을 하면 부기 제거에 도움이 된다.

> **14일**
> 따라하기

잠깐

오늘의 오후 간식

- 아메리카노 1잔
- 아몬드 1움큼
- 커클랜드 프로틴 바 ½개

 선녀's 토크

오늘은 친구를 만나는 날이었다. 다이어트 중이라고 친구에게 미리 말하고 양해를 구한 후 약속을 잡았다. 덕분에 친구는 맛있는 음식을, 나는 내 도시락을 따로 또 같이 즐기며 오랜만에 회포를 풀 수 있었다. 다이어트를 할 때는 주변에 미리 내 상황과 의지를 얘기하고 이해를 구하는 게 정말로 중요하다. 그래야 예상치 못한 돌발 상황을 사전에 차단할 수 있다. 2주를 꼬박 채우니, 이제 내 의지가 약간은 더 단단해졌음이 느껴진다. 앞에서 케이크를 맛나게 먹고 있는 친구의 모습에도 먹고 싶다는 생각이 전혀 들지 않았다. 내 몸이 원하는 게 무엇인지 똑바로 인식할 수 있게 된 것 같다.

저녁

슬기롭게 연어롭게

고된 다이어트에서 한 줄기 빛이 되는 아이가 있다. 바로 연어. 연어는 훈제로 먹어도 훌륭하고, 생으로 먹어도 훌륭하다. 물론 평소 먹던 것처럼 크리미한 소스를 양껏 묻혀 먹지는 못하더라도, 닭 가슴살에 물릴 때쯤 연어 치트키 한 번이면 또 다시 새로운 일주일을 시작할 힘이 생긴다.

재료 생연어 100g, 바나나 파프리카 3개, 적채 1움큼, 양파 슬라이스 약간, 찐 고구마 1개, 오이 1개 조리 불필요(밀프렙한 재료를 꺼내 담아 연어를 곁들여 맛있게 먹는다.)

선녀's 꿀팁 드레싱 없이 채소를 먹기가 너무 힘들다면, 작은 티스푼 하나 양 정도로만 소스를 허용하자. 단, 점점 양을 줄이기 위해 노력해야 한다는 걸 잊지 말자.

3rd Week

3주차

This Week's Challenges
이번 주 목표

합리화하지 말기

근력 운동	유산소 운동
마운틴 클라임 30회 3세트	걷기 운동 40분

3주 차는 스스로 합리화하고 싶어지는 시기이자, 합리화가 쉬워지기도 하는 시기다. '이거 하나 정도는 먹어도 괜찮겠지', '이거 하나만 먹고 운동을 좀 더 하면 괜찮겠지' 하는 마음이 약간씩 솟구쳐 오르기 시작한다. 그리고 바로 이때가 대부분의 다이어터가 실패하는 지점이다. 나도 예외는 아니다. 여태까지 내가 다이어트에 실패한 요인은 바로 이런 '자기 합리화'였다. 이럴 때일수록 움직이기 싫어하는 본능을 이겨내고 이성이 말해주는 방향으로 나아가야 한다. 지방은 아직도 많이 남아 있다. 고작 생활 운동 좀 했다고, 약간 옷이 헐렁해졌다고 우쭐대지 말자.

이번 주 이것만은 다짐하자!

 01 '옷바디'와 '눈바디'를 체크하자

몸매 변화를 체크하는 방법은 여러 가지지만, 그중 다이어트를 시작하기 전에 입었던 옷을 다시 입어보는 것이 가장 현명한 방법이다. 눈으로는 잘 느끼지 못했던 몸의 사이즈 변화를 금방 눈치챌 수 있다. 타이트했던 허리에 손이 약간 들어갈 만한 여유가 생긴 걸 확인할 수 있을 것이다. 숫자는 중요하지 않다. 옷바디와 눈바디가 중요하다.

 02 중간중간 틈새 운동 하기

의자에 앉아 있을 때 바른 자세를 취하는 것은 물론, 틈틈이 승모근이나 종아리 스트레칭을 자주 하려고 노력하자. 바른 자세에 적응되면 약간 더 업그레이드해 화장실 갈 때 스쿼트 10번, 계단 올라갈 때 뒤꿈치로 올라가는 힙업 운동, 배에 힘주고 다니는 복근 운동 등을 해보자.

 03 다이어트 일지 작성하기

매일 밤 자기 전에 하루를 마무리하는 일지를 써보자. 일기를 써도 좋고, 간단히 항목을 적는 일지도 좋다. 부족한 부분은 무엇이었는지, 잘한 건 또 무엇이었는지 되짚어보며 매일 밤 내일을 위한 마인드 컨트롤을 해보자.

선녀의 밀가루 단식 100일 프로젝트

장 튼튼 마음 튼튼

　내가 밀가루 단식을 하고 싶어 한 가장 큰 이유는 약한 위장 때문이었다. 매달 두어 번은 장염으로 고생했기 때문에 남들보다 더욱 신경 써서 음식을 가려 먹어야 했다. 아무리 영양가 있는 음식을 먹어도 제대로 소화하지 못하고 늘 변기에 앉아 끙끙 앓던 나. 살을 빼고 싶은 건 오히려 두 번째 이유였다. 나는 건강한 장을 만들고 싶었다.

　건강한 장을 만들기 위해 나름 공부를 하면서 밀가루가 염증을 유발하고 소화를 방해하는 가장 큰 요인이라는 걸 알게 됐다. 그래서 밀가루를 끊어내고 싶었다. '밀가루가 좋지 않다고 하니, 그럼 밀가루를 끊어야겠네.' 단단한 마음가짐이나 그럴듯한 이유가 있던 게 아니다. 시작은 이렇게 생각보다 조용히고 단순했다.

　밀가루 단식을 하는 2주 동안 한 번도 변기와 씨름한 적이 없고 배가 더부룩하거나 불편하다는 느낌을 받은 적도 없다. 정말 밀가루가 내 몸에 이렇게 취약이었나 싶을 정도로 신기하면서도 얼떨떨하다. 시작이야 시끄러웠든 조용했든 뭐 어떠랴. 하면 할수록 몸에서 변화가 느껴지니 점점 더 잘하고 싶은 욕심이 생겨 더 공부하고 준비하게 된다. 이제 3주 차지만, 앞으로 내가 얼마나 변할지 점점 더 기대된다.

This Week's Meal Plan
이번 주 식단 한눈에 보기

	15일	16일	17일
아침	**월요일 기념 주스** P.76 · 어린 밀싹 파우더 1스푼 · 양파즙 1포 · 깔라만시 1스푼 · 물 적당량	**하우 두유 두** P.78 · 어린 밀싹 파우더 1스푼 · 매일 두유 1팩	**아삭아삭 요거트 볼!** P.80 · 그래놀라 약간 · 냉동 블루베리 2스푼 · 타이거 너츠 1스푼 · 요거트 80㎖
점심	**담백한 단백질 한 끼** P.76 · 허닭 스테이크 닭 가슴살 1팩 · 오이 ½개 · 바나나 파프리카 3개 · 두부 ⅓모 · 미니 새송이버섯 약간	**연어의 재발견** P.78 · 돌나물 약간 · 생연어 1팩 · 양파 약간 · 브로콜리 ⅓개 · 찐 고구마 1개 · 오이 ½개 · 사과 ½개	**달달 탄탄 식사** P.80 · 바나나 1개 · 오이 1개 · 브로콜리 ⅓개 · 사과 ½개 · 허닭 스테이크 닭 가슴살 1팩
저녁	**무순 이런 식단** P.77 · 무순 약간 · 브로콜리 ⅓개 · 양파 약간 · 탕수육 맛 닭 가슴살 1팩 · 오이 ½개 · 미니 새송이버섯 약간 · 잡곡밥 50g	**저지방 고단백 한 끼** P.79 · 상추 6장 · 바나나 파프리카 2개 · 오이 1개 · 브로콜리 ⅓개 · 미니 새송이버섯 약간 · 소고기 80g	**야식 먹지 마라 맛** P.81 · 훈제란 2개 · 찐 고구마 1개 · 오이 1개 · 브로콜리 ⅓개 · 마라 맛 닭 가슴살 1팩
간식	· 아몬드 1움큼 · 아메리카노 1잔 · 커클랜드 프로틴 바 ½개	· 아몬드 1움큼 · 아메리카노 1잔 · 커클랜드 프로틴 바 ½개	· 아몬드 1움큼 · 아메리카노 1잔 · 커클랜드 프로틴 바 ½개

3주 차부터는 자칫 다이어트 음식에 질릴 수 있으므로 되도록 한 가지 식품을 반복적으로 먹기보다 다양한 식품군을 섭취하려고 노력해보자. 식단이 지루해지지 않도록 이번 주부터는 새로운 채소를 추가하고, 닭 가슴살을 이용한 간단한 요리를 틈틈이 넣어봤다.

18일	19일	20일	21일
케일과 아보카도가 만났을 때 P.82 · 케일 5장 · 바나나 1개 · 냉동 아보카도 1스푼 · 코코넛 워터 1컵 · 물 적당량	**무궁무진 스무디** P.84 · 사과 ½개 · 바나나 1개 · 케일 4장 · 코코넛 워터 1컵 · 물 적당량	**탄단지 요거트 볼** P.86 · 타이거 너츠 1스푼 · 냉동 블루베리 2스푼 · 바나나 ½개 · 그래놀라 1스푼 · 요거트 80ml	**부기 타파 그린 스무디** P.88 · 사과 ½개 · 바나나 1개 · 케일 4장 · 양파즙 1팩 · 물 적당량
수분이 팡팡팡 P.82 · 오이 1개 · 바나나 파프리카 3개 · 찐 고구마 1개 · 냉동 블루베리 1스푼 · 사과 ½개 · 요거트 80㎖ · 그래놀라 약간	**퍼먹는 콥 샐러드** P.84 · 사과 1움큼 · 양파 1움큼 · 오이 1움큼 · 허닭 스테이크 닭 가슴살 1팩 · 블랙 올리브 약간 · 바나나 파프리카 1개 · 적채 1움큼	**치팅데이!** ★★★★	**식탐을 달래는 마법의 볶음** P.88 · 방울토마토 1움큼 · 바나나 파프리카 3개 · 허닭 스테이크 닭 가슴살 1팩 · 채소볶음 1움큼 · 찐 고구마 1개
집밥 찾아 삼만 리 P.83 · 잡곡밥 50g · 바나나 파프리카 3개 · 적채 1움큼 · 오이 ½개 · 훈제란 1개 · 고등어 1토막	**카르보나라닭** P.85 · 가르보나라 맛 닭 가슴살 1팩 · 미니 새송이버섯 1움큼 · 훈제란 2개 · 찐 고구마 1개 · 오이 ½개 · 페페론치노 약간	**치팅데이!** ★★★★	**매직 소고기** P.89 · 잡곡밥 60g · 소고기 80g · 적채 1움큼 · 바나나 파프리카 2개 · 상추 5장 · 청포도 1움큼
· 아몬드 1움큼 · 아메리카노 1잔 · 커클랜드 프로틴 바 ½개	· 아몬드 1움큼 · 아메리카노 1잔 · 커클랜드 프로틴 바 ½개	· 아몬드 1움큼 · 아메리카노 1잔 · 커클랜드 프로틴 바 ½개	· 아몬드 1움큼 · 아메리카노 1잔 · 커클랜드 프로틴 바 ½개

This Week's Meal Prep

쟁여놓고 마음껏 먹자! 이번 주 밀프렙

신선 식품	시판 제품
✓ 양파 2움큼	✓ 냉동 손질 채소 1움큼(웰프레쉬)
☐ 생연어 1팩	☐ 페페론치노 약간(피코크)
☐ 무순 약간	☐ 냉동 아보카도 1스푼(곰곰)
☐ 미니 새송이버섯 1봉	☐ 매일 두유 99.89 200㎖ 1팩(매일)
☐ 두부 ⅓모	☐ 블랙 올리브 약간(마리오 피티드)
☐ 오이 7개 (P.20)	☐ 고등어 1토막(윙잇)
☐ 브로콜리 1.5개 (P.21)	☐ 코코넛 워터 2컵(말리)
☐ 사과 3개	☐ 요거트 240㎖(상하목장)
☐ 잡곡 (P.21)	☐ 리얼너츠 7움큼(노브랜드)
☐ 소고기 160g	☐ 붉은양파즙 2팩(산청애)
☐ 적채 3움큼 (P.20)	☐ 순수한 깔라만시 1스푼(자연의 품격)
☐ 훈제란 5개	☐ 허닭 스테이크 4팩(허닭)
☐ 방울토마토 1움큼 (P.20)	☐ 카르보나라 맛 닭 가슴살 1팩(인생닭)
☐ 찐 고구마 5개 (P.20)	☐ 그래놀라 2스푼(파파오가닉)
☐ 바나나 파프리카 18개 (P.20)	☐ 탕수육 맛 닭 가슴살 1팩(인생닭)
☐ 케일 13장 (P.20)	☐ 마라 맛 닭 가슴살 1팩(인생닭)
☐ 바나나 4.5개	☐ 어린 밀싹 파우더 2스푼(파파오가닉)
☐ 돌나물 약간 (P.20)	☐ 핏콩 타이거 너츠 2스푼(핏콩)
☐ 상추 11장 (P.20)	☐ 냉동 블루베리 5스푼(웰프레쉬)
☐ 청포도 1움큼 (P.20)	☐ 프로틴 바 3.5개(커클랜드)

3주

아침
월요일 기념 주스

치팅데이의 여파로 잔뜩 부은 몸을 가볍게 해줄 간편한 아침. 특히 양파즙은 기름진 음식을 먹었을 때 체내 독소를 빼준다고 알려져 있는데, 공복에 섭취하는 게 효과가 더 좋다고 한다. 기분 좋은 디톡스로 하루를 시작해보자.

재료 어린 밀싹 파우더 1스푼, 양파즙 1포, 깔라만시 1스푼, 물 적당량 **조리 불필요**(양파즙을 담은 보틀에 어린 밀싹 파우더 1스푼을 넣고 깔라만시 1스푼과 물을 넣어 흔들어 마신다.)

점심
담백한 단백질 한 끼

평소에 늘 먹던 닭 가슴살과 두부라도 버섯을 곁들이면 색다른 한 끼를 먹을 수 있다. 버섯은 질감이 부드럽고 식감이 좋아 어떤 음식에나 잘 어울리는데, 소화 기관을 튼튼하게 해주는 착한 효과까지 발휘한다.

선녀's 꿀팁 오이나 파프리카같이 단단한 채소는 씹는 식감이 좋아 포만감을 채워준다.

재료 허닭 스테이크 닭 가슴살 1팩, 오이 ½개, 바나나 파프리카 3개, 두부 ⅓모, 미니 새송이버섯 약간 **조리 필요** ❶ 올리브유를 두른 팬에 버섯을 올려 약간의 후춧가루로 간을 하며 약한 불로 볶는다. ❷ 두부는 중간 불로 앞뒤를 바싹 굽는다. ❸ 닭 가슴살을 전자레인지에 약 1~2분간 해동 후, 밀프렙된 재료와 함께 그릇에 담는다.

> **잠깐**
>
> 오늘의 오후 간식
>
>
>
> · 아메리카노 1잔
> · 아몬드 1움큼
> · 커클랜드 프로틴 바 ½개
>
> 선녀's 토크
>
> 오늘은 점심을 먹으면서 정신을 빼고 있는 나를 발견했다. 내 모습이 웃겨서 카메라를 켜두고 찍으면서 먹었는데, 녹화된 영상을 보니 영혼이 반쯤 나간 사람처럼 밥을 먹고 있는 것이 아닌가. 오해는 없었으면 좋겠다. 나는 그저 하루에 딱 세 번만 먹는 식사가 너무 소중해 약간씩 아끼면서 맛있게 먹고 있었을 뿐이다.

저녁

무순 이런 식단

다양한 채소를 먹어보고 싶은 마음에 평소 잘 먹지 않던 무순을 식단에 넣어봤다. 마트에서 쉽게 구할 수 있는 무순은 저렴해서 부담 없이 즐길 수 있는 녹색 채소다. 무순의 알싸한 맛과 닭 가슴살의 밍밍함이 의외로 최고의 맛 조합을 이루어낸다.

선녀's 꿀팁 평소 먹지 않던 다양한 채소를 접하면서 입맛에 맞는 것을 찾는 재미도 쏠쏠하다.

> **재료** 무순 약간, 브로콜리 ⅓개, 양파 약간, 탕수육 맛 닭 가슴살 1팩, 오이 ½개, 미니 새송이버섯 약간, 잡곡밥 50g
> **조리 필요** ❶ 올리브유를 두른 팬에 버섯을 올려 약간의 후춧가루로 간을 하며 약한 불로 충분히 볶는다. ❷ 닭 가슴살은 전자레인지에 약 1~2분간 해동한다. ❸ 밀프렙한 재료를 꺼내 함께 준비한다.

3주

아침
하우 두유 두

아침 5분은 저녁 1시간과 똑같다고 했다. 그만큼 출근 준비하느라 바쁜 아침에는 일분일초가 아쉽다. 이럴 때 1분 만에 준비해 간편하게 먹을 수 있는 초스피드 아침을 소개해본다. 시간은 물론 영양까지 잡았다.

재료 어린 밀싹 파우더 1스푼, 두유 1팩 **조리 불필요**(보틀에 두유를 담고 어린 밀싹 파우더 1스푼을 넣어 흔들어 마신다.)

점심
연어의 재발견

다이어트를 하기 전에 연어는 그저 초밥 먹을 때 올려 먹는 일종의 고명일 뿐이었다. 하지만 이젠 나에게 없어선 안 될 구세주 같은 녀석이다. 연어에는 단백질이 풍부해 한 끼 식사에서 섭취해야 하는 단백질 양을 채울 수 있고, 오메가3 같은 좋은 지방산도 넉넉히 함유되어 있다. 닭이 물릴 때마다 한 번씩 먹어 기분을 전환해주자.

선녀's 꿀팁 생연어는 신선도가 중요하기 때문에 한 끼 먹을 양만 사서 먹는 걸 추천한다.

재료 돌나물 약간, 생연어 1팩, 양파 약간, 브로콜리 ⅓개, 찐 고구마 1개, 오이 ⅓개, 사과 ½개 **조리 불필요**(밀프렙한 재료를 꺼내 맛있게 먹는다.)

16일
따라하기

> **잠깐**
> 오늘의 오후 간식
>
> · 아메리카노 1잔
> · 아몬드 1움큼
> · 커클랜드 프로틴 바 ½개

 선녀's 토크

오늘따라 유독 배에서 우르르꽝꽝 천둥이 친다. 극심한 배고픔을 참다못해 결국 저녁에 소고기로 긴급 수혈을 해줬다. 한 쌈 넣자마자 바로 진정되었다. 예전이라면 꼬르륵 소리가 들리기도 전에 이미 음식물을 입에 넣고 탱크처럼 몰아치며 먹었을 나지만, 지금은 꼬르륵 소리가 날 때까지 기다린다. 꼬르륵 소리는 살 빠지는 소리라며 마인드 컨트롤을 하고 있다. 오늘도 잘 참았다.

저녁

저지방 고단백 한 끼

식단대로 먹는 게 유독 힘든 날, 소중히 모셔놨던 소고기를 꺼내 볶자. 버섯까지 함께 볶아 고기 짝꿍 상추에 크게 한 쌈 싸서 먹으면 그동안 쌓인 스트레스가 한 번에 풀리는 것 같다. 언제 갑자기 위기가 올지 모르니 냉장고에 약간씩이라도 소고기를 준비해두자.

 선녀's 꿀팁 소고기는 지방 함량이 적은 안심이나 목살로 먹는 게 좋다.

재료 상추 6장, 바나나 파프리카 2개, 오이 1개, 브로콜리 ⅓개, 미니 새송이버섯 약간, 소고기 80g 조리 필요 ❶ 소고기를 팬에 볶는다. ❷ 올리브유를 팬에 두르고 버섯을 올려 약간의 후춧가루로 간을 하며 약한 불로 충분히 볶는다. ❸ 밀프렙한 재료를 꺼내 맛있게 먹는다.

아삭아삭 요거트 볼!

군것질 생각으로 입이 심심해질 즈음 아침에 요거트 볼을 만들어 먹는다. 아삭아삭한 그래놀라와 나름 고소한 타이거 너츠 덕분에 군것질 생각이 약간은 사라진다. 취향에 따라 블루베리 같은 과일을 곁들여 먹으면 비타민까지 가득한 한 끼를 챙길 수 있다.

재료 그래놀라 약간, 냉동 블루베리 2스푼, 타이거 너츠 1스푼, 요거트 80㎖ 조리 불필요(볼에 요거트와 재료를 담아 맛있게 먹는다.)

달달 탄탄 식사

평소 자주 먹는 퍽퍽한 고구마나 단호박과 달리, 바나나는 달달하고 부드럽게 탄수화물을 섭취할 수 있어 좋다. 당도가 맛에 비해 높지 않고 섬유질까지 풍부하기 때문에 다이어트 기간에는 꼭 가까이 두고 먹어야 할 녀석 중 하나다.

재료 바나나 1개, 오이 1개, 브로콜리 ⅓개, 사과 ½개, 허닭 스테이크 닭 가슴살 1팩 조리 불필요(닭 가슴살을 전자레인지로 약 1~2분간 해동한 후, 밀프렙한 재료를 꺼내 맛있게 먹는다.)

선녀's 꿀팁 식사 시간은 앞뒤 30분 정도 차이가 나더라도 최대한 규칙적으로 하는 게 좋다. 반드시 습관을 들이자.

잠깐	
오늘의 오후 간식	**선녀's 토크**
 · 아메리카노 1잔 · 아몬드 1움큼 · 커클랜드 프로틴 바 ½개	오늘은 평소보다 배가 많이 고프지 않았다. 매번 꼬르륵 소리로 난리가 나는 저녁에도 생각보다 평온했다. 위가 많이 줄어들었나 싶은 마음에 스스로를 기특해하며 평소 저녁보다 적게 먹었다. 뿌듯함에 취해 있던 것도 잠시, 저녁을 먹은 후 2시간도 채 되지 않아 극심한 배고픔에 몸서리쳐야 했다. 오늘도 또 하나 배웠다. 매번 양을 고무줄처럼 늘리는 게 아니라 일정하게 같은 양을 먹어야 사고 칠 위험이 없다는 걸 말이다. 그래도 오늘 야식, 진짜 잘 참았다.

저녁

야식 먹지 마라 맛

야식의 유혹을 떨쳐내게 해줄 매콤한 마라 맛 닭 가슴살을 준비하자. 신선한 브로콜리와 오이를 곁들여 먹으면 밤늦은 시간 자꾸 나를 괴롭히는 야식의 못된 유혹을 약간은 떨쳐버릴 수 있다.

재료 훈제란 2개, 찐 고구마 1개, 오이 1개, 브로콜리 ⅓개, 마라 맛 닭 가슴살 1팩 조리 불필요(닭 가슴살을 전자레인지로 약 1~2분간 해동한 후, 밀프렙한 재료를 꺼내 맛있게 먹는다.)

선녀's 꿀팁 일정한 양을 규칙적으로 먹는 것이 중요하다. 무리해서 양을 줄이면 다이어트에 실패할 위험이 크다.

아침

케일과 아보카도가 만났을 때

그린 스무디는 지난밤 내내 버틴 위에 부담을 주지 않고 공복을 채울 수 있는 좋은 아침 메뉴다. 과하지 않게 먹을 수 있어 부담스럽지 않고 달달한 바나나와 고소한 아보카도가 한데 어우러져 맛도 좋다.

재료 케일 5장, 바나나 1개, 냉동 아보카도 1스푼, 코코넛 워터 1컵, 물 적당량 **조리 필요** ❶ 믹서에 케일, 바나나, 아보카도를 넣는다. ❷ 코코넛 워터와 물을 넣어 농도를 맞추며 갈아낸다.

점심

수분이 팡팡팡

파프리카와 오이는 수분이 풍부한 대표적인 채소로 열량이 낮아 아무리 많이 먹어도 칼로리가 적다. 그렇기 때문에 배가 고프거나 출출할 때 자주 이용하면 좋은 아이들이다. 새콤달콤 요거트를 함께 준비해 자꾸 자기주장하려는 입맛을 살살 달래보자.

선녀's 꿀팁 식사는 포만감을 느끼기 위해 채소부터 시작해 탄수화물로 마무리 짓는다.

재료 오이 1개, 바나나 파프리카 3개, 찐 고구마 1개, 냉동 블루베리 1스푼, 사과 ½개, 요거트 80㎖, 그래놀라 약간 **조리 불필요**(요거트에 블루베리와 그래놀라를 토핑으로 올리고 밀프렙한 재료를 꺼내 맛있게 먹는다.)

잠깐	
오늘의 오후 간식	선녀's 토크
 · 아메리카노 1잔 · 아몬드 1움큼 · 커클랜드 프로틴 바 ½개	횡단보도의 보행자 신호가 깜빡거리고 있어도 후다닥 뛰어가고, 지하철 들어오는 소리가 들리면 역 안에서 100m 달리기를 했던 나인데, 지금은 횡단보도 불이 바뀌든 지하철을 놓치든 서두르지 않는다. 평소의 침착한 리듬을 유지할 뿐 별다르게 애쓰지 않는다. 쓸데없는 곳에 에너지를 소비하고 싶지 않다. 밀가루 끊기가 몸속 지방만 빼주는 줄 알았는데, 마음속 불필요한 지방도 빼주나 보다.

저녁

집밥 찾아 삼만 리

문득 따뜻한 밥이 그리운 날이 있다. 극심하게 스트레스받으며 절제하기보다 과식하지 않을 만큼의 잡곡밥을 준비해 갖가지 채소와 함께 건강하게 조절해서 먹는 게 더 좋다. 특히 가성비 좋은 고등어는 좋은 단백질원으로 정갈한 집밥 한 끼를 선물해준다.

재료 잡곡밥 50g, 바나나 파프리카 3개, 적채 1움큼, 오이 ½개, 훈제란 1개, 고등어 1토막 **조리 필요** ❶ 달군 팬에 고등어를 올려 약한 불로 굽는다. ❷ 밀프렙한 재료를 꺼내 함께 맛있게 먹는다.

선녀's 꿀팁 김치를 포기하지 못하겠다면 양념이 많은 빨간 김치보다 백김치를 선택하자. 생양파를 곁들여도 좋다.

아침

무궁무진 스무디

평소와 다르게 오늘은 사과를 넣었다. 그린 스무디의 매력 중 하나는 제철 식재료를 다양하게 믹스해 나만의 레시피로 만들어 먹을 수 있다는 점이다. 사과가 맛있는 이 계절이 오래갔으면 좋겠다.

재료 사과 ½개, 바나나 1개, 케일 4장, 코코넛 워터 1컵, 물 적당량 조리 필요 ❶ 믹서에 사과와 바나나, 케일을 넣는다. ❷ 코코넛 워터와 물을 넣어 농도를 맞추며 간다.

점심

퍼먹는 콥 샐러드

슬슬 한 주의 밀프렙을 다시 해야 하는 이맘때가 되면 냉장고 속 재료가 애매하게 남는다. 이때는 콥 샐러드가 제격이다. 잘게 썰기만 하면 되기 때문에 생각보다 간편하게 준비할 수 있다. 냉장고 속 재료를 썰어 예쁘게 담아 숟가락으로 맘껏 떠먹어보자.

재료 사과 1움큼, 양파 1움큼, 오이 1움큼, 허닭 스테이크 닭 가슴살 1팩, 블랙 올리브 약간, 바나나 파프리카 1개, 적채 1움큼 조리 불필요(밀프렙한 재료를 꺼내 잘게 잘라 그릇에 담은 후 잘 섞어 먹는다.)

선녀's 꿀팁 콥 샐러드에 드레싱이 필요할 땐 당질이 없는 요거트가 좋다.

> **19일**
> 따라하기

잠깐

오늘의 오후 간식

- 아메리카노 1잔
- 아몬드 1움큼
- 커클랜드 프로틴 바 ½개

 **선녀's 토크**

처음 목표로 했던 3주간의 밀가루 단식. 초반에는 3주가 언제 끝나나 싶어 암담하기만 했는데, 3주간 버텨보니 앞으로도 할 수 있을 것 같은 자신감이 든다. 친구들이 피자 먹는 모습을 애타게 바라보고 있을 수밖에 없는 힘든 시간도 있었다. 아직도 눈앞에 있는 음식을 먹지 않고 참는 건 쉽지 않다. 그래도 밀가루 단식이라는 숙제를 스스로에게 줬으니 꼭 이겨내고 싶었다. 이제는 '밀가루 보기를 돌같이 하라' 마인드에 약간씩 적응되는 것 같다.

저녁

카르보나라닭

그 어떤 날보다 외식이 생각나는 때가 있다. 특히 밀가루를 끊기 전 자주 먹던 카르보나라 스파게티 같은 이탈리아 음식이 자꾸 생각나 마음이 심란해지기도 한다. 이럴 때는 카르보나라 맛 닭 가슴살과 새송이버섯을 팬에 볶아보자. 볶다가 히든카드인 페페론치노를 찢어 넣으면 알싸하고 매콤하지만 자극적이지 않은 훌륭한 이탈리아 요리를 먹을 수 있다.

선녀's 꿀팁 가을, 겨울에는 따뜻해 보이는 우드 접시에 플레이팅해보자. 더 정갈하고 예쁜 식단을 차릴 수 있다.

> **재료** 카르보나라 맛 닭 가슴살 1팩, 미니 새송이버섯 1움큼, 훈제란 2개, 찐 고구마 1개, 오이 ⅓개, 페페론치노 약간 **조리 필요** ❶ 올리브유 두른 팬에 닭 가슴살과 버섯을 약한 불로 볶는다. ❷ 페페론치노를 찢어 넣고 한번 더 볶는다. ❸ 밀프렙한 재료를 꺼내 함께 맛있게 먹는다.

탄단지 요거트 볼

아침에 배가 고프다면, 요거트 볼로 든든하게 한 끼를 먹어보자. 꾸덕꾸덕한 요거트와 '탄단지'가 골고루 담긴 토핑으로 영양과 포만감을 충족시킬 수 있다. 여기에 예쁜 플레이팅이 어우러져 기분까지 좋아지는 건 덤.

재료 타이거 너츠 1스푼, 냉동 블루베리 2스푼, 바나나 ½개, 그래놀라 1스푼, 요거트 80㎖ 조리 불필요(볼에 요거트를 담아 바나나와 그래놀라, 블루베리를 올려 맛있게 먹는다.)

맛있게 치팅데이

가족이나 친구 결혼식 또는 기념일 등 여러 이유로 다이어트 중 뷔페에 가야 하는 경우가 있다. 이럴 때는 당황하지 말고 이런 과정도 습관을 들이기 위한 연습 과정이라 생각하고 피하지 말자. 메뉴 중 밀가루 음식이 있는지 의식하며 한 번 더 살피고 저칼로리 메뉴를 골라 조금만 먹는다.

선녀's 꿀팁 뷔페에서는 샐러드 코너의 생채소와 친해져야 한다. 과일이나 초밥도 좋은 선택이다. 튀김이나 면은 열심히 못 본 체하자.

20일 따라하기

잠깐

오늘의 오후 간식

· 아메리카노 1잔
· 아몬드 1움큼
· 커클랜드 프로틴 바 ½개

 **선녀's 토크**

아직은 내 의지를 믿을 수 없어 최대한 모임을 피했지만 결혼식은 피할 수 없었다. 뷔페 음식 앞에서도 무너지지 않고 반드시 참겠노라 다짐했다. 역시 반짝반짝 빛까지 나는 파스타, 새우튀김, 우동 등등. 오래된 단짝을 뒤로하고 샐러드 위주로만 담았다. 소스 없이 생채소만 먹는다는 게 쉽지 않은 일이었지만, 저녁때 더 완벽하게 즐길 2차 치팅을 생각하며 꾹 참았다. 밀가루 단식과 함께 음식의 감사함을 알아가는 요즘. 4주 차도 힘내보자.

저녁

더 맛있게 치팅데이

가장 대표적인 밀가루 음식인 치킨. 하지만 밀가루 단식 중에도 치킨을 먹을 수 있다. 밀가루 튀김옷을 입히지 않고 구워내는 치킨도 굉장히 많다는 거! 혹시나 하는 마음에 주문하기 전 사장님께 밀가루 튀김옷을 입히지 않고 구워내는 게 맞는지 재차 물어보고 마음 편하게 먹었다. 밀가루 단식을 하지 않더라도 튀긴 치킨보다는 구운 치킨이 칼로리도 훨씬 적을뿐더러 건강에도 좋다.

선녀's 꿀팁 밀가루 음식인지 아닌지 애매할 때는 용기 내서 가게 사장님께 물어보자. "밀가루가 들어갔나요?"

부기 타파 그린 스무디

전날 기름진 음식을 먹어 묵직해진 몸에 채소 가득한 그린 스무디를 급하게 수혈해주자. 하루 동안 발동 걸렸던 입맛과 식탐을 잠재우고 몸이 원래 사이클대로 빠르게 돌아오도록 도와준다. 특히 양파즙은 기름진 음식을 먹은 후 쌓인 지방을 빠르게 분해해 배출하는 효과가 있다.

재료 사과 ½개, 바나나 1개, 케일 4장, 양파즙 1팩, 물 적당량 **조리 필요** ❶ 믹서에 케일을 넣고 사과와 바나나를 넣는다. ❷ 양파즙을 넣고 농도를 보며 물을 추가해 간다.

식탐을 달래는 마법의 볶음

냉동 채소는 쉽게 조리할 수 있어 여러 재료를 일일이 다듬지 않아도 될뿐더러 원하는 만큼 꺼내 쓸 수 있어 무척 요긴하다. 닭 가슴살을 같이 볶으면 볶음 요리가 된다.

선녀's 꿀팁 쉬는 날에는 냉장고 속 재료로 나를 위해 간단한 요리를 해보자. 다이어트가 재밌어진다.

재료 방울토마토 1움큼, 바나나 파프리카 3개, 허닭 스테이크 닭 가슴살 1팩, 채소볶음 1움큼, 찐 고구마 1개 **조리 필요** ❶ 냉동 손질 채소는 팬에 올려 약한 불로 볶는다. ❷ 닭 가슴살은 전자레인지에 약 1~2분간 돌려 해동한다. ❸ 밀프렙한 재료를 꺼내 닭 가슴살, 채소볶음과 함께 맛있게 먹는다.

잠깐	
오늘의 오후 간식	**선녀'S 토크**
 · 아메리카노 1잔 · 아몬드 1움큼 · 커클랜드 프로틴 바 ½개	우리 부부의 고정 휴무인 일요일. 데이트할 겸 쇼핑몰에 다녀왔다. 주변에 널린 맛있는 가게들을 뒤로하고 옷 가게와 소품에만 집중했다. 빵 가게 앞에서는 갓 구운 빵 냄새가 솔솔~ 라멘집 앞에서 얼큰한 라멘 냄새가 솔솔~ 사방 천지에 밀가루 음식이 포진돼 있었다. 하지만 잘 참았다. 3주 동안 체중이 4kg이나 빠졌는데, 이깟 음식이 무슨 대수겠는가. 3주 동안 힘들게 해온 걸 순간의 바보 같은 선택으로 잃고 싶지 않았다. 다음 주도 밀가루, 세이 굿바이!

저녁

매직 소고기

전날 치팅의 여운을 아무리 달래고 잠재워보려 해도 쉽지가 않다. 밤이 다가오면 다가올수록 심장 박동수가 더 빨라진다. 이럴 때는 평소 가장 좋아하는 소고기를 구워 기분을 내보자. 소고기와 적채를 상추로 싸서 먹으면 포만감도 좋고 요동치는 입맛을 달랠 수 있다.

선녀's 꿀팁 비타민과 철분, 식이 섬유, 그리고 미네랄이 풍부한 상추. 포만감이 필요한 날에는 언제든 부담 없이 상추를 먹자.

재료 잡곡밥 60g, 소고기 80g, 적채 1움큼, 바나나 파프리카 2개, 상추 5장, 청포도 1움큼 **조리 필요** ❶ 달군 팬에 소고기를 구워 밀프렙한 재료와 함께 맛있게 먹는다.

4th Week

4주차

This Week's Challenges
이번 주 목표

4주차 목표

언제 어떤 상황에서라도 흔들리지 말자

근력 운동	유산소 운동
무릎 대고 푸시업 10회 3세트	걷기 운동 40분

내 의지와 상관없이 위험한 고비가 닥칠 때가 있다. 밀가루 음식으로 가득한 명절이 바로 그 경우다. 추석이나 설날 같은 명절은 내 맘대로 건너뛸 수 없는데, 평균적으로 연휴 4일간을 인내심으로 버텨내야 한다. 오랜만에 만난 친척들과 식사를 하는 기회인 만큼 무조건 안 먹는다고 뺄 수만도 없다. 어떻게 대처해야 할지 가능한 한 자세하게 미리 계획해 행동해보자.

이번 주 이것만은 다짐하자!

 변화를 체크하기 위한 눈바디 사진 촬영

지금까지는 눈으로만 몸의 변화를 관찰했다면 이번 주부터는 거울 속 내 모습을 사진으로 찍어 더 자세히 관찰해보자. 눈으로는 미처 확인하지 못했던 몸의 변화를 더욱 잘 캐치할 수 있다.

 버스 한 정거장 전에 내려 걷기

걷기 운동이 건강에 매우 좋다는 건 누구나 아는 사실. 게으름을 버리고 좀 더 많이 걷자고 마음먹자. 버스나 택시 대신 '따릉이'를 애용하는 것도 좋은 방법이다. 걷기 운동이든 따릉이든 일상에서 틈틈이 운동할 수 있는 기회를 적극적으로 찾아 활용하자.

 거절하는 연습하기

명절이 끼어 있는 주간. 막연히 '잘해야지', '안 먹어야지' 하고 생각만 하는 것보다는 어떻게 양해를 구하고 상황을 피할지 미리 계획하면서 방법을 찾자. 훨씬 유연하게 대처할 수 있을 것이다.

선녀의 밀가루 단식 100일 프로젝트

밀가루 단식, 부정적이지만은 않다

   밀가루 단식이라는 말을 들으면 대부분의 사람들은 대체로 불가능하다는 반응을 보인다. "그걸 어떻게 해?", "난 밀가루 없이는 살 수 없어", "밀가루 없이 도대체 뭘 먹고 살아?" 등등. 나 또한 처음에는 그랬다. 밀가루를 끊고는 살기 힘들 것 같아 처음에 딱 3주 동안만 목표로 했다. 하지만 이제는 50일이 목표다. 이렇게 목표를 늘릴 수 있었던 건 막상 해보니 생각보다 어렵지 않았고, 짧은 기간이긴 했지만 내 몸에 나타난 변화가 매우 마음에 들었기 때문이다.

   평소에 나는 늘 어깨에 곰 세 마리가 앉아 있는 것처럼 피곤하고 찌뿌드드했다. 자도 자도 개운해지지 않는 몸. 움직여도 소화되지 않는 위. 그런 내 몸이 변했다. 이제는 매일 활기에 차 있고, 매달 나를 고생시키던 상염도 앓지 않는다. 채소 같은 좋은 식품을 먹어서인지, 밀가루를 끊어서인지, 아니면 정말 단순한 플라시보 효과인지는 아직 모르겠지만 이 변화가 너무 신기하고 그저 매우 만족스럽다는 것은 분명하다.

   그동안 나를 아프게 했던 것이 밀가루 이놈이었다면 어쩌면 평생 끊는 것도 괜찮을 듯하다는 생각이 든다.

This Week's Meal Plan
이번 주 식단 한눈에 보기

	22일	23일	24일
아침	**그린 스무디의 정석** P.98 · 케일 5장 · 바나나 1개 · 냉동 아보카도 1스푼 · 양파즙 1포 · 물 적당량	**홈카페 요거트 볼** P.100 · 바나나 ½개 · 냉동 블루베리 1스푼 · 타이거 너츠 1스푼 · 요거트 80㎖	**부드러운 하루의 시작** P.102 · 케일 5장 · 바나나 1개 · 냉동 아보카도 1스푼 · 양파즙 1포 · 물 적당량
점심	**가을철 보양식 사과의 발견** P.98 · 허닭 스테이크 닭 가슴살 1팩 · 사과 1개 · 방울토마토 1움큼 · 찐 고구마 1개	**초간편 단백질 식사** P.100 · 허닭 스테이크 닭 가슴살 1팩 · 찐 고구마 1팩 · 방울토마토 1움큼	**매력 있는 자주 식단** P.102 · 굽네 훈제 닭 가슴살 1팩 · 적채 1움큼 · 방울토마토 1움큼 · 찐 고구마 1개
저녁	**에그머니나!** P.99 · 굽네 훈제 닭 가슴살 1팩 · 채소볶음 1움큼 · 훈제란 1개 · 스크램블드에그(달걀 2개) · 바나나 파프리카 3개 · 청포도 1움큼	**포만감 두 배 닭 가슴살 채소볶음** P.101 · 굽네 훈제 닭 가슴살 1팩 · 채소볶음 1움큼 · 찐 고구마 1개 · 바나나 파프리카 3개	**원더 그린** P.103 · 양상추 1움큼 · 오이 1개 · 브로콜리 ⅓개 · 닭 가슴살 소시지 1팩 · 찐 고구마 1개
간식	· 아몬드 1움큼 · 아메리카노 1잔 · 커클랜드 프로틴 바 ½개	· 아몬드 1움큼 · 아메리카노 1잔 · 커클랜드 프로틴 바 ½개	· 아몬드 1움큼 · 아메리카노 1잔 · 커클랜드 프로틴 바 ½개

밀가루 단식 4주 차에 추석이 있었다. 상반기, 하반기 두 번이나 명절이 있고, 그 외 각종 기념일이 1년 내내 여기저기 포진해 있다. 이럴 때는 갖가지 변수가 많을 수 있기 때문에 재료 밀프렙은 최대한 조금만 해두고 필요한 건 수시로 마트에 들러 사는 게 좋다. 기본적인 재료만 준비하고 쉽게 무르는 잎채소는 최소한으로 준비해둔다.

25일	26일	27일	28일
초간단 건강 스무디 P.104 · 어린 밀싹 파우더 1스푼 · 양파즙 1포 · 깔라만시 1스푼 · 물 적당량	초간단 건강 스무디 P.106 · 어린 밀싹 파우더 1스푼 · 양파즙 1포 · 깔라만시 1스푼 · 물 적당량	속까지 예쁘게! 요거트 볼 P.108 · 아몬드 1스푼 · 냉동 블루베리 2스푼 · 타이거 너츠 1스푼 · 요거트 80㎖	코코 깔라만시 P.110 · 코코넛 워터 1컵 · 깔라만시 1스푼 · 얼음 · 물 적당량
미니 치팅데이!	미니 치팅데이!	치팅데이 대비 식단 P.108 · 청포도 1움큼 · 브로콜리 ⅓개 · 허닭 스테이크 닭 가슴살 1팩 · 찐 고구마 1개 · 오이 ½개 · 바나나 파프리카 1개	잇클린! P.110 · 사과 1개 · 브로콜리 ⅓개 · 찐 고구마 1개 · 닭 가슴살 소시지 1팩
미니 치팅데이!	식이 섬유 디톡스 식단 P.107 · 오이 1개 · 찐 고구마 1개 · 바나나 파프리카 2개 · 방울토마토 1움큼 · 브로콜리 ⅓개	치팅데이!	멘탈을 부탁해 P.111 · 닭 가슴살 소시지 1팩 · 미니 새송이버섯 1움큼 · 찐 고구마 1개 · 브로콜리 ⅓개 · 상추 6장
· 아몬드 1움큼 · 아메리카노 1잔 · 커클랜드 프로틴 바 ½개	· 아몬드 1움큼 · 아메리카노 1잔 · 커클랜드 프로틴 바 ½개	· 아몬드 1움큼 · 아메리카노 1잔 · 커클랜드 프로틴 바 ½개	· 아몬드 1움큼 · 아메리카노 1잔 · 커클랜드 프로틴 바 ½개

This Week's Meal Prep
쟁여놓고 마음껏 먹자! 이번 주 밀프렙

신선 식품

- ✓ 브로콜리 1.5개(P.21)
- ☐ 양상추 1움큼(P.20)
- ☐ 미니 새송이버섯 1움큼
- ☐ 오이 2.5개(P.20)
- ☐ 청포도 2움큼(P.20)
- ☐ 사과 2개
- ☐ 상추 6장(P.20)
- ☐ 적채 1움큼(P.20)
- ☐ 훈제란 1개
- ☐ 달걀 2개
- ☐ 방울토마토 4움큼(P.20)
- ☐ 찐 고구마 9개(P.20)
- ☐ 바나나 파프리카 9개(P.20)
- ☐ 바나나 2.5개
- ☐ 케일 10장(P.20)

시판 제품

- ✓ 냉동 손질 채소 2움큼(웰프레쉬)
- ☐ 코코넛 워터 1컵(말리)
- ☐ 리얼너츠 8움큼(노브랜드)
- ☐ 붉은양파즙 4팩(산청애)
- ☐ 순수한 깔라만시 3스푼(자연의 품격)
- ☐ 훈제 닭 가슴살 3팩(굽네)
- ☐ 닭 가슴살 소시지 3팩(허닭)
- ☐ 허닭 스테이크 3팩(허닭)
- ☐ 어린 밀싹 파우더 2스푼(파파오가닉)
- ☐ 핏콩 타이거 너츠 2스푼(핏콩)
- ☐ 요거트 160㎖(상하목장)
- ☐ 냉동 블루베리 3스푼(웰프레쉬)
- ☐ 냉동 아보카도 2스푼(곰곰)
- ☐ 프로틴 바 3.5개(커클랜드)

4주

아침
그린 스무디의 정석

주말에 즐긴 기름진 음식으로 쌓인 지방을 배출하기 위해 월요일을 양파즙 그린 스무디로 시작하자. 달짝지근한 바나나 덕분에 양파즙의 시큼한 향이 느껴지지 않아 거북하지 않게 즐길 수 있다.

재료 케일 5장, 바나나 1개, 냉동 아보카도 1스푼, 양파즙 1포, 물 적당량 **조리 필요** ❶ 믹서에 케일을 넣고 바나나, 아보카도를 넣는다. ❷ 양파즙을 붓고 물로 농도를 맞춰 간다.

점심
가을철 보양식 사과의 발견

가을에 가장 맛있는 사과! 식사할 때마다 조금씩 같이 먹으면 달달한 맛으로 군것질의 유혹을 물리칠 수 있다. 상큼한 사과 맛에 피로가 싹 가시는 건 덤.

재료 허닭 스테이크 닭 가슴살 1팩, 사과 1개, 방울토마토 1움큼, 찐 고구마 1개 **조리 불필요**(밀프렙한 재료를 접시에 담고 닭 가슴살은 전자레인지에 넣어 약 1~2분간 돌린 후 바로 먹도록 준비한다.)

선녀's 꿀팁 갈변이 꼭 나쁜 것만은 아니지만, 사과를 묽은 소금물, 설탕물, 식초 등에 담가두면 갈변을 어느 정도 예방할 수 있다.

잠깐	
오늘의 오후 간식  · 아메리카노 1잔 · 아몬드 1움큼 · 커클랜드 프로틴 바 ½개	**선녀's 토크** 처음 밀가루 단식을 시작할 때는 너무 힘들고 어렵기만 했는데 벌써 22일 차가 됐다. 내가 이렇게나 오래 참아냈다니 믿기지 않는다. 소싯적 날씬했을 때 즐겨 입던 핫팬츠를 꺼내 다시 한번 입어보았다. 불과 몇 주 전에는 꽉 끼어 들어가지도 않던 바지가 제법 여유 있어졌다. 체중계 숫자에 연연하지 않고 옷으로 몸매를 체크하는 게 도움이 된다.

저녁

에그머니나!

삶은 달걀이나 구운 달걀, 달걀 프라이 등 다양한 방법으로 요리할 수 있는 달걀은 일상에서 가장 손쉽게 접할 수 있고 요리할 수 있는 최고의 단백질 식품이다. 오늘은 달걀로 호텔 조식 스타일의 디너를 즐겨보자.

선녀's 꿀팁 달걀 고르는 나만의 팁은 무항생제 달걀을 구매하는 것이다.

재료 굽네 훈제 닭 가슴살 1팩, 채소볶음 1움큼, 훈제란 1개, 스크램블드에그(달걀 2개), 바나나 파프리카 3개, 청포도 1움큼 **조리 필요** ❶ 달군 팬에 올리브유를 조금 두르고 미리 풀어놓은 달걀을 부어 스크램블을 만든다. 이때 간은 따로 하지 않는다. ❷ 달군 팬에 냉동 채소를 올려 약한 불로 살살 볶는다. ❸ 닭 가슴살을 해동한 후 나머지 밀프렙한 재료를 꺼내 맛있게 먹는다.

4주

아침

홈카페 요거트 볼

예쁜 그릇을 준비해 요거트와 형형색색 과일을 예쁘게 꾸며 담아보자. 그런 다음 가장 좋아하는 음악과 아끼는 식탁보로 나만의 홈카페를 꾸며 달콤하고 우아한 브렉퍼스트로 하루를 시작하자.

재료 바나나 ½개, 냉동 블루베리 1스푼, 타이거 너츠 1스푼, 요거트 80㎖ **조리 불필요**(볼에 요거트와 재료를 예쁘게 담아 먹는다.)

점심

초간편 단백질 식사

가끔은 식사 시간에 쫓겨 바깥에서 간단하게 먹어야 하는 날이 있다. 최대한 냄새가 나지 않는 재료로 간편하고 빠르게 먹을 수 있는 점심을 준비해보자.

재료 허닭 스테이크 닭 가슴살 1팩, 찐 고구마 1팩, 방울토마토 1움큼 **조리 불필요**(닭 가슴살은 전자레인지에 약 1~2분간 돌려 준비한다.)

선녀's 꿀팁 외부에 있을 때도 식사 시간을 평소처럼 지킬 수 있도록 노력하자.

23일
따라하기

잠깐

오늘의 오후 간식

- 아메리카노 1잔
- 아몬드 1움큼
- 커클랜드 프로틴 바 ½개

 선녀's 톡

예전 한 차례 다이어트에 성공해 계속 유지하던 몸무게가 58kg이었는데, 어느 날부턴가 요요가 오더니 말도 안 되는 숫자를 계속 찍어댔다. 그러다 오늘 아침 밀가루 단식을 시작한 이후로 처음 체중을 재보니 57.9kg이 되어 있었다. 다행히도 노력한 만큼 원래대로 잘 돌아왔구나 싶다. 불필요한 살들이 어느 정도 빠져나간 것 같은 느낌이다. 세끼 식단만 유지했다면 효과가 미미했겠지만 밀가루를 아예 끊어버린 게 한몫한 듯하다. 이제 원점. 이제부터 진짜 시작이다.

 저녁

포만감 두 배 닭 가슴살 채소볶음

손질하지 않고 바로 먹을 수 있는 냉동 채소를 이용해 저녁을 빠르게 만들어보자. 브로콜리, 당근, 콜리플라워로 구성한 냉동 채소와 닭 가슴살을 함께 볶으면 양이 푸짐해 기분 좋은 포만감을 느낄 수 있다. 생채소와는 또 다른 따뜻한 매력이 느껴진다.

선녀's 꿀팁 매콤한 소스가 먹고 싶다면 당분이 없는 스리라차 소스를 추천한다.

재료 굽네 훈제 닭 가슴살 1팩, 채소볶음 1움큼, 찐 고구마 1개, 바나나 파프리카 3개 **조리 필요** ❶ 팬에 올리브유를 두르고 냉동 채소를 올려 약한 불로 살살 볶는다. ❷ 채소가 어느 정도 익으면 해동한 닭 가슴살을 찢어 넣어 약한 불로 함께 볶는다. ❸ 밀프렙한 파프리카와 고구마를 꺼내 준비한다.

4주

아침
부드러운 하루의 시작

긴 밤 내내 배고픔에 시달리며 공복을 이겨낸 위에 부드러운 스무디로 상을 주자. 케일과 양파즙으로 영양소를 챙기는 동시에 바나나와 아보카도로 부드럽게 상큼달달한 맛까지 더했다.

재료 케일 5장, 바나나 1개, 냉동 아보카도 1스푼, 양파즙 1포, 물 적당량 조리 필요 ❶ 믹서에 케일을 넣는다. ❷ 바나나와 냉동 아보카도를 넣는다. ❸ 양파즙과 물을 넣어 농도를 맞추며 갈아낸다.

점심
매력 있는 자주 식단

자주색 양배추인 적채는 특유의 싱싱한 컬러 때문에 보기만 해도 기분 좋아지는 건강 채소다. 풍부한 비타민과 식이 섬유로 장운동을 활성화해 다이어트나 피부 미용 증진에 매우 좋다.

재료 굽네 훈제 닭 가슴살 1팩, 적채 1움큼, 방울토마토 1움큼, 찐 고구마 1개 조리 불필요(닭 가슴살을 전자레인지로 약 1~2분간 해동한 후, 밀프렙한 재료와 함께 맛있게 먹는다.)

선녀's 꿀팁 플레이팅할 때 재료 위에 파슬리 가루나 통깨를 뿌려보자. 비주얼이 한층 더 좋아진다.

잠깐

오늘의 오후 간식

- 아메리카노 1잔
- 아몬드 1움큼
- 커클랜드 프로틴 바 ½개

 선녀's 토크

예전에는 캐러멜 마키아토 같은 달달한 커피를 즐겨 마셨다. 물론 휘핑크림과 시럽은 가득. 지금은 아메리카노만 마시고 있다. 특히 운동하기 전에 운동 효과를 극대화하기 위해 마신다. 아메리카노의 쓴맛이 한약처럼 느껴져 거부감이 들곤 했는데 지금은 나에게 최고의 간식이 됐다.

저녁

원더 그린(Wonder Green)

몸을 예쁘게 가꾸고 싶다면 녹색 채소와 친해져야 한다. 채소만 먹을 땐 아무 맛도 나지 않아 밍밍하지만, 짭조름한 닭 가슴살 소시지를 곁들이면 간이 적당하게 배어 맛있게 먹을 수 있다.

재료 양상추 1움큼, 오이 1개, 브로콜리 ⅓개, 닭 가슴살 소시지 1팩, 찐 고구마 1개 조리 불필요(닭 가슴살을 전자레인지에 약 1~2분간 돌려 밀프렙한 재료와 함께 준비한다.)

선녀's 꿀팁 잠들기 전에 스마트폰을 멀리 하면 숙면에 도움이 된다.

초간단 건강 스무디

추석이나 설날처럼 한 상 차림을 앞둔 아침이라면, 혹은 특별한 날 치팅데이를 앞둔 아침이라면 기름진 음식이 마구잡이로 들어와도 위가 놀라지 않도록 가벼운 스무디로 준비운동을 해주자.

재료 어린 밀싹 파우더 1스푼, 양파즙 1포, 깔라만시 1스푼, 물 적당량 조리 불필요(재료를 컵에 담아 잘 섞어 마신다.)

기념일 대비 미니 치팅데이 1

명절이나 특별한 기념일을 위한 치팅데이를 즐겨야 한다면 미리 밀폐 용기를 준비해 채소 도시락을 준비하자. 특히 명절 음식은 밀가루를 사용한 기름진 고칼로리 음식이 대부분이기 때문에, 챙겨 간 채소 도시락을 곁들여 밥과 나물 위주의 반찬으로 적정량의 식사를 하자. ※ 기념일이 아니어서 미니 치팅을 할 필요가 없다면 평소처럼 닭 가슴살과 채소, 과일로 식단을 꾸려 건강한 리듬을 유지하세요.

잠깐

오늘의 오후 간식

- 아메리카노 1잔
- 아몬드 1움큼
- 커클랜드 프로틴 바 ½개

선녀's 토크

밀가루 단식을 하는 이 기간에 왜 추석이 끼어 있는 걸까. 원망도 들었지만, 오히려 나만의 슬기로운 방법을 찾아 앞으로도 명절이나 불가피한 기념일에 대처할 수 있도록 훈련해야겠다는 생각이 들었다. 1. 위의 40%만 채우기 2. 아쉬울 때 수저 내리기 3. 최대한 천천히 식사하기 4. 과일이나 후식 먹지 않기. 최대한 천천히 식사를 하면 사람들의 눈을 신경 쓰지 않고 맘껏 양을 조절하면서 먹을 수 있다.

저녁
기념일 대비 미니 치팅데이 2

기름진 치팅데이가 점심 한 끼로 끝나면 더할 나위 없이 좋겠지만, 만일 저녁까지 이어진다면 정신을 꼭 붙들자. 자칫 방심해 한 입 먹었다가는 기름진 음식의 유혹에 완전히 굴복해버릴지도 모를 일이다. 점심과 마찬가지로 기름진 고열량 음식을 피하고 밀가루 음식 대신 나물이나 간이 약한 반찬 위주로 식사하되 밥은 반 공기로 조절한다. ※ 기념일이 아니어서 미니 치팅을 할 필요가 없다면 평소처럼 닭 가슴살과 채소, 과일로 식단을 꾸려 건강한 리듬을 유지하세요.

선녀's 꿀팁 음식이 다채롭게 차려진 상태에서 '조절해서 먹어야지'라고 생각하는 것보다 개인 앞 접시를 준비해 먹을 만큼만 최소한으로 덜어내 식사하는 게 컨트롤하기 좋다.

초간단 건강 스무디

추석 연휴 둘째 날에 꼭 필요한 양파즙 스무디. 굶지 않되 간편하게 영양소를 섭취할 수 있는 셰이크를 만들어보자. 베이스가 되는 양파즙은 전날 먹은 기름진 음식을 디톡스하며 배출하는 역할을 한다. 명절이 아니어도 과식한 다음 날 먹으면 좋다.

> 재료 어린 밀싹 파우더 1스푼, 양파즙 1포, 깔라만시 1스푼, 물 적당량 조리 불필요(재료를 컵에 담아 잘 섞어 마신다.)

기념일 대비 미니 치팅데이 3

명절 연휴라 오늘까지 치팅을 해야 한다면, 또는 여행으로 며칠 일반식을 먹어야 한다면 어제처럼 미니 치팅으로 조절해서 먹어보자. 만일 명절처럼 꼭 먹어야 하는 식사가 아니라면 평소처럼 닭 가슴살과 채소 위주의 점심을 즐기면 된다. 만약 그렇지 않다면, 밥은 반 공기만, 반찬은 나물이나 채소 위주로만 최대한 천천히 먹는다. 기름기 많은 LA갈비보다 기름기 없는 목살 위주로 먹자. ※ 기념일이 아니어서 미니 치팅을 할 필요가 없다면 평소처럼 닭 가슴살과 채소, 과일로 식단을 꾸려 건강한 리듬을 유지하세요.

잠깐	
오늘의 오후 간식	선녀's 토크
 · 아메리카노 1잔 · 아몬드 1움큼 · 커클랜드 프로틴 바 ½개	밀가루 음식 천국인 명절날. 전이나 만둣국, 송편 등등 내가 좋아하는 밀가루 음식을 입에 대 보지도 않은 건 정말이지 30년 만에 처음이었다. 후식으로 주시는 과일도 눈치 보며 먹지 않고 좋아하는 술도 참아냈다. 명절 때마다 얼큰하게 취해서 귀가했던 것 같은데 이런 내 모습이 너무 어색하고 얼떨떨하다. 그리고 대견하다.

저녁

식이 섬유 디톡스 식단

요 며칠 미니 치팅으로 식이 섬유를 많이 챙겨 먹지 못했으니 오늘 저녁에는 식이 섬유 파티를 해보자. 단백질이 함유된 무거운 식재료는 빼고, 탄수화물 양도 조금 줄여 채소 위주의 가볍고 간단한 식사를 즐겨보자.

재료 오이 1개, 찐 고구마 1개, 바나나 파프리카 2개, 방울토마토 1움큼, 브로콜리 ⅓개 조리 불필요(밀프렙한 재료를 꺼내 접시에 담아 먹는다.)

선녀's 꿀팁 '어차피 망했어'가 아니라 '다시 하면 돼'로 생각을 바꾸자. 밀가루 단식은 마음먹기 나름이다.

4주

아침

속까지 예쁘게! 요거트 볼

연휴 동안 즐기지 못했던 예쁜 플레이팅을 다시 시작해보자. 평소 좋아하는 과일과 식이 섬유 풍부한 타이거 너츠를 넣어 아삭아삭 비주얼 예쁜 요거트 볼을 만들어 맛있게 먹자. 오늘 내 선택은 블루베리.

재료 아몬드 1스푼, 냉동 블루베리 2스푼, 타이거 너츠 1스푼, 요거트 80㎖ **조리** 불필요(요거트 볼에 요거트와 재료를 예쁘게 담아 맛있게 먹는다.)

점심

치팅데이 대비 식단

며칠 동안 미니 치팅을 하긴 했지만, 그렇다고 해서 원래 지키던 정기 치팅데이를 건너뛸 수는 없다. 대신 지금까지 열심히 쌓아놓은 좋은 식습관이 3일 연속 치팅으로 무너지지 않도록 갖가지 채소와 닭 가슴살로 균형을 맞추자.

재료 청포도 1움큼, 브로콜리 ⅓개, 허닭 스테이크 닭 가슴살 1팩, 찐 고구마 1개, 오이 ½개, 바나나 파프리카 1개 **조리** 불필요(닭 가슴살을 전자레인지에 약 1~2분간 돌려 해동한 후, 밀프렙한 재료와 함께 먹는다.)

선녀's 꿀팁 치팅을 하기 전에는 굶지 말고 평소 식사량을 유지한다.

잠깐	
오늘의 오후 간식  · 아메리카노 1잔 · 아몬드 1움큼 · 커클랜드 프로틴 바 ½개	**선녀's 토크** 추석 연휴 때 먹고 싶은 음식을 절제하고, 내가 스스로에게 약속해둔 날 치팅데이를 지키니 평소보다도 더욱 뿌듯하고 스스로가 대견스럽다. 명절 식탁에 놓여 있는 맛깔스러운 음식을 모르는 척해야 할 때는 너무 힘들었지만, 다시 나만의 치팅데이에 마음 놓고 먹을 생각을 하니 금세 기분이 너무 좋아졌다. 오늘의 메뉴는 내가 너무도 좋아하는 곱창. 일주일 동안 잠시 느끼는 치팅데이는 비록 짧지만 큰 행복을 가져다준다. 오늘도 잘 버텼다.

 저녁

치팅데이

줄어든 위를 무시하고 예전에 먹던 양으로 식사를 한꺼번에 많이 하면 탈이 날 수 있으니 최대한 천천히 먹는다. '오늘 아니면 못 먹으니까 많이 먹어야지'라면서 흥분하기보다는 한 주 동안 고생한 자신을 차분하게 돌이켜보고 칭찬하면서 즐겨보자. 앞으로 한 주를 또다시 꿋꿋하게 견뎌낼 수 있는 '충전'이라고 생각을 바꾸면 마음이 편해진다.

아침

코코 깔라만시

전날 치팅데이의 여파로 잔뜩 부은 내 얼굴. 평소보다 무거운 내 몸을 회복시키기 위해 간단하게 마시는 걸로 때우고 싶은 날이다. 나트륨 배출을 도와주는 코코넛 워터에 상큼한 깔라만시를 1숟가락 넣고 얼음을 동동 띄워 마시면 뼛속까지 시원하다.

재료 코코넛 워터 1컵, 깔라만시 1스푼, 얼음, 물 적당량 **조리** 불필요(코코넛 워터에 깔라만시를 넣은 후 물과 얼음을 넣어 시원하게 마신다.)

점심

잇 클린(Eat Clean)!

전날 치팅데이를 만족할 만큼 즐겼다면 이제 중요한 건 조금의 미련도 남기지 말고 원래 리듬으로 최대한 빠르게 돌아오는 것이다. 풀어지고 싶은 마음을 평소에 먹던 식단으로 다시 한번 꽉 잡아주자.

선녀's 꿀팁 닭 가슴살도 소시지, 동그랑땡, 볼 등 종류가 다양하다. 저마다 매력이 다르니 다양하게 먹어보는 걸 추천한다.

재료 사과 1개, 브로콜리 ⅓개, 찐 고구마 1개, 닭 가슴살 소시지 1팩 **조리 필요** ❶ 달군 팬에 브로콜리를 넣고 약한 불로 살살 볶는다. ❷ 닭 가슴살을 전자레인지에 약 1~2분간 돌려 해동한다. ❸ 밀프렙한 재료를 꺼내 함께 접시에 담는다.

잠깐	
오늘의 오후 간식  · 아메리카노 1잔 · 아몬드 1움큼 · 커클랜드 프로틴 바 ½개	**선녀'S 토크** 오후에 잠깐 대형 마트로 장을 보러 갔는데 하필이면 시식 코너가 많은 시간대였다. 수많은 밀가루 음식들이 시식대 위에서 나를 보며 유혹적인 자태를 뽐냈지만(특히 새우튀김은 거의 손이 갈 뻔했다) 함께 간 신랑만 먹이면서 꾹 참았다. 밀가루 단식 다이어트를 시작한 이후 매주 즐기던 먹방 데이트를 포기했지만, 점점 가벼워지는 몸이 신기해서 아직은 잘 참고 있다. 순간적인 판단으로 이 모든 걸 포기하고 싶지 않다. 그래도 오늘은 정말 힘들었다.

저녁
멘탈을 부탁해

버섯을 팬에 살짝 구우면 고기 맛이 난다. 함께 준비한 상추에 버섯과 닭 가슴살을 싸 먹어도 좋고, 하나하나 맛을 음미하면서 따로 먹어도 좋다. 고구마와 닭 가슴살 소시지, 그리고 브로콜리와 상추가 영양소 균형을 완벽하게 맞춰준다.

재료 닭 가슴살 소시지 1팩, 미니 새송이버섯 1움큼, 찐 고구마 1개, 브로콜리 ⅓개, 상추 6장 **조리 필요** ❶ 달군 팬에 올리브유를 살짝 두르고 버섯을 올려 약한 불로 굽는다. ❷ 닭 가슴살 소시지는 전자레인지로 약 1~2분간 해동시킨다. ❸ 밀프렙한 재료를 꺼내 접시에 함께 담는다.

선녀's 꿀팁 다이어트할 때는 주변 사람들의 지지가 중요하다. 남편, 애인, 가까운 친구에게 꼭 도움을 요청하자.

5th Week

5주차

This Week's Challenges
이번 주 목표

5주 차 목표	습관, 내 것으로 더 굳히기	
	근력 운동	유산소 운동
	와이드 스쿼트 20회 3세트	걷기 운동 40분

다이어트를 시작한 지 한 달이 지났다. 이렇게나 오래 버틴 스스로가 무척 대견하다. 그래도 정신 줄 꽉 잡기! 무려 한 달이나 참아냈다는 성취감에 취해 말도 안 되는 합리화를 할 수 있다. 아직은 지금까지 만들어온 습관이 내 것으로 100% 자리 잡지 않았다. 언제 어디에서 예전의 내 모습이 불쑥 튀어나올지 모른다. 습관이 굳을 때까지 계속 반복하며 노력하자.

이번 주 이것만은 다짐하자!

 01 변화를 체크하기 위한 눈바디 사진 촬영

이제까지와는 다르게 몸매의 변화가 현저하게 보인다. 예전에 입었던 옷들이 헐렁거리는 느낌이 들 정도로 여유 있어졌다. 뭘 입어도 핏이 좋다. 4주 차에 찍은 눈바디 사진 옆에 5주 차 눈바디 사진을 놓고 비교해보자.

 02 일상에서 몸매 라인 잡기

일상에서 할 수 있는 운동이 꽤 많다. 의자에 앉아 있을 때 바른 자세만 유지해도 등선과 승모근, 목선 등이 바로잡히고 매끈해진다. 특히 다리를 꼬고 앉거나 짝다리를 짚고 서 있는 건 절대 금물! 아무리 살이 빠져도 자세가 구부정하면 예쁘지 않은 법이다. 도도한 여왕이 되었다는 상상을 하며 매 순간 자세를 고쳐 앉아보자.

 03 긍정적이고 예쁜 생각하기

하기 싫다며 투정 부리기보다 오직 나를 위한 과정임을 잊지 말자. 지금 노력하는 모든 것은 그대로 남는다. 내가 노력하는 만큼 변할 수 있다. 결과는 정직하고 달콤할 것이다.

선녀의 밀가루 단식 100일 프로젝트

밀가루 보기를 돌같이 하라

    아무리 주변 사람들이 날 도와준다고 해도 사방팔방에 밀가루 음식이 널려 있다. 내 옆에서 라면을 끓여 먹는 신랑과 빵을 먹는 친구. 결국 모두 내가 이겨내야 하는 유혹이다. 처음에는 발을 동동 구르고 힘들어하며 코를 막고 방으로 도망가기 일쑤였다. 하지만 점점 밀가루 단식에 적응해가며 '먹지 않을 거야'라고 마음에 콕 저장해두니 밀가루 음식을 봐도 '어차피 안 먹을 건데'라는 생각으로 잘 참게 된다. 내가 무슨 생각으로 어떻게 임하느냐에 따라 결과는 반드시 달라진다는 걸 요즘 다시 배운다. 흐지부지하게 생각하면 결과도 흐지부지해질 것이고 마음을 단호하게 먹으면 결과도 값질 것이라고 믿는다.

    자고 일어나면 살이 빠져 있다. 대신 그 뒤에는 엄청난 노력과 고통이 따른다는 사실은 오롯이 나만 안다. 사람들이 가장 많이 물어보는 것이 있다. "배고픈 걸 어떻게 참으세요?" 이 질문은 나에겐 꽤 곤란한 질문이다. 특별한 방법은 없다. 그냥 참고 참고 계속 참을 뿐. 참아내며 한 주 한 주 보낼수록 유연해지고 있는 나를 발견한다.

    더 건강하고 가벼워질 나를 기대하며, 이번 주도 힘내자!

This Week's Meal Plan
이번 주 식단 한눈에 보기

	29일	30일	31일
아침	**장이 튼튼해지는 요거트 볼** P.120 · 요거트 80㎖ · 냉동 블루베리 1스푼 · 바나나 ½개 · 어린 밀싹 파우더 1스푼 · 타이거 너츠 1스푼	**내 입맛대로 요거트 볼** P.122 · 요거트 80㎖ · 타이거 너츠 1스푼 · 아몬드 1스푼 · 어린 밀싹 파우더 1스푼 · 햄프 시드 1스푼	**딸바 그린 스무디** P.124 · 케일 5장 · 냉동 딸기 2스푼 · 바나나 1개 · 코코넛 워터 가득 · 물 적당량
점심	**월요병 탈출 식단** P.120 · 방울토마토 1움큼 · 오이 1개 · 찐 고구마 1개 · 브로콜리 ⅓개 · 조청 맛 닭 가슴살 1팩	**익힌 채소의 매력** P.122 · 조청 맛 닭 가슴살 1팩 · 오이 1개 · 찐 고구마 1개 · 냉동 채소볶음 1움큼	**팔방미인 보랏빛 적채** P.124 · 적채 1움큼 · 허닭 훈제 닭 가슴살 1팩 · 찐 고구마 1개 · 사과 1개
저녁	**건강하게 한 쌈 두 쌈** P.121 · 상추 3장 · 찐 고구마 1개 · 마라 맛 닭 가슴살 1팩 · 오이 1개 · 브로콜리 ⅓개 · 청포도 1움큼	**양식 느낌 아니까** P.123 · 토마토 맛 닭 가슴살 1팩 · 방울토마토 1움큼 · 찐 고구마 1개 · 바나나 파프리카 2개 · 블랙 올리브 약간 · 양상추 1움큼	**매콤 화끈 불닭쌈** P.125 · 불닭 맛 닭 가슴살 1팩 · 오이 1개 · 단호박 ⅓개 · 찐 양배추 1움큼 · 풋고추 1개
간식	· 아몬드 1움큼 · 아메리카노 1잔 · 커클랜드 프로틴 바 ½개	· 아몬드 1움큼 · 아메리카노 1잔 · 커클랜드 프로틴 바 ½개	· 아몬드 1움큼 · 아메리카노 1잔 · 커클랜드 프로틴 바 ½개

밀가루 단식 다이어트를 시작한 지 한 달이 지났으니 극감량기는 끝난 셈이다. 이제 먹는 양을 약간씩 늘리며 일반식에 몸을 적응시킬 계획이다. 간단히 먹을 수 있는 시판 도시락과 외부 샐러드 도시락도 먹어볼 예정이다.

32일	33일	34일	35일
블루베리 스무디 P.126 · 냉동 블루베리 2스푼 · 케일 5장 · 요거트 약간 · 코코넛 워터 1컵 · 물 적당량	**내 입맛대로 요거트 볼** P.128 · 어린 밀싹 파우더 1스푼 · 타이거 너츠 1스푼 · 바나나 ½개 · 햄프 시드 1스푼 · 요거트 80㎖	**블루베리 바블 스무디** P.130 · 바나나 1개 · 냉동 아보카도 1스푼 · 냉동 블루베리 1스푼 · 코코넛 워터 1컵 · 물 적당량	**부기 빼자 그린 스무디** P.132 · 케일 5장 · 바나나 1개 · 코코넛 워터 1컵 · 물 적당량
예쁜 몸을 위한 친구들 P.126 · 방울토마토 1움큼 · 오이 1개 · 브로콜리 ⅓개 · 단호박 ⅓개 · 굽네 훈제 닭 가슴살 1팩	**시판 샐러드** P.128 · 투고 샐러드 1팩 (연어 닭 다리살)	**치팅데이 단호박 대비** P.130 · 단호박 1/3개 · 청포도 1움큼 · 오이 1개 · 굽네 훈제 닭 가슴살 1팩	**시판 도시락** P.132 · 마이비밀 도시락 1팩 (제육볶음)
한 쌈 하실래예 P.127 · 상추 6장 · 오이 1개 · 찐 고구마 1개 · 적채 1움큼 · 청포도 약간 · 목살 100g	**네 생각이 낫토** P.129 · 방울토마토 1움큼 · 단호박 ⅓개 · 양상추 1움큼 · 블랙 올리브 약간 · 냉동 채소볶음 1움큼 · 낫토 1팩 · 오이 ½개	★★★★ **치팅데이!**	**굶지 않는 식단** P.133 · 찐 고구마 1개 · 청포도 1움큼 · 요거트 80㎖ · 타이거 너츠 1스푼 · 햄프 시드 1스푼 · 방울토마토 1움큼
· 아몬드 1움큼 · 아메리카노 1잔 · 커클랜드 프로틴 바 ½개	· 아몬드 1움큼 · 아메리카노 1잔 · 커클랜드 프로틴 바 ½개	· 아몬드 1움큼 · 아메리카노 1잔 · 커클랜드 프로틴 바 ½개	· 아몬드 1움큼 · 아메리카노 1잔 · 커클랜드 프로틴 바 ½개

This Week's Meal Prep

쟁여놓고 마음껏 먹자! 이번 주 밀프렙

신선 식품

- ☑ 목살 100g
- ☐ 풋고추 1개
- ☐ 브로콜리 1개(P.21)
- ☐ 상추 9장(P.20)
- ☐ 양상추 2움큼(P.20)
- ☐ 오이 7.5개(P.20)
- ☐ 청포도 3움큼(P.20)
- ☐ 사과 1개
- ☐ 단호박 1.5개(P.21)
- ☐ 적채 2움큼(P.20)
- ☐ 양배추 1움큼(P.20)
- ☐ 방울토마토 5움큼(P.20)
- ☐ 찐 고구마 7개(P.20)
- ☐ 바나나 파프리카 2개(P.20)
- ☐ 케일 15장(P.20)

시판 제품

- ☑ 냉동 딸기 2스푼(리치스)
- ☐ 냉동 아보카도 1스푼(곰곰)
- ☐ 햄프 시드 3스푼(천애지하늘사랑)
- ☐ 블랙 올리브 약간(마리오 피티드)
- ☐ 연어 닭 다리살 샐러드 1팩(투고 샐러드)
- ☐ 제육볶음 도시락 1팩(마이비밀)
- ☐ 냉동 블루베리 4스푼(웰프레쉬)
- ☐ 냉동 채소 2움큼(웰프레쉬)
- ☐ 리얼너츠 7움큼(노브랜드)
- ☐ 조청 맛 닭 가슴살 2팩(인생닭)
- ☐ 마라 맛 닭 가슴살 1팩(인생닭)
- ☐ 허닭 훈제 닭 가슴살 1팩(허닭)
- ☐ 요거트 3,500㎖(상하목장)
- ☐ 어린 밀싹 파우더 3스푼(파파오가닉)
- ☐ 핏콩 타이거 너츠 4스푼(핏콩)
- ☐ 코코넛 워터 4컵(말리)
- ☐ 토마토 맛 닭 가슴살 1팩(인생닭)
- ☐ 불닭 맛 닭 가슴살 1팩(인생닭)
- ☐ 굽네 훈제 닭 가슴살 2팩(굽네)
- ☐ 실의 힘 낫토 1팩(풀무원)
- ☐ 프로틴 바 3.5개(커클랜드)

아침

장이 튼튼해지는 요거트 볼

유산균이 가득한 요거트 볼로 하루를 상쾌하게 시작해보자. 다이어트를 하면서 가장 중요한 건 장 건강이다. 요거트에 비타민 가득한 채소와 고소한 타이거 너츠를 뿌려 맛있게 한 입 하자.

재료 요거트 80㎖, 냉동 블루베리 1스푼, 바나나 ⅓개, 어린 밀싹 파우더 1스푼, 타이거 너츠 1스푼 조리 불필요(요거트 볼에 요거트와 재료를 예쁘게 담아 맛있게 먹는다.)

점심

월요병 탈출 식단

식단을 조절한다고 해서 무조건 양을 줄이면 다이어트하기 힘들고 오래 유지하지 못한다. 오히려 포만감을 채워줄 수 있는 채소와 과일로 양을 유지하는 게 좋다. 그중 방울토마토와 오이는 포만감을 충분하게 채워주는 훌륭한 채소다.

재료 방울토마토 1움큼, 오이 1개, 찐 고구마 1개, 브로콜리 ⅓개, 조청 맛 닭 가슴살 1팩 조리 불필요(닭 가슴살을 전자레인지에 약 1~2분간 돌려 해동하고, 밀프렙한 재료를 꺼내 그릇에 함께 담는다.)

선녀's 꿀팁 장에 좋은 유익균을 만들수록 장 환경이 건강해진다. 유산균은 필수!

잠깐	
오늘의 오후 간식  · 아메리카노 1잔 · 아몬드 1움큼 · 커클랜드 프로틴 바 ½개	선녀's 토크 오늘 저녁에 먹은 상추쌈은 신의 한 수였다. 포만감을 주는 동시에 건강까지 챙긴 한 끼를 먹은 것 같아 매우 만족스럽다. 무작정 적게 먹고 굶기만 하는 유해한 다이어트가 아니라 내 몸이 요구하는 것을 귀담아 들으며 채워주는 유익한 다이어트를 하고 있다. 달달한 탄산음료가 생각났지만 칼로리가 없는 탄산수 한 잔으로 식욕을 잠재워주니 바로 괜찮아졌다. 오늘도 잘 참았다.

저녁

건강하게 한 쌈 두 쌈

배가 유독 고픈 날은 값싸고 싱싱한 상추에 닭 가슴살 한 점과 갖가지 채소를 넣어 크게 한 쌈 싸서 먹어보자. 매콤한 마라 맛을 더한 양념 덕분에 치팅만큼이나 만족스럽게 든든한 한 끼를 먹을 수 있다.

재료 상추 3장, 찐 고구마 1개, 마라 맛 닭 가슴살 1팩, 오이 1개, 브로콜리 ⅓개, 청포도 1움큼 **조리 불필요**(닭 가슴살을 전자레인지에 약 1~2분간 돌려 해동한 후, 밀프렙한 재료를 꺼내 함께 그릇에 담는다.)

선녀's 꿀팁 발바닥은 모든 장기와 연결된 신경의 '집약소'. 하루에 10분만 꾸준히 눌러줘도 노폐물 배출에 매우 도움이 된다.

5주

아침

내 입맛대로 요거트 볼

요거트에 새롭게 추가한 햄프 시드는 식물성 단백질 함량이 높고 섬유질이 풍부해 변비 예방에 좋다. 장 건강에 유익한 요거트와 함께 꾸준히 섭취하자.

재료 요거트 80㎖, 타이거 너츠 1스푼, 아몬드 1스푼, 어린 밀싹 파우더 1스푼, 햄프 시드 1스푼 **조리 불필요**(볼에 요거트와 재료를 예쁘게 담아 맛있게 먹는다.)

점심

익힌 채소의 매력

냉동 채소에는 손이 많이 가는 브로콜리와 양배추, 당근이 손질되어 들어 있어 간편하게 조리할 수 있다. 이 세 가지는 익혀 먹을 때 영양소의 흡수율이 높아지기 때문에 살짝 볶으면 더 건강하고 맛있게 먹을 수 있다.

선녀's 꿀팁 소화가 잘 되지 않는 음식물을 먹거나 과식하는 식생활을 반복하면 장내 유해균이 증식한다.

재료 조청 맛 닭 가슴살 1팩, 오이 1개, 찐 고구마 1개, 냉동 채소볶음 1움큼 **조리 필요** ❶ 올리브유를 두른 팬에 냉동 채소볶음을 넣고 약한 불로 살살 볶는다. ❷ 닭 가슴살을 전자레인지에 약 1~2분간 해동한 후, 밀프렙한 재료를 꺼내 함께 그릇에 담는다.

잠깐	
오늘의 오후 간식	선녀's 토크
 · 아메리카노 1잔 · 아몬드 1움큼 · 커클랜드 프로틴 바 ½개	며칠 전 가을에 입으려고 인터넷으로 바지를 샀다. 앞으로 더 빼자는 생각으로 한 치수 작은 걸로 욕심내서 시켰다. 바지가 왔을 땐 너무 욕심냈나 하는 후회가 들었다. 아무리 생각해도 괜히 돈만 버린 것 같았다. 그런데 웬걸, 막힘없이 쏙 들어갔다. 청바지라면 괜히 덩치가 커 보이는 것 같고 살쪄 보이는 것 같아 기피하던 나였는데, 거울 속 내 모습은 내가 봐도 꽤 괜찮다. 운동과 금주도 중요하지만 역시 밀가루를 끊은 게 신의 한 수인 것 같다.

저녁

양식 느낌 아니까

이탤리언 요리가 먹고 싶은 날에는 블랙 올리브와 토마토 맛을 가미한 닭 가슴살을 꺼내 풍부한 채소와 함께 먹어보자. 완벽한 요리는 아니지만, 그래도 당장의 식욕은 충분히 채워줄 수 있다.

재료 토마토 맛 닭 가슴살 1팩, 방울토마토 1움큼, 찐 고구마 1개, 바나나 파프리카 2개, 블랙 올리브 약간, 양상추 1움큼 **조리 불필요**(닭 가슴살을 전자레인지에 약 1~2분간 해동한 후, 밀프렙한 재료를 꺼내 함께 그릇에 담는다.)

선녀's 꿀팁 밤마다 찾아오는 야식의 유혹은 식욕 자극 호르몬인 '그렐린' 때문이다. 이 호르몬은 식후 4시간부터 왕성하게 분비된다. 식사 시간을 조절해 그렐린을 잘 컨트롤해보자.

5주

아침

딸바 그린 스무디

집에서도 간편하게 뚝딱 만들어 먹을 수 있는 한 끼 식사 대용 스무디. 철분이 풍부한 케일과 달콤한 바나나까지 함께하면 시럽을 넣지 않아도 달콤하고 건강한 스무디가 완성된다. 주스 가게에서 파는 '딸바 주스'가 부럽지 않은 맛.

재료 케일 5장, 냉동 딸기 2스푼, 바나나 1개, 코코넛 워터 가득, 물 적당량 **조리 필요** ❶ 믹서에 케일을 넣는다. ❷ 바나나와 냉동 딸기를 넣는다. ❸ 코코넛 워터와 물을 넣어 농도를 맞추면서 간다.

점심

팔방미인 보랏빛 적채

적채는 다양하게 활용할 수 있는 채소다. 썰어서 샐러드로 먹어도 좋고, 갈아서 해독 주스로 마셔도 좋다. 아니면 크게 한 쌈 싸서 푸짐하게 먹는 것도 아주 좋은 방법이다. 독소를 배출하는 데 뛰어난 칼륨이 풍부하기 때문에 다이어트 식단에서 빼놓을 수 없는 팔방미인이다.

선녀's 꿀팁 늦은 밤에 야식을 먹으면 음식물이 위에 부담을 주고 수면의 질을 낮춘다. 또 습관화되면 만성피로를 유발한다.

재료 적채 1움큼, 허닭 훈제 닭 가슴살 1팩, 찐 고구마 1개, 사과 1개 **조리 불필요**(닭 가슴살을 약 1~2분간 전자레인지에서 해동하고 밀프렙한 재료를 꺼내 함께 맛있게 먹는다.)

잠깐

오늘의 오후 간식

- 아메리카노 1잔
- 아몬드 1움큼
- 커클랜드 프로틴 바 ½개

 선녀's 톡

종종 사람들은 '밀가루 다시 먹고 예전으로 돌아가는 거 아니냐'며 걱정하는 시선으로 바라본다. 하지만 나에게는 지금의 노력을 모으고 모아서 평생 습관으로, 내 것으로 만들겠다는 명확한 목표가 생겼다. 아예 끊지 못하더라도 최대한 멀리할 거라고 다짐 중이다.

저녁

매콤 화끈 불닭쌈

매콤한 음식이 당기는 날에는 무조건 이 메뉴를 선택하자. 매콤한 불닭 맛 닭 가슴살과 갓 쪄낸 양배추의 조합이 예술이다. 크게 한 쌈 싸서 먹으면, 양배추의 부드러운 담백함이 닭 가슴살의 매운맛을 중화하기 때문에 딱 알맞게 맵다. 여기에 아삭한 오이까지 함께하면 야식 생각은 더 이상 나지 않는다.

선녀's 꿀팁 고추에 들어 있는 캡사이신 성분은 몸의 대사율을 높이고 열 발생을 촉진해 체지방 분해에 도움을 준다.

재료 불닭 맛 닭 가슴살 1팩, 오이 1개, 단호박 ⅓개, 찐 양배추 1움큼, 풋고추 1개 조리 필요 ❶ 냄비에 양배추를 넣고 잠길 만큼 물을 부어 약 4~5분간 찐다. ❷ 닭 가슴살을 전자레인지에 약 1~2분간 돌려 해동한 후, 밀프렙한 재료를 꺼내 준비한다.

아침

블루베리 스무디

과일 중 가장 좋아하는 블루베리. 블루베리는 칼로리는 적으면서 섬유소가 많아 피부 미용 증진에 특히 좋다. 바나나와 함께 스무디로 마시면 바나나의 부드럽고 달달한 맛과 어우러져 아침에 기분 좋은 활력을 불어넣어준다.

재료 냉동 블루베리 2스푼, 케일 5장, 요거트 약간, 코코넛 워터 1컵, 물 적당량 **조리 필요** ❶ 믹서에 케일과 블루베리, 요거트, 코코넛 워터를 넣는다. ❷ 물로 농도를 맞추며 간다.

점심

예쁜 몸을 위한 친구들

오늘 점심 재료는 마트나 시장에서 가장 손쉽게 찾을 수 있는 것이다. 너무 평범하고 일반적이라 누군가에겐 질리는 식품일 수도 있다. 하지만 내 몸을 건강하고 예쁘게 만들어주는 친구들이니 살면서 제일 친하게 지내야 하는 베스트 프렌드다.

선녀's 꿀팁 배고픔과 배부름을 조절하는 식이 중추를 안정시키려면 규칙적으로 식사해야 한다.

재료 방울토마토 1움큼, 오이 1개, 브로콜리 ⅓개, 단호박 ⅓개, 굽네 훈제 닭 가슴살 1팩 **조리 불필요**(닭 가슴살을 꺼내 전자레인지에 약 1~2분간 돌려 해동한 후, 밀프렙한 재료와 함께 접시에 담아 준비한다.)

잠깐

오늘의 오후 간식

- 아메리카노 1잔
- 아몬드 1움큼
- 커클랜드 프로틴 바 ½개

선녀's 토크

저녁에는 기운이 달려 돼지고기 목살을 추가해서 먹었다. 소소하지만 확실한 행복이었다. 치팅데이가 다가오면 다가올수록 배고픔이 극에 달하는데, 이때 무작정 참기보다는 몸이 요구하는 것에 귀 기울이면 식욕을 조절할 수 있다. 배고픔을 달랠 수 있는 최소한의 건강한 재료로 요기를 하면서 다른 것에 집중해보자. 요즘은 맛있는 먹방 보기로 하루를 마무리한다. 대리만족 겸 정신 훈련 중이다.

저녁

한 쌈 하실래예

고기가 먹고 싶은 날에는 쌈에 가장 잘 어울리는 목살을 준비하자. 기름기가 적은 목살은 양질의 단백질을 부담 없이 보충할 수 있는 좋은 식재료. 상추에 크게 한 쌈 싸서 먹어보자. 적채와 오이까지 함께 먹으면 과식하지 않고 든든히 먹을 수 있다.

재료 상추 6장, 오이 1개, 찐 고구마 1개, 적채 1움큼, 청포도 약간, 목살 100g 조리 필요 ❶ 달군 팬에 목살을 올려 약한 불로 볶는다. ❷ 밀프렙한 재료를 꺼내 접시에 함께 담아 준비한다.

> **선녀's 꿀팁** 세상에 나쁜 음식은 없다. 적당히 먹으면 내게 좋은 음식이 된다. 양을 잘 조절하는 방법을 익히자.

아침

내 입맛대로 요거트 볼

아침에 한 번씩 요거트 볼을 만들어 먹으면 하루 내내 간식 생각을 참을 수 있다. 새콤한 요거트에 갖가지 재료를 올려 먹으면 맛도 있고 눈으로 보는 재미도 있다. 예쁘게 플레이팅해 사진까지 남겨두면 유명 카페 브런치 못지않다.

재료 어린 밀싹 파우더 1스푼, 타이거 너츠 1스푼, 바나나 ½개, 햄프 시드 1스푼, 요거트 80㎖ **조리** 불필요(볼에 요거트와 재료를 예쁘게 담아 먹는다.)

점심

시판 샐러드

관리를 시작한 이후 처음으로 외부에서 사 먹은 샐러드. 직접 만들어 먹는 것보다 더 다양한 재료가 들어가기 때문에 기분 전환하기 매우 좋다. 근처에 가까운 샐러드집이 있다면 한 번씩 다양한 샐러드를 맛보자. 시중 판매 제품을 먹을 때는 위에 얹은 고명까지 확실하게 확인해야 한다. 뒤에 쓰여 있는 성분을 잘 확인해 밀가루 음식을 피하자.

잠깐

오늘의 오후 간식

- 아메리카노 1잔
- 아몬드 1움큼
- 커클랜드 프로틴 바 ½개

 선녀's 토크

다이어트를 시작하고 나서 처음으로 직접 만든 도시락이 아닌 시판 샐러드를 먹었다. 다른 음식보다 더 순한 샐러드였지만, 나에게는 자극적으로 느껴졌다. 그동안의 식단에 입맛이 맞춰진 것 같다. 닭 다리살에 연어까지 야무지게 추가해서 든든히 고단백으로 먹으니 포만감 면에서는 최고. 예전에는 풀때기를 돈 주고 사 먹는 게 이해가 안 됐는데, 지금은 밖에서도 이렇게 맛있는 샐러드를 먹을 수 있다는 게 너무 감사하다. 종종 사 먹으면 외식하는 기분이 들어 좋을 것 같다.

저녁

네 생각이 낫토

낫토는 장 건강을 지켜주는 대표적인 건강식품으로, 간편하게 섭취할 수 있는 단백질 공급원이다. 장내 유해균을 억제해 장운동을 활성화하기 때문에 장이 약한 나에게는 둘도 없이 좋은 식품. 짭쪼름한 낫토와 채소의 궁합은 두말할 필요도 없다.

선녀's 꿀팁 낫토는 젓가락으로 휘휘 저어 실을 많이 만들어 먹자. 실에서 힘이 나온다!

재료 방울토마토 1움큼, 단호박 ⅓개, 양상추 1움큼, 블랙 올리브 약간, 냉동 채소볶음 1움큼, 낫토 1팩, 오이 ½개 조리 필요 ❶ 달군 팬에 올리브유를 두르고 냉동 채소를 올려 약한 불로 볶는다. ❷ 낫토는 최대한 많이 휘젓는다(동봉된 소스는 넣지 않는다). ❸ 밀프렙한 재료를 꺼내 접시에 담아 준비한다.

5주

아침
블루베리 바블 스무디

평소 먹던 스무디에 아보카도를 추가하니 더욱더 부드러워졌다. 아보카도를 그냥 먹으면 버터처럼 밋밋한 맛이 나지만 갈아 먹으면 거부감 없이 맛있게 먹을 수 있다. 비타민과 미네랄이 풍부해 피로 해소에 좋은 아보카도를 식단에 추가해보자.

재료 바나나 1개, 냉동 아보카도 1스푼, 냉동 블루베리 1스푼, 코코넛 워터 1컵, 물 적당량 **조리 필요** ❶ 믹서에 바나나와 블루베리, 아보카도를 넣는다. ❷ 코코넛 워터를 넣고 물을 부어 농도를 맞추며 간다.

점심
치팅데이 단호박 대비

오늘 저녁 치팅에 대비해 점심에는 평소 먹던 대로 일정하게 양을 맞춰 식사하자. 든든한 닭 가슴살과 단호박, 그리고 좋아하는 과일을 준비해 치팅 때까지 공복 시간이 길어지지 않게 조절한다.

선녀's 꿀팁 일일이 손질하고 보관하기 어렵다면 쉽게 조리할 수 있는 냉동식품을 이용하는 것도 좋다.

재료 단호박 ⅓개, 청포도 1움큼, 오이 1개, 굽네 훈제 닭 가슴살 1팩 **조리 불필요**(닭 가슴살을 전자레인지에 약 1~2분간 돌려 해동한 후, 밀프렙한 재료와 함께 그릇에 담아 준비한다.)

잠깐

오늘의 오후 간식

- 아메리카노 1잔
- 아몬드 1움큼
- 커클랜드 프로틴 바 ½개

 선녀's 토크

오늘은 신랑이랑 만난 지 4주년 되는 기념일이자 치팅데이라 유독 신이 났다. 그동안 옆에서 많이 도와준 것이 고마워 남편이 가장 좋아하는 등갈비를 먹으러 갔다. 너무 행복하고 감사한 시간이었다. 일주일 동안 참다가 먹는 치팅데이의 식사는 정말이지 눈물 나게 맛있고 행복하다. 밀가루 단식에 적응되면서 치팅데이에도 밀가루는 자연스레 피하게 되고 양을 조절하게 된다. 이 맛에 밀가루 단식을 계속한다.

저녁

치팅데이

일주일에 한 번씩 가지는 치팅데이는 기분 전환이 되는 것은 물론, 몸이 지나치게 소식하는 데만 익숙해지지 않도록 하는 훈련으로, 주 1~2회가 적당하다. 단, 모든 음식을 먹고 허용하는 날이 아니다. 폭식이나 과식을 하지 않도록 1인분만 맛있게 먹는 방법을 찾아 몸에 익숙해지도록 연습하는 것이 필요하다.

5주

아침

부기 빼자 그린 스무디

전날 치팅데이를 즐기며 평소보다 기름지고 자극적인 음식을 먹었기 때문에 나트륨 배출에 좋은 코코넛 워터와 바나나를 먹는 게 좋다. 다시 건강한 음식을 먹어 평소 리듬으로 돌아오자.

재료 케일 5장, 바나나 1개, 코코넛 워터 1컵, 물 적당량 **조리 필요** ❶ 믹서에 케일과 바나나를 넣는다. ❷ 코코넛 워터를 넣고, 물을 부어 농도를 맞추며 간다.

점심

시판 도시락

치팅데이 다음 날은 식욕이 가장 왕성하다. 절제하기가 너무 힘들 땐 시중에서 판매하는 다이어트 도시락이나 샐러드 도시락을 구매하는 것도 좋다. 도시락은 균형 잡힌 영양소를 함유한 음식을 간편하게 먹을 수 있어 다이어트식에서 일반식으로 넘어갈 때 특히 좋다.

조리 불필요(냉동 도시락을 전자레인지에 약 2~3분간 데워 먹는다.)

잠깐	
오늘의 오후 간식	 선녀's 토크
 · 아메리카노 1잔 · 아몬드 1움큼 · 커클랜드 프로틴 바 ½개	역시 어제 치팅하고 난 이후라 그런지 오늘은 유난히 군것질 생각이 많이 나고 입이 심심해 힘들었다. 하지만 치팅데이 다음 날 하루만 버티면 그다음부턴 쉽다는 걸 지난 5주 동안 배웠기 때문에 계속 참았다. 저녁에는 채소나 닭 가슴살이 도저히 들어가지 않아 요거트 볼을 만들어 먹으며 군것질 생각을 없애려고 애썼다.

저녁

굶지 않는 식단

한 끼 챙겨 먹긴 해야 하지만, 채소나 닭 가슴살이 물려서 도저히 먹을 수 없을 때 아주 좋은 식단이다. 반드시 명심해야 할 건 굶거나 식사량을 무리하게 줄여서는 안 된다는 것. 몸이 원하는 대로 먹으려고 노력해야 한다. 요거트 볼을 준비해 좋아하는 과일을 넣고 고구마로 포만감을 잡아주자.

선녀's 꿀팁 스무디나 요거트를 꼭 아침 메뉴로만 먹을 필요는 없다.

재료 찐 고구마 1개, 청포도 1움큼, 요거트 80㎖, 타이거 너츠 1스푼, 햄프 시드 1스푼, 방울토마토 1움큼 조리 불필요(볼에 요거트와 타이거 너츠, 햄프 시드를 담아 밀프렙한 나머지 재료와 함께 맛있게 먹는다.)

6th Week

6주차

This Week's Challenges
이번 주 목표

6주차 목표	성공은 내면에 존재한다	
	근력 운동	유산소 운동
	레그레이즈 10회 3세트	걷기 운동 40분

밀가루 단식에 도전하는 과정을 누구의 도움도 받지 않고 나 스스로 이겨내고 있다. 서점에 가서 건강 관련 서적을 읽고, 인터넷을 뒤지며 정보를 수집한다. 초록색 검색창은 나의 베스트 프렌드가 되었다. 외부에서 동기부여 대상을 찾기보다는 나 자신에게 집중할 것! 내가 부러워하는 상대의 장점은 나도 반드시 가질 수 있고, 해낼 수 있다는 자신감을 갖고 노력하자. 성공은 내가 만들 수 있다.

이번 주 이것만은 다짐하자!

 스트레칭 신경 써서 하기

날씨가 추워질수록 근육이 더 수축되고 찌뿌드드해진다. 운동 전후 충분한 스트레칭은 부상을 방지하며 관절과 근육의 안정성을 보장한다. 같은 운동을 하더라도 효율을 높이는 스트레칭의 중요성은 두말하면 잔소리! 운동 전후 집중해서 몸을 풀어주자.

 하루에 물 5잔 이상 마시기

다이어트할 때 매우 중요한 물 섭취. 수분을 충분히 섭취하면 허기를 달래주는 동시에 몸속 노폐물을 배출해 장 운동을 활발하게 해주기 때문에 다이어트에 도움을 준다. 오늘부터 물을 자주 마시는 습관을 들여보자.

 좋은 유산균 챙겨 먹기

밀가루 단식을 하면서 장 건강에 관심이 많아졌다. 아침에 일어나 물 한 잔과 유산균을 챙겨 먹자. 장 환경을 개선하고 장내 유익균을 늘리는 게 면역력의 핵심!

	선녀의 밀가루 단식 100일 프로젝트
	# 습관이 나를 만든다

　난 의지력이 강한 사람도 아니고 계획을 잘 지키는 사람도 아니었다. 하지만 다이어트는 습관 하나로 판가름 난다는 걸 처음부터 알고 있었기 때문에 약간은 더 효율적으로 다가갈 수 있었던 것 같다. 습관을 계속 만들고 싶었다.

　아침에 일어나 양치질을 하고, 화장실에 가고, 목이 마르면 물을 마시는 습관이 이 악물고 노력해야 하는 것이 아니라 아주 자연스러운 일상인 것처럼, 내 삶의 작은 습관들을 바꾸고 노력하다 보면 몸이 관리의 맛을 알게 되지 않을까 생각한다.

　늘 익숙한 것에만 젖어 있던 내 몸에 새로운 불편함을 유발해서라도 긴장하게 만드는 것도 중요한 듯하다. 당장은 습관을 바꾸는 게 힘들지만 익숙해지면 큰 노력을 하지 않아도 자연스러운 일상이 될 것이고, 더 유연해지며 편해질 거라고 믿는다.

　포기하지 말고 끝까지 해보자.

This Week's Meal Plan
이번 주 식단 한눈에 보기

	36일	37일	38일
아침	**블루베리 스무디** P.142 · 냉동 블루베리 1스푼 · 바나나 1개 · 코코넛 워터 1컵 · 냉동 아보카도 1스푼 · 물 적당량	**베리베리 요거트** P.144 · 어린 밀싹 파우더 1스푼 · 햄프 시드 1스푼 · 냉동 블루베리 1스푼 · 요거트 80㎖	**속이 예뻐지는 그린 스무디** P.146 · 케일 5장 · 코코넛 워터 1컵 · 바나나 1개 · 냉동 아보카도 1스푼 · 물 적당량
점심	**기분 전환 매직 도시락** P.142 · 마이비밀 도시락 1팩 (카레 닭 가슴살)	**닭 가슴살과 아이들** P.144 · 상추 5장 · 오이 ½개 · 방울토마토 1움큼 · 청포도 1움큼 · 허닭 스테이크 닭 가슴살 1팩 · 찐 고구마 1개	**비슷한 듯 또 다르게** P.146 · 방울토마토 1움큼 · 찐 고구마 1개 · 다노 닭 가슴살 볼 1팩 · 찐 양배추 1움큼
저녁	**나의 위장을 지켜줘** P.143 · 찐 고구마 1개 · 찐 양배추 1움큼 · 청포도 1움큼 · 오이 1개 · 허닭 스테이크 닭 가슴살 1팩	**빨간 맛 궁금해 허니** P.145 · 불닭 맛 닭 가슴살 1팩 · 양상추 1움큼 · 구운 애호박 5조각 · 찐 고구마 1개 · 병아리콩 약간 · 방울토마토 1움큼	**고단한 하루는 고단백 식사로** P.147 · 찐 고구마 1개 · 허닭 스테이크 닭 가슴살 1팩 · 병아리콩 약간 · 양상추 1움큼 · 냉동 채소볶음 1움큼
간식	· 아몬드 1움큼 · 아메리카노 1잔 · 커클랜드 프로틴 바 ½개	· 아몬드 1움큼 · 아메리카노 1잔 · 커클랜드 프로틴 바 ½개	· 아몬드 1움큼 · 아메리카노 1잔 · 커클랜드 프로틴 바 ½개

이번 주에는 좀 더 다양한 단백질원을 섭취하는 데 집중했다. 평소 먹던 닭 가슴살 외에 연어나 병아리콩, 반숙란 등으로 단백질을 보충했다. 특히 6주 정도 되면 매일 먹는 비슷한 식단에 질릴 수 있다. 이런 위험을 예방하기 위해 시판 샐러드 도시락을 적극적으로 이용했다.

39일	40일	41일	42일
비타민 충전 요거트 볼! P.148 · 요거트 80㎖ · 냉동 블루베리 1스푼 · 어린 밀싹 파우더 1스푼 · 타이거 너츠 1스푼	**3박자가 딱맞는 아침** P.150 · 케일 5장 · 코코넛 워터 1컵 · 바나나 1개 · 냉동 아보카도 1스푼 · 물 적당량	**너무 맛있어 바블 주스!** P.152 · 냉동 블루베리 2스푼 · 바나나 1개 · 코코넛 워터 1컵 · 냉동 아보카도 1스푼 · 물 적당량	**언제나 그린 스무디** P.154 · 케일 5장 · 두유 1팩 · 바나나 1개 · 냉동 아보카도 1스푼 · 물 적당량
사과의 재발견 P.148 · 사과 1개 · 찐 양배추 1움큼 · 찐 고구마 1개 · 허닭 스테이크 닭 가슴살 1팩	**냉장고 속 기본템 뿌시기** P.150 · 찐 고구마 1개 · 양상추 1움큼 · 허닭 스테이크 닭 가슴살 1팩 · 스크램블드에그(달걀 2개)	**스위트 런치** P.152 · 스윗밸런스 샐러드 1팩 (비프타코와 나초)	**다시 고단백 식단으로!** P.154 · 생연어 100g · 양상추 1움큼 · 양파 슬라이스 약간 · 바나나 파프리카 2개 · 병아리콩 약간 · 반숙란 1개 · 찐 고구마 1개
연어 수혈이 필요할 때 P.149 · 생연어 100g · 양상추 1움큼 · 양파 슬라이스 약간 · 바나나 파프리카 2개 · 찐 고구마 1개 · 방울토마토 1움큼	**건강 지킴이 낫토!** P.151 · 방울토마토 1움큼 · 단호박 ⅓개 · 낫토 1팩 · 냉동 채소볶음 1움큼 · 찐 양배추 1움큼	★★★★★ **소고기 치팅데이!**	**좋아하는 샐러드 1개내 먹기** P.155 · 스윗밸런스 샐러드 1팩 (고구마 메시 훈제 오리)
· 아몬드 1움큼 · 아메리카노 1잔 · 커클랜드 프로틴 바 ½개	· 아몬드 1움큼 · 아메리카노 1잔 · 커클랜드 프로틴 바 ½개	· 아몬드 1움큼 · 아메리카노 1잔 · 커클랜드 프로틴 바 ½개	· 아몬드 1움큼 · 아메리카노 1잔 · 커클랜드 프로틴 바 ½개

This Week's Meal Prep

쟁여놓고 마음껏 먹자! 이번 주 밀프렙

신선 식품	시판 제품
☑ 바나나 5개	☑ 냉동 블루베리 5스푼(웰프레쉬)
☐ 케일 15장(P.20)	☐ 코코넛 워터 4컵(말리)
☐ 상추 5장(P.20)	☐ 어린 밀싹 파우더 2스푼(파파오가닉)
☐ 오이 1.5개(P.20)	☐ 냉동 아보카도 5스푼(곰곰)
☐ 방울토마토 5움큼(P.20)	☐ 햄프 시드 1스푼(천애지하늘사랑)
☐ 청포도 2움큼(P.20)	☐ 요거트 160㎖(상하목장)
☐ 찐 고구마 9개(P.20)	☐ 핏콩 타이거 너츠 1스푼(핏콩)
☐ 양배추 4움큼(P.20)	☐ 매일두유 99.89 200㎖ 1팩(매일)
☐ 사과 1개	☐ 허닭 스테이크 5팩(허닭)
☐ 양상추 5움큼(P.20)	☐ 닭 가슴살 볼 1팩(다노)
☐ 달걀 2개	☐ 불닭 맛 닭 가슴살 1팩(인생닭)
☐ 생연어 200g	☐ 반숙란 1개(에그코리아)
☐ 양파 ½개	☐ 냉동 손질 채소 2움큼(웰프레쉬)
☐ 바나나 파프리카 4개(P.20)	☐ 실의 힘 낫토 1팩(풀무원)
☐ 병아리콩 1움큼(P.21)	☐ 리얼너츠 7움큼(노브랜드)
☐ 애호박 5조각	☐ 카레 닭 가슴살 도시락 1팩(마이비밀)
☐ 단호박 ⅓개(P.21)	☐ 비프 타코와 나초 샐러드 1팩(스윗밸런스)
	☐ 고구마 메시 훈제 오리 샐러드 1팩(스윗밸런스)
	☐ 프로틴 바 3.5개(커클랜드)

아침

블루베리 스무디

블루베리는 당분이 적어 다이어트할 때 걱정 없이 먹어도 되는 과일이다. 장수와 건강을 상징할 정도로 대표적인 슈퍼 푸드 블루베리! 하루 1줌씩만 먹어도 건강을 지킬 수 있다고 하니 무기력한 아침에 블루베리 스무디로 월요일을 시작해보자.

재료 냉동 블루베리 1스푼, 바나나 1개, 코코넛 워터 1컵, 냉동 아보카도 1스푼, 물 적당량 조리 필요 ❶ 믹서에 블루베리, 바나나, 아보카도를 넣는다. ❷ 코코넛 워터를 넣고 물을 부어 농도를 맞추며 간다.

점심

기분 전환 매직 도시락

직접 준비해서 먹는 게 유독 버겁게 느껴지는 날에는 냉동고에 넣어둔 시판 도시락을 꺼내 전자레인지로 간편히 데워 먹자. 준비하는 과정이 생략되어 편리하게 즐겁고 가뿐한 식사를 할 수 있다.

조리 불필요(전자레인지에 도시락을 약 2~3분간 돌린다.)

잠깐	
오늘의 오후 간식	선녀's 토크
 · 아메리카노 1잔 · 아몬드 1움큼 · 커클랜드 프로틴 바 ½개	아직은 탄수화물을 자제하고 있지만 밥이 먹고 싶었던 오늘, 너무 참지 않고 도시락을 꺼내 먹었다. 한 번씩 몸에서 간절한 신호를 보내면 적절하게 소식하며 밥을 먹으려고 한다. 식사 대용 도시락 덕분에 기분 전환 성공!

저녁

나의 위장을 지켜줘

밀가루 단식을 하면서 가장 큰 관심사는 바로 위장 건강! 양배추를 식단에 포함하면 아삭아삭한 식감을 즐길 수 있을 뿐만 아니라 포만감도 크고 위장에 특히 좋다. 나만의 즐겨 찾기에 넣고 계속 찾고 싶은 단골 식단이다.

재료 찐 고구마 1개, 찐 양배추 1움큼, 청포도 1움큼, 오이 1개, 허닭 스테이크 닭 가슴살 1팩 **조리 필요** ❶ 냄비에 양배추를 넣고 잠길 만큼 물을 부어 약 4~5분간 쪄낸다. ❷ 닭 가슴살을 전자레인지에 약 1~2분간 해동한 후, 밀프렙한 재료와 함께 그릇에 담는다.

선녀's 꿀팁 군것질하고 싶은 마음을 참기 위해서는 집 안의 음식량을 제한하고 간식을 눈에 보이는 장소에 두지 않는 것이 중요하다.

6주

아침
베리베리 요거트

긴 밤의 공복을 깨고 새콤달콤한 요거트 볼로 아침 식사를 할 때면 설레기까지 한다. 좋아하는 재료로 토핑을 하고 어린 밀싹 파우더로 놓치기 쉬운 영양까지 챙기자. 요거트 볼은 다이어트 중에 찾아오는 불청객, 변비까지 예방해주는 아주 좋은 친구다.

재료 어린 밀싹 파우더 1스푼, 햄프 시드 1스푼, 냉동 블루베리 1스푼, 요거트 80㎖ 조리 불필요(볼에 요거트와 재료를 예쁘게 담아 먹는다.)

점심
닭 가슴살과 아이들

비타민과 식이 섬유가 풍부한 상추는 열량이 적어 체중 감량에 매우 효과적인 잎채소 중 하나다. 닭 가슴살과 함께 쌈을 싸서 먹으면 포만감이 큰데, 저렴한 가격으로 많은 양을 섭취할 수 있어 가성비까지 아주 좋다.

재료 상추 5장, 오이 ½개, 방울토마토 1움큼, 청포도 1움큼, 허닭 스테이크 닭 가슴살 1팩, 찐 고구마 1개 조리 불필요(닭 가슴살을 전자레인지에 약 1~2분간 해동한 후, 밀프렙한 재료와 함께 맛있게 먹는다.)

선녀's 꿀팁 잎채소는 쉽게 무르기 때문에 조금씩 자주 사다 먹는다. 관리할 때는 편의점을 멀리하고 채소 코너와 친해지자.

잠깐	
오늘의 오후 간식	**선녀's 토크**
 · 아메리카노 1잔 · 아몬드 1움큼 · 커클랜드 프로틴 바 ½개	오늘 저녁 신랑의 메뉴는 오삼 불고기였다. 침이 마구 넘어갔지만 간도 일절 보지 않고 굳세게 참아냈다. 대신 나만의 매콤한 불닭 맛 닭 가슴살을 한 팩 꺼내 데워 먹었다. 진짜 불고기는 아니지만 적어도 나한테는 불고기 생각을 없애기에 충분했다. 오늘도 또 이렇게 고비를 넘겼다. 냉동실에 다양한 맛의 닭 가슴살을 쟁여둔 게 신의 한 수!

저녁

빨간 맛 궁금해 허니

다이어트를 하다 보면 유독 자극적인 맛이 그립고 당기는 날이 있다. 매콤한 게 먹고 싶은 날에는 주저 없이 불닭 맛 닭 가슴살 한 팩을 뜯어 풍부한 채소와 함께 곁들여 먹어보자. 배가 몹시 고플 때일수록 몇 조각만 먹어도 배가 부르는 매직을 경험할 것이다.

선녀's 꿀팁 다이어트는 성공과 실패를 반복하면 능률이 떨어진다. 꾸준히 오랫동안 잘할 수 있는 방법을 습득하자.

재료 불닭 맛 닭 가슴살 1팩, 양상추 1움큼, 구운 애호박 5조각, 찐 고구마 1개, 병아리콩 약간, 방울토마토 1움큼
조리 필요 ❶ 올리브유를 두른 팬에 애호박을 올려 약한 불로 굽는다. ❷ 닭 가슴살을 전자레인지에 약 1~2분간 해동한 후 밀프렙한 재료와 함께 맛있게 먹는다.

6주

아침
속이 예뻐지는 그린 스무디

아침마다 먹는 메뉴는 한정적이지만 그래도 가급적 사용하는 재료는 매일 중복되지 않게 하려고 노력한다. 그중 아침에 일어나 간단하게 갈아 부담 없이 마실 수 있는 케일 스무디는 나의 베스트 메뉴!

재료 케일 5장, 코코넛 워터 1컵, 바나나 1개, 냉동 아보카도 1스푼, 물 적당량 **조리 필요** ❶ 믹서에 케일과 바나나, 아보카도를 넣는다. ❷ 코코넛 워터를 넣고 물을 부어 농도를 맞추며 간다.

점심
비슷한 듯 또 다르게

식단 관리 시 다이어트의 승패를 결정짓는 닭 가슴살. 물리지 않고 꾸준히 맛있게 먹어야 다이어트를 오래 할 수 있다. 다 비슷해 보이지만 다양한 종류의 닭 가슴살을 먹으며 다이어트를 즐겨보자.

선녀's 꿀팁 폭식의 악순환에서 벗어나는 첫걸음은 규칙적인 식사다.

재료 방울토마토 1움큼, 찐 고구마 1개, 다노 닭 가슴살 볼 1팩, 찐 양배추 1움큼 **조리 필요** ❶ 냄비에 양배추를 넣고 잠길 만큼 물을 부어 4~5분간 찐다. ❷ 닭 가슴살을 전자레인지에 약 1~2분간 해동한 후, 밀프렙한 재료와 함께 그릇에 담는다.

잠깐	
오늘의 오후 간식	선녀's 토크
 · 아메리카노 1잔 · 아몬드 1움큼 · 커클랜드 프로틴 바 ½개	배부르게 먹고 "왜 이렇게 많이 먹었지", "또 과식해버렸네" 하고 후회하기보다 차라리 배 고프게 위를 비워두는 게 마음 편하다는 걸 점점 깨닫고 있다. 이러나저러나 스트레스받는 건 같다면 차라리 덜 먹고 원하는 몸매를 가지는 게 더 행복하지 싶다. 꼬르륵 소리는 살이 빠지는 소리다. 건강해지고 있다 생각하기!

저녁

고단한 하루는 고단백 식사로

닭 가슴살의 동물성 단백질과 병아리콩의 식물성 단백질로 고단백 식단이 완성된다. 풍부한 채소와 같이 먹으면 몸에 좋은 건강식을 든든하게 챙겨 먹을 수 있다. 고단한 하루를 영양소 빵빵한 고단백 식사로 마무리해보자.

선녀's 꿀팁 맨몸으로 하는 스트레칭 동작이 어렵다면 폼롤러를 구매해 몸을 풀어보자. 무척 시원하다.

재료 찐 고구마 1개, 허닭 스테이크 닭 가슴살 1팩, 병아리콩 약간, 양상추 1움큼, 냉동 채소볶음 1움큼 조리 필요
❶ 올리브유를 두른 팬에 냉동 채소를 볶는다. ❷ 전자레인지에 닭 가슴살을 약 1~2분간 해동해 밀프렙한 재료와 함께 맛있게 먹는다.

6주

아침

비타민 충전 요거트 볼!

아침을 상큼한 요거트 볼로 시작하면 불필요한 간식의 욕구를 해소할 수 있다. 영양적으로 놓치기 쉬운 부분을 어린 밀싹 파우더로 채워주고 타이거 너츠와 블루베리로 식이 섬유를 보충하자.

재료 요거트 80㎖, 냉동 블루베리 1스푼, 어린 밀싹 파우더 1스푼, 타이거 너츠 1스푼 **조리** 불필요(볼에 요거트와 재료를 예쁘게 담아 맛있게 먹는다.)

점심

사과의 재발견

간식이 유독 생각나는 날에는 파프리카나 사과로 입맛을 달래곤 한다. 아삭아삭한 식감으로 식욕을 해소해주기 때문인데, 비타민 C까지 풍부해 하루 종일 활력을 유지할 수 있다.

선녀's 꿀팁 사과에 들어 있는 '펙틴'은 장 기능을 활발하게 해 변비를 예방한다.

재료 사과 1개, 찐 양배추 1움큼, 찐 고구마 1개, 허닭 스테이크 닭 가슴살 1팩 **조리** 필요 ❶ 냄비에 양배추를 넣고 잠길 만큼 물을 부어 약 4~5분간 찐다. ❷ 닭 가슴살을 전자레인지에 약 1~2분간 해동한 후, 밀프렙한 재료와 함께 그릇에 담는다.

잠깐

오늘의 오후 간식

· 아메리카노 1잔
· 아몬드 1움큼
· 커클랜드 프로틴 바 ½개

 선녀's 토크

근래 닭 가슴살만 먹다가 연어를 먹으니 호사가 따로 없다. 초장에 퍽퍽 찍어 달콤하게 먹고 싶었지만 설탕이 많이 든 초장은 포기하고 채소와 함께 생으로 즐겼다. 밍밍할 것 같았지만 연어 본연의 맛에 집중하니 생각보다 너무 맛있다. 양파의 알싸한 맛까지 더해져 기분 전환에 그만인 것 같다. 너무나 만족스러운 하루.

저녁

연어 수혈이 필요할 때

연어에는 오메가3, 비타민, DHA 등의 영양이 풍부해 무리한 다이어트로 겪을 수 있는 빈혈이나 칼슘 결핍 등을 예방해준다. 그러니 배고프다면 연어를 마음껏 맛있게 먹어보자. 양파, 파프리카와 함께 먹으면 더 완벽하게 즐길 수 있다.

재료 생연어 100g, 양상추 1움큼, 양파 슬라이스 약간, 바나나 파프리카 2개, 찐 고구마 1개, 방울토마토 1움큼
조리 불필요(밀프렙한 재료를 그릇에 담아 연어와 함께 맛있게 먹는다.)

선녀's 꿀팁 연어는 전날 주문하면 신선하게 1인분씩 배송되므로 언제든 쉽게 챙겨 먹을 수 있다.

6주

아침

3박자가 딱 맞는 아침

아침마다 마시는 그린 스무디의 매력은 셀 수 없이 많다. 보기에도 예쁘고, 맛있는 데다 한 잔만 마셔도 배까지 부른 든든한 녀석이다. 하지만 뭐니 뭐니 해도 가장 큰 장점은 긴 공복을 끝내고 허기진 배를 붙잡은 채 금세 만들 수 있다는 점이다.

재료 케일 5장, 코코넛 워터 1컵, 바나나 1개, 냉동 아보카도 1스푼, 물 적당량 **조리 필요** ❶ 믹서에 케일, 바나나, 아보카도를 넣는다. ❷ 코코넛 워터를 넣고 물을 부어 농도를 맞추며 간다.

점심

냉장고 속 기본템 뿌시기

어렵게 찾지 않아도 늘 냉장고에 있는 달걀을 이용해 스크램블드에그를 만들어보자. 잘게 썬 양상추, 그리고 담백한 닭 가슴살과 함께 섞어 먹으면 콥 샐러드 비슷한 느낌의 정성스러운 한 끼를 먹을 수 있다.

선녀's 꿀팁 양상추는 칼로리가 매우 낮고 식이섬유가 풍부하다. 따라서 충분히 먹어도 좋다.

재료 찐 고구마 1개, 양상추 1움큼, 허닭 스테이크 닭 가슴살 1팩, 스크램블드에그(달걀 2개) **조리 필요** ❶ 달군 팬에 달걀 2개를 깨뜨려 기름 없이 스크램블드한다. ❷ 닭 가슴살은 전자레인지에 약 1~2분간 돌려 해동한다. ❸ 밀프렙한 고구마와 양상추를 꺼내 그릇에 담는다. 이때 양상추는 먹기 좋게 잘게 썬다.

> **잠깐**
>
> **오늘의 오후 간식**
>
>
>
> · 아메리카노 1잔
> · 아몬드 1움큼
> · 커클랜드 프로틴 바 ½개
>
> **선녀's 토크**
>
> 벌써 오늘이 40일 차라니! 문득 이런 생각이 들었다. 누군가 나에게 "밀가루 단식하면서 식단은 어떻게 했니?"라고 묻는다면 누구든 당장 집 앞 마트에 가서 살 수 있는 뻔하고 쉬운 재료로 했다고 자부심 있게 이야기할 수 있다. 바쁜 일상에 휘황찬란하게 요리를 해 먹지 않아도 얼마든지 체중 감량하며 건강을 지킬 수 있다고 꼭 성공해서 얘기해주고 싶다.

40일 따라하기

저녁

건강 지킴이 낫토!

우리나라의 청국장과 비슷한 낫토는 구수하고 묘한 매력이 있어 다이어트 중 계속 찾게 된다. 영양소까지 가득 들어 있는데, 쪄낸 양배추에 채소와 함께 쌈을 싸서 먹으면 낫토의 짭조름한 맛 덕분에 따로 간을 하지 않아도 맛있게 먹을 수 있다.

재료 방울토마토 1움큼, 단호박 ⅓개, 낫토 1팩, 냉동 채소볶음 1움큼, 찐 양배추 1움큼 **조리 필요** ❶ 올리브유를 두른 팬에 냉동 채소를 볶는다. ❷ 냄비에 양배추를 넣고 잠길 만큼 물을 부어 4~5분간 찐다. ❸ 밀프렙한 재료를 꺼내 함께 맛있게 먹는다.

선녀's 꿀팁 과식은 소화 흡수력을 떨어뜨린다. 위의 60~70%만 채우자.

6주

아침

너무 맛있어 바블 주스!

바나나의 되직한 느낌과 블루베리의 상큼한 궁합은 먹어보지 않은 사람은 절대 모른다. 아무리 배고파도 다음 날 먹을 버블 주스를 떠올리면 얼른 먹고 싶어 빨리 잘 정도로 맛있다.

재료 냉동 블루베리 2스푼, 바나나 1개, 코코넛 워터 1컵, 냉동 아보카도 1스푼, 물 적당량 **조리 필요** ❶ 믹서에 블루베리, 바나나, 아보카도를 넣는다. ❷ 코코넛 워터를 넣고 물을 부어 농도를 맞추며 간다.

점심

스위트 런치(Sweet Lunch)

시중에서 판매하는 샐러드를 맛보면서 어떤 재료로 구성되어 있고, 어떤 드레싱이 잘 어울리는지 공부해보자. 사실 공부는 핑계고, 평소보다 간이 더 많이 된 샐러드를 먹으면 맛있어서 기분 전환이 된다. 죄책감 없이 스페셜한 샐러드를 마음껏 먹어보자.

잠깐

오늘의 오후 간식

- 아메리카노 1잔
- 아몬드 1움큼
- 커클랜드 프로틴 바 ½개

선녀's 톡

드디어 치팅데이! 오늘은 소고기를 먹을 생각을 하니 아침부터 너무 신이 났다. 평소 자주 가던 단골 가게에 가니 사장님이 살 빠진 것 같다며 알아봐주신다. 다이어트에 이만한 보상이 있으랴. 너무 기분 좋고 행복했다. 어느 정도 감량도 되고 있고 그동안 열심히 노력한 내가 스스로도 대견해 오늘만큼은 깨작깨작 먹지 않고 든든하게 먹었다. 내일부터 다시 관리 모드로 돌아가기 위해 밀프렙할 재료도 전부 주문해뒀으니 다음 주도 열심히 달려야지.

저녁

치팅데이

치팅데이라고 해서 아무거나 먹지 않는다. 점심까지 적정 식사량을 유지하며 내 몸에 가장 필요한 최고의 메뉴를 고민한다. 오늘의 메뉴는 소고기로 정했다. 고단백 식품이지만 같이 먹는 반찬이나 장을 조절하지 않으면 과식하게 되니 조심해야 한다. 탄수화물인 밥은 반 공기로 조절해서 최대한 천천히 식사한다.

아침

언제나 그린 스무디

전날 고기를 먹어서 그런지 배가 많이 고프지는 않지만 역시 원래 리듬으로 돌아오기가 약간은 힘이 들었다. 몇 주 동안 열심히 적응시켜놓은 몸의 패턴으로 돌아가기 위해 평소처럼 그린 스무디로 아침을 가볍게 시작하자.

재료 케일 5장, 두유 1팩, 바나나 1개, 냉동 아보카도 1스푼, 물 적당량 **조리 필요** ❶ 믹서에 케일, 바나나, 아보카도를 넣는다. ❷ 두유를 넣고 물을 부어 농도를 맞추며 간다.

점심

다시 고단백 식단으로!

치팅데이 다음 날은 멘탈이 무너지기 쉽기 때문에 자신이 가장 좋아하는 재료로 식단을 구성하는 게 중요하다. 오늘은 연어가 너무 먹고 싶어 풍부한 채소와 함께 차렸다. 반숙란과 병아리콩까지 준비해 전날 먹은 소고기가 생각나지 않도록 포만감 있게 식사를 했다.

선녀's 꿀팁 치팅데이 다음 날은 식단 중 가장 좋아하는 메뉴로 구성하자.

재료 생연어 100g, 양상추 1움큼, 양파 슬라이스 약간, 바나나 파프리카 2개, 병아리콩 약간, 반숙란 1개, 찐 고구마 1개 **조리 불필요**(밀프렙한 재료를 꺼내 그릇에 예쁘게 담아 맛있게 먹는다.)

잠깐	
오늘의 오후 간식	선녀'S 토크
 · 아메리카노 1잔 · 아몬드 1움큼 · 커클랜드 프로틴 바 ½개	어제 소고기를 든든하게 먹어서인지 아침까지 배가 별로 고프지 않았지만 규칙적으로 해온 그동안의 패턴을 지키기 위해 똑같은 시간에 일어나 그린 스무디를 마시고 스트레칭을 하며 하루를 시작했다. 예전 같으면 "그냥 굶고 이따 먹지 뭐" 하다가 애매한 시간에 배가 고파져 군것질을 하게 되고 가짜 식욕에 넘어가고 말았을 텐데, 기계적으로 같은 시간에 식사를 하니 평소와 똑같이 하루를 무사히 넘길 수 있었다.

저녁

좋아하는 샐러드 꺼내 먹기

전날 치팅데이의 여파를 잡아줄 수 있는 방법 중 하나는 좋아하는 시판 샐러드를 미리 준비해 맛있게 먹는 것. 외식 분위기도 낼 수 있어 속세 음식 생각을 떨쳐낼 수 있다. 센스 있게 냉동고에 도시락 제품을 준비해놓자. 반드시 필요한 순간이 있다.

7th Week

7주차

This Week's Challenges
이번 주 목표

100일 목표 1라운드를 알차게 마무리!

근력 운동	유산소 운동
브리지 20회	걷기 운동 40분

7주 차에 접어들면서 좋은 습관도 어느 정도 자리 잡았고 나름 살도 빠지다 보니 이제 됐다 싶어 방심할 수 있다. 하지만 밀가루 단식 100일이라는 목표를 절반가량 앞두고 있는 지금, 더욱더 심기일전해서 임해야 한다. 나도 모르게 음식 앞에서 먹어야 할 이유를 찾으며 느슨해질 수 있고, 맛있는 음식 앞에서 멘탈이 와르르 무너질 수도 있다. 지금까지 잘 버티고 지켜냈으니, 1라운드 마무리도 끝까지 파이팅하자! 100일 차 때의 내 모습이 기대된다.

이번 주 이것만은 다짐하자!

 다양한 샐러드 경험하기

지금까지는 식단 대부분을 쉽게 준비할 수 있는 간단한 재료 위주로 구성했다. 계속 집에서 직접 준비해 먹는 것도 좋지만, 가끔 한 번씩은 시중에서 판매하는 샐러드를 구매해 먹어보자. 내가 차리는 식단과 어떻게 다른지 구성도 참고해볼 겸 외식하는 느낌으로 기분 전환도 할 겸 다양하게 먹어보면서 식단에 대한 스트레스를 줄여보자.

 마인드풀 이팅 마인드 컨트롤

이 기간은 스스로 합리화하면서 느슨해질 수 있는 위험한 시기다. 이럴 때일수록 스스로에게 더욱 집중해 좀 더 엄격하게 생활을 관리하자. 음식을 먹는 행위 자체와 먹고 있는 음식 자체를 집중하고 의식하며 차근차근 먹어보자. 마인드풀이팅(mindful eating). 단순히 먹는 것 자체에 죄책감을 가질 게 아니다. 질 좋은 음식을 다양하게 먹는다는 생각으로 식사에 집중하고 음식에 감사하자.

 일상 속 틈새 스트레칭

의자에 앉아 목 도리도리 스트레칭하기, 등 뒤로 깍지 끼고 기지개 켜기, 앉아 있을 때 복부에 힘주기 등등 틈틈이 짬 내서 하는 틈새 운동의 힘을 믿자. 소소하지만 확실한 운동이다. 일상에서 스트레칭을 자주 하려고 노력하자.

선녀의 밀가루 단식 100일 프로젝트

벼락치기 다이어트는 이제 그만

　통통했을 땐 오랜만에 만나는 지인들 모임이나 결혼식이 별로 달갑지 않았다. 입고 갈 옷을 고를 때마다 스스로가 너무 비참했다. 비루한 몸뚱이에 자신감도 없어 사람들을 만나는 게 너무 싫었다. 약속이 잡히면 늘 급하게 다이어트를 시작했는데, 2~3일 동안 조금 덜 먹는다고 몸이 드라마틱하게 바뀌지 않는다는 걸 잘 알면서도 언제나 작은 희망으로 급하게 굶고 무리하게 운동을 하곤 했다.

　하지만 지금은 다르다. 이번 다이어트는 조급해하지 않고 차근차근 단계를 밟으며 올라가려고 노력 중이다. 전과 다르게 밀가루까지 끊어서 그런지 생각보다 감량이 잘되는 것 같다. 한마디로 매우 성공적이다. 이번 주에 급하게 잡힌 촬영이 있었는데 발등에 불 떨어지듯 다이어트하지 않아도 되는 여유로움에 깜짝 놀랐다. 다이어트는 기분 내킬 때마다 하는 게 아니라 평생 잔잔히 해야 한다는 걸 다시 한번 느낀 이번 주.

This Week's Meal Plan
이번 주 식단 한눈에 보기

	43일	44일	45일
아침	**월요팅 애플 스무디** P.164 · 사과 ½개 · 코코넛 워터 1컵 · 바나나 1개 · 깔라만시 1스푼 · 물 적당량	**요거 맛있다** P.166 · 요거트 80㎖ · 어린 밀싹 파우더 1스푼 · 냉동 블루베리 2스푼 · 타이거 너츠 1스푼	**아삭아삭 사과트 볼** P.168 · 요거트 80㎖ · 사과 ½개 · 타이거 너츠 1스푼 · 어린 밀싹 파우더 1스푼
점심	**샐러드 외식** P.164 · 투고 샐러드 1팩 （닭 다리살）	**뻔뻔 닭고야** P.166 · 찐 양배추 1움큼 · 오이 ½개 · 찐 고구마 1개 · 브로콜리 ⅓개 · 다노 닭 가슴살 볼 1팩	**슈퍼 콜리플라워** P.168 · 콜리플라워 1움큼 · 브로콜리 1움큼 · 방울토마토 1움큼 · 찐 고구마 1개 · 다노 닭 가슴살 볼 1팩
저녁	**양배추로 장 지키리** P.165 · 브로콜리 ⅓개 · 청포도 1움큼 · 냉동 블루베리 1스푼 · 다노 닭 가슴살 볼 1팩 · 찐 양배추 1움큼 · 찐 고구마 1개 · 병아리콩 1움큼	**알록달록 식단** P.167 · 양배추 1움큼 · 허닭 스테이크 닭 가슴살 1팩 · 방울토마토 1움큼 · 브로콜리 ⅓개 · 단호박 ⅓개 · 반숙란 1개	**묘한 매력의 반숙란** P.169 · 허닭 스테이크 닭 가슴살 1팩 · 오이 1개 · 찐 양배추 1움큼 · 청포도 1움큼 · 반숙란 1개 · 찐 고구마 1개
간식	· 아몬드 1움큼 · 아메리카노 1잔 · 커클랜드 프로틴 바 ½개	· 아몬드 1움큼 · 아메리카노 1잔 · 커클랜드 프로틴 바 ½개	· 아몬드 1움큼 · 아메리카노 1잔 · 커클랜드 프로틴 바 ½개

비슷한 식단으로 흐름을 이어가되 중간에 한 번씩 시판 샐러드를 먹으며 지겨움을 이겨내려 노력해보자. 다이어트에 권태감을 느끼지 않도록 좋아하는 제철 과일을 골고루 먹는 것도 아주 좋은 방법이다.

	46일	47일	48일	49일
	양배추 스무디 P.170 · 케일 5장 · 양배추 약간 · 냉동 아보카도 1스푼 · 냉동 블루베리 1스푼 · 코코넛 워터 1컵 · 물 적당량	**굶지 않는 깔라 스무디** P.172 · 어린 밀싹 파우더 1스푼 · 코코넛 워터 1컵 · 깔라만시 1스푼 · 물 적당량	**베스트 그린 스무디 조합** P.174 · 케일 5장 · 바나나 1개 · 냉동 아보카도 1스푼 · 코코넛 워터 1컵 · 물 적당량	**바블 스무디** P.176 · 냉동 블루베리 1스푼 · 바나나 1개 · 냉동 아보카도 1스푼 · 코코넛 워터 1컵 · 물 적당량
	사 먹는 샐러드는 날 설레게 해 P.170 · 스윗밸런스 샐러드 1팩 (비프 타코와 나초)	**밖에서도 부담 없이 냠냠** P.172 · 찐 고구마 1개 · 오이 1개 · 방울토마토 1움큼 · 다노 닭 가슴살 볼 1팩 · 병아리콩 약간	**치팅하기 전이라 더 꿀맛** P.174 · 양상추 1움큼 · 허닭 스테이크 닭 가슴살 1팩 · 방울토마토 1움큼 · 찐 고구마 1개 · 오이 ½개	**반숙 요거트** P.176 · 반숙란 1개 · 방울토마토 1움큼 · 청포도 1움큼 · 찐 고구마 1개 · 요거트 볼
	외식이 당길 때는 다이어트 도시락! P.171 · 마이비밀 도시락 1팩 (제육볶음)	**든든하게 보상해주고 싶은 날!** P.173 · 로메인 6장 · 치커리 약간 · 풋고추 1개 · 닭갈비 1움큼 · 찐 고구마 1개 · 마늘볶음 8개 · 반숙란 1개	★★★★ **치팅데이!**	**다시 감잡으며 스타트** P.177 · 로메인 6장 · 브로콜리 ⅓개 · 찐 고구마 1개 · 다노 닭 가슴살 볼 1팩 · 방울토마토 1움큼 · 병아리콩 약간
	· 아몬드 1움큼 · 아메리카노 1잔 · 커클랜드 프로틴 바 ½개	· 아몬드 1움큼 · 아메리카노 1잔 · 커클랜드 프로틴 바 ½개	· 아몬드 1움큼 · 아메리카노 1잔 · 커클랜드 프로틴 바 ½개	· 아몬드 1움큼 · 아메리카노 1잔 · 커클랜드 프로틴 바 ½개

This Week's Meal Prep

쟁여놓고 마음껏 먹자! 이번 주 밀프렙

신선 식품

- [x] 사과 1개
- [ ] 바나나 3개
- [ ] 케일 10장(P.20)
- [ ] 양배추 5움큼(P.20)
- [ ] 오이 3개(P.20)
- [ ] 찐 고구마 9개(P.20)
- [ ] 브로콜리 1.5개(P.21)
- [ ] 콜리플라워 1움큼(P.21)
- [ ] 방울토마토 6움큼(P.20)
- [ ] 병아리콩 1움큼(P.21)
- [ ] 양상추 1움큼(P.20)
- [ ] 청포도 3움큼(P.20)
- [ ] 단호박 ⅓개(P.21)
- [ ] 로메인 12장(P.20)
- [ ] 치커리 약간(P.20)
- [ ] 풋고추 1개
- [ ] 마늘 8개

시판 제품

- [x] 코코넛 워터 5컵(말리)
- [ ] 순수한 깔라만시 2스푼(자연의 품격)
- [ ] 요거트 240㎖(상하목장)
- [ ] 어린 밀싹 파우더 3스푼(파파오가닉)
- [ ] 냉동 블루베리 6스푼(웰프레쉬)
- [ ] 핏콩 타이거 너츠 3스푼(핏콩)
- [ ] 냉동 아보카도 3스푼(곰곰)
- [ ] 닭 가슴살 볼 5팩(다노)
- [ ] 허닭 스테이크 3팩(허닭)
- [ ] 반숙란 4개(에그코리아)
- [ ] 햄프 시드 1스푼(천애지하늘사랑)
- [ ] 리얼너츠 7움큼(노브랜드)
- [ ] 프로틴 바 3.5개(커클랜드)

7주

아침

월요팅 애플 스무디

사과만 넣었을 때와 달리 바나나를 함께 넣으면 되직함이 더해져 걸쭉하고 포만감 있는 스무디가 완성된다. 여기에 비타민 C가 풍부한 깔라만시까지 넣으면 영양 가득한 한 끼를 먹을 수 있다.

재료 사과 ½개, 코코넛 워터 1컵, 바나나 1개, 깔라만시 1스푼, 물 적당량 조리 필요 ❶ 믹서에 사과와 바나나를 넣는다. ❷ 깔라만시를 넣고 코코넛 워터와 물을 부어 농도를 맞추며 간다.

점심

샐러드 외식

내가 차려 먹는 식단도 좋지만 한 번씩 외부 샐러드를 먹어 평소 챙기지 못하는 다양한 채소를 먹어보는 것도 좋다. 영양가뿐 아니라 다양한 맛까지 느낄 수 있어 기분 좋은 식사를 할 수 있다. 내가 만든 샐러드보다는 가미가 되어 더 맛있기 때문에 샐러드로도 충분히 외식하는 기분이 느껴진다.

잠깐

오늘의 오후 간식

- 아메리카노 1잔
- 아몬드 1움큼
- 커클랜드 프로틴 바 ½개

 선녀's 토크

처음에는 좋은 습관을 만들기 위해 고군분투했다면 지금은 습관이 길을 열어주고 당겨주는 대로 행동하고 있다. 한번 습관으로 굳으니 생각보다 참을 만하다. 점점 살도 빠져 날이 갈수록 더 재미있는데, 비록 음식에 제약은 있어도, 하루하루 건강하고 좋은 컨디션을 유지하는 건 확실하다.

저녁

양배추로 장 지키리

월요병으로 힘든 월요일 저녁에는 양배추에 닭 가슴살, 병아리콩, 브로콜리를 넣어 싸 먹어보자. 고단백 식단으로 포만감이 2배로 커질 뿐 아니라 한 주를 버틸 힘까지 준다. 상큼한 블루베리와 청포도로 입가심을 하면 베리 굿!

선녀's 꿀팁 저렴하게 대용량으로 파는 닭 가슴살에 현혹되지 말고 조금씩 다양한 종류를 구매해 여러 맛을 즐겨보자.

재료 브로콜리 ⅓개, 청포도 1움큼, 냉동 블루베리 1스푼, 다노 닭 가슴살 볼 1팩, 찐 양배추 1움큼, 찐 고구마 1개, 병아리콩 1움큼 **조리 필요** ❶ 냄비에 양배추를 넣고 잠길 만큼 물을 부어 4~5분간 찐다 ❷ 닭 가슴살을 전자레인지로 약 1~2분간 해동한 후 밀프렙한 재료와 함께 그릇에 담는다.

7주

아침

요거 맛있다

요거트에 어린 밀싹 파우더를 넣어 영양을 챙기고 가장 좋아하는 블루베리와 식이 섬유가 풍부한 타이거 너츠로 맛과 식감을 살려 간편하지만 알찬 아침을 준비한다.

재료 요거트 80㎖, 어린 밀싹 파우더 1스푼, 냉동 블루베리 2스푼, 타이거 너츠 1스푼 조리 불필요(볼에 요거트와 어린 밀싹 파우더, 블루베리, 타이거 너츠를 넣어 맛있게 먹는다.)

점심

뻔뻔 닭고야

흔히 다이어트의 정석으로 불리는 닭고야(닭 가슴살+고구마+야채). 같은 닭 가슴살이라 해도 다양한 닭 가슴살로, 또 같은 채소라도 여러 채소로 구성해 뻔하지만 뻔하지 않은 나만의 닭고야 식단으로 꾸며보자.

재료 찐 양배추 1움큼, 오이 ½개, 찐 고구마 1개, 브로콜리 ⅓개, 다노 닭 가슴살 볼 1팩 조리 필요 ❶ 냄비에 양배추를 넣고 잠길 만큼 물을 부어 4~5분간 찐다. ❷ 닭 가슴살을 전자레인지로 약 1~2분간 해동한 후 밀프렙한 재료와 함께 그릇에 담는다.

선녀's 꿀팁 고구마는 찌기, 삶기, 전자레인지, 에어프라이어 등 조리법과 도구에 따라 각기 다른 매력을 뽐낸다.

잠깐

오늘의 오후 간식

- 아메리카노 1잔
- 아몬드 1움큼
- 커클랜드 프로틴 바 ½개

 선녀's 토크

매일 일기를 쓰고 있다. 그날의 기분을 기록하고 계획한 대로 잘 먹었는지, 부족한 부분은 무엇이었는지, 또 다음 날은 어떻게 할지 일정을 체크한다. 막연히 열심히 해야겠다는 구호 아래 방치하기보다 하루를 기록하며 실천하고 있다. 나에게 많이 신경 쓰고 노력하는 하루하루를 보내는 것 같아 요즘 너무 뿌듯하다.

저녁

알록달록 식단

건강해지려면 녹색 식품을 많이 먹어야 한다. 건강한 식품은 대부분 알록달록하며 깨끗하고 밝은색을 띤다. 신선한 방울토마토와 아삭한 브로콜리, 반숙이 잘된 부드러운 달걀까지 형형색색 컬러풀한 식단으로 눈도 입도 즐겁게 먹어보자.

재료 양배추 1움큼, 허닭 스테이크 닭 가슴살 1팩, 방울토마토 1움큼, 브로콜리 ⅓개, 단호박 ⅓개, 반숙란 1개
조리 불필요(전자레인지로 닭 가슴살을 약 1~2분간 돌려 해동한 후, 밀프렙한 재료를 꺼내 함께 그릇에 담는다.)

선녀's 꿀팁 양을 조절하기 힘들다면 나만의 접시를 하나 지정하자. 그 안에 꾹꾹 담아 오늘은 이것만 먹겠다고 약속하자.

아침

아삭아삭 사과트 볼

새콤한 요거트에 아삭하고 달짝지근한 사과를 올리고, 싱싱한 녹색의 어린 밀싹 파우더를 뿌리면 훌륭한 조합이 탄생한다. 고명으로 타이거 너츠를 더하면 상큼하게 팡팡 터지는 맛있는 요거트 볼이 완성된다.

재료 요거트 80㎖, 사과 ½개, 타이거 너츠 1스푼, 어린 밀싹 파우더 1스푼 **조리 불필요**(볼에 요거트와 재료를 예쁘게 담아 맛있게 먹는다.)

점심

슈퍼 콜리플라워

늘 데쳐 먹던 브로콜리를 오늘은 콜리플라워와 함께 살짝 볶아보자. 올리브유를 두른 팬에 넣고 약한 불로 볶고 후춧가루로 살짝 간을 하면, 아삭하고 부드럽게 먹을 수 있다.

재료 콜리플라워 1움큼, 브로콜리 1움큼, 방울토마토 1움큼, 찐 고구마 1개, 다노 닭 가슴살 볼 1팩 **조리 필요** ❶ 올리브유를 두른 팬에 콜리플라워와 브로콜리를 넣어 약한 불로 살살 볶는다. ❷ 후춧가루로 간을 살짝 해준다. ❸ 해동한 닭 가슴살과 밀프렙한 재료를 꺼내 맛있게 먹는다.

선녀's 꿀팁 냉동식품도 신선도가 크게 떨어지지 않는다. 시간에 쫓길 땐 냉동 채소를 활용하자.

잠깐	
오늘의 오후 간식	선녀'S 토크
 · 아메리카노 1잔 · 아몬드 1움큼 · 커클랜드 프로틴 바 ½개	오후 4시가 지나자마자 배에서 천둥 소리가 난다. 늦은 밤보다 오히려 오후 4~6시가 식욕이 폭발하는 가장 힘든 시간이다. 정해둔 식사 시간에 기계적으로 맞춰 먹기 위해 간식을 최대한 참고 저녁을 맛있게 먹으려고 노력 중이다. 그래서인지 저녁 식사 때 처음으로 한 입 베어 먹는 반숙란의 매력이 어마어마하다. 반숙란을 먹으면 허기가 급 달래지며 성격이 온화해지는 것 같다.

저녁

묘한 매력의 반숙란

저녁에는 배에서 우르르 쾅쾅 천둥이 친다. 저녁 식사를 시작할 때 반숙란부터 먹어 위를 채워주면 허겁지겁 먹는 걸 예방할 수 있다. 고소해서 맛도 좋은 다이어트 도우미, 반숙란. 긴 다이어드 기간을 거치며 터득한 방법이다.

선녀's 꿀팁 제철 과일을 소량씩 식단에 포함하면 달달한 군것질 생각을 억누를 수 있다.

재료 허닭 스테이크 닭 가슴살 1팩, 오이 1개, 찐 양배추 1움큼, 청포도 1움큼, 반숙란 1개, 찐 고구마 1개 조리 필요
❶ 냄비에 양배추를 넣고 잠길 만큼 물을 부어 4~5분간 찐다. ❷ 닭 가슴살을 전자레인지로 약 1~2분간 해동한 후 밀프렙한 재료와 함께 그릇에 담는다.

7주

아침
양배추 스무디

평소에는 주로 쌈으로 먹던 양배추를 다른 재료들과 함께 갈아 스무디로 즐겨보자. 블루베리와 아보카도를 넣어 묵직한 맛의 스무디가 완성된다. 아주 건강해지는 맛이다.

재료 케일 5장, 양배추 약간, 냉동 아보카도 1스푼, 냉동 블루베리 1스푼, 코코넛 워터 1컵, 물 적당량 **조리 필요** ❶ 믹서에 케일, 양배추, 아보카도, 블루베리를 넣는다. ❷ 코코넛 워터와 물을 넣어 농도를 맞추어 갈아낸다.

점심
사 먹는 샐러드는 날 설레게 해

오늘은 인터넷으로 시킨 샐러드 팩으로 기분 전환에 성공! 살짝 부족한 듯한 느낌이 든다면 고구마와 브로콜리, 오이를 추가해 더욱 풍부하게 즐겨보자. 집에서 만들어 먹는 샐러드와는 다른 매력이 느껴진다. 요즘 SNS에는 '남만샐(남이 만든 샐러드)'이라고 해서 시중에서 판매하는 샐러드를 지칭하는 은어도 있다. 한 번씩 남만샐에 의존해도 좋다.

잠깐	
오늘의 오후 간식	선녀'S 토크
 · 아메리카노 1잔 · 아몬드 1움큼 · 커클랜드 프로틴 바 ½개	드디어 50일 고지가 눈앞으로 다가왔다. 50일간 밀가루 단식을 했다니! 처음 3주 동안 성공했을 때도 스스로 대단하다 느꼈는데, 천천히 차근차근 하다 보니 50일이 다 되어간다. 50일까지만 해도 정말 대단하다 생각하고 그만할까도 생각했다. 하지만 이제 나의 다음 목표는 100일이다. 가자!!

46일
따라하기

저녁

외식이 당길 때는 다이어트 도시락!

그런 날이 있다. 어제는 괜찮았는데 이상하게 정말 못 참겠는 날. 식단도 차려 먹기 귀찮고 힘든 날. 저녁때가 되면 마음이 더 심란해진다. 억지로 의지를 짜내지 말고 미리 구비해둔 도시락으로 식사를 해보자. 기분이 한결 나아진다.

아침

굶지 않는 깔라 스무디

오전 일찍 일정이 있어 빈속으로 가야 하는 날. 삼시 세끼 꼭 챙겨 먹는 게 원칙이지만 굶기는 싫고 간편하게 때우고 싶은 날에는 쉽게 만들 수 있는 '깔라 스무디'를 선택하자. 어린 밀싹 파우더와 코코넛 워터, 깔라만시를 물에 타 신나게 흔들어 섞어 마시면 끝!

재료 어린 밀싹 파우더 1스푼, 코코넛 워터 1컵, 깔라만시 1스푼, 물 적당량 **조리 불필요**(보틀에 물을 담아 어린 밀싹 파우더를 넣고 깔라만시와 코코넛 워터를 넣어 흔들어 마신다.)

점심

밖에서도 부담 없이 냠냠

외부 일정 중 점심시간이 겹쳐 밖에서 식사해야 할 일이 생겼다. 이럴 때는 공원에서든 실내에서든 냄새 없이 간단하게 먹을 수 있는 것으로 챙겨보자. 가방에 넣고 다녀도 부담 없을 만한 메뉴다.

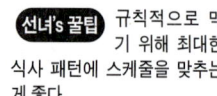 규칙적으로 먹기 위해 최대한 식사 패턴에 스케줄을 맞추는 게 좋다.

재료 찐 고구마 1개, 오이 1개, 방울토마토 1움큼, 다노 닭 가슴살 볼 1팩, 병아리콩 약간 **조리 불필요**(전자레인지로 닭 가슴살을 약 1~2분간 해동한 후, 밀프렙한 재료와 함께 도시락 통에 예쁘게 담는다.)

47일
따라하기

잠깐

오늘의 오후 간식

- 아메리카노 1잔
- 아몬드 1움큼
- 커클랜드 프로틴 바 ½개

선녀's 토크

오늘 하루 바쁜 스케줄을 소화하면서도 다소 가볍게 먹은 나에게 저녁만큼은 든든한 한 끼를 대접하고 싶었다. 좋아하는 닭갈비가 주메뉴. 예전에는 맛있는 음식을 배 터지게 먹었는데, 양 조절하는 방법을 익히고 있기에 신랑이 먹는 닭갈비를 외면하지 않았다. 소식하니 너무 만족스러운 식사였다.

저녁

든든하게 보상해주고 싶은 날!

평소보다 아침, 점심 모두 간단하게 먹어서 그런지 몸에 살짝 미안해지는 오늘. 저녁에는 내가 좋아하는 닭갈비로 기력을 보충해보았다. 닭갈비가 아니어도 좋다. 각자 좋아하는 고기 반찬을 1움큼씩 준비해 즐겨보자. 다양한 쌈 채소와 구운 마늘을 준비해 적정량을 포만감 있게 즐기는 게 중요하다.

선녀's 꿀팁 포만감을 느끼게 해주는 렙틴 호르몬은 최소 20분 이상 식사해야 분비된다. 이를 의식하며 천천히 먹자.

재료 로메인 6장, 치커리 약간, 풋고추 1개, 닭갈비 1움큼, 찐 고구마 1개, 볶은 마늘 8개, 반숙란 1개 조리 필요 ❶ 매운맛 닭 가슴살을 팬에 볶아 준비하거나 음식점에서 닭갈비를 포장해 온다. ❷ 올리브유를 두른 팬에 마늘을 바짝 굽는다. ❸ 밀프렙한 재료와 함께 그릇에 담아 맛있게 먹는다.

7주

아침
베스트 그린 스무디 조합

내가 가장 즐겨 먹는 케일과 바나나, 그리고 아보카도의 조합. 이전에는 아보카도를 자주 먹지 않았지만 좋은 지방을 섭취할 수 있어 지금은 그린 스무디를 만들 때마다 챙긴다. 바나나의 달콤한 맛까지 더하면 풍미 가득한 스무디가 된다.

재료 케일 5장, 바나나 1개, 냉동 아보카도 1스푼, 코코넛 워터 1컵, 물 적당량 조리 필요 ❶ 믹서에 케일, 바나나, 아보카도를 넣는다. ❷ 코코넛 워터와 물을 넣고 농도를 맞추며 간다.

점심
치팅하기 전이라 더 꿀맛

치팅하기 전에 먹는 음식은 괜히 평소보다 더 꿀맛처럼 느껴진다. 조금 뒤에 맛볼 음식을 생각하며 먹는 닭 가슴살과 채소는 너무 맛있다. 단, 아침, 점심 모두 평소처럼 밸런스를 맞춰야 저녁에 과식하는 것을 막을 수 있다.

재료 양상추 1움큼, 허닭 스테이크 닭 가슴살 1팩, 방울토마토 1움큼, 찐 고구마 1개, 오이 ½개 조리 불필요(전자레인지에 닭 가슴살을 넣고 약 1~2분간 돌려 해동한 후, 밀프렙한 재료와 함께 그릇에 담는다.)

선녀's 꿀팁 물은 한 번에 많이 마시지 말고 틈틈이 자주 마시자.

잠깐	
오늘의 오후 간식  · 아메리카노 1잔 · 아몬드 1움큼 · 커클랜드 프로틴 바 ½개	**선녀's 토크** 빨간 맛의 음식은 대부분 나트륨이 많아 다음 날 부종을 유발한다. 그래서 최대한 피했지만 평생 피할 수도 없기 때문에 몸에서 요구하는 것을 최소한으로만 충족시키기로 했다. 매콤한 음식을 먹고 나서도 다이어트를 계속 유지할 수 있고, 다음 날에도 스스로 돌아가는 방법을 터득한 것. 밀가루 단식이 목표이기 때문에 밀가루가 없는 음식은 이런 식으로 양을 조절하며 충분히 즐겨볼 생각이다.

저녁

치팅데이

일주일 단식의 보상으로 먹는 토요일 저녁의 치팅데이는 언제나 즐겁다. 여태껏 많이 먹어온 삼겹살이나 등갈비, 족발 같은 육류를 뒤로하고 화끈한 닭발을 선택했다. 일주일간 쌓인 스트레스를 날려버릴 수 있는 나만의 치팅 음식을 고단백 음식 중에서 찾아보자. 지나치게 매우면 속이 쓰릴 수 있으니 매운맛을 조절하자!

7주

아침
바블 스무디

여러 조합의 그린 스무디를 연구하다가 탄생시킨 바블 스무디. 달짝지근한 바나나와 상큼한 블루베리를 더해 달콤새콤한 스무디로 즐겨보자. 전날 자극적인 음식을 먹었기 때문에 나트륨을 빼주는 코코넛 워터를 베이스로 선택했다.

재료 냉동 블루베리 1스푼, 바나나 1개, 냉동 아보카도 1스푼, 코코넛 워터 1컵, 물 적당량 **조리 필요** ❶ 믹서에 블루베리와 바나나, 아보카도를 넣는다. ❷ 코코넛 워터를 넣고 물을 부어 농도를 맞추며 간다.

점심
반숙 요거트

보통 요거트 볼은 주로 아침에 먹는 메뉴지만 오늘은 점심으로 먹어봤다. 전날 치팅의 여파로 은근히 무겁게 느껴지는 몸을 위한 나만의 특급 처방. 부족한 단백질은 반숙란으로 보충해주자.

재료 반숙란 1개, 방울토마토 1움큼, 청포도 1움큼, 찐 고구마 1개, 요거트 볼(요거트 80㎖, 타이거 너츠 1스푼, 냉동 블루베리 1스푼, 햄프 시드 1스푼) **조리 불필요**(요거트 볼에 요거트와 재료를 담고, 나머지 밀프렙한 재료를 꺼내 그릇에 담는다.)

선녀's 꿀팁 냉동 블루베리는 흐르는 물에 한번 헹궈 먹는 게 좋다.

잠깐	
오늘의 오후 간식	**선녀's 토크**
 · 아메리카노 1잔 · 아몬드 1움큼 · 커클랜드 프로틴 바 ½개	치팅데이 여파로 몸이 퉁퉁 부은 오늘. 하루 종일 계속 자극적인 맛이 생각났지만 그럴수록 더 많이 움직이고 몸을 써 페이스를 잃지 않으려고 했다. 부기를 빨리 털어낼 수 있도록 유산소운동을 했고, 저녁에는 반신욕까지 했다. 이렇게 하면 웬만큼은 감이 다시 돌아온다. 100일의 밀가루 단식을 목표로 삼았으니 내일부터 다시 파이팅!

49일
따라하기

저녁

다시 감 잡으며 스타트

계속 자극적인 맛이 당기기 전에 포만감을 줄 수 있는 쌈을 준비해 원래 리듬으로 몸을 빠르게 되돌리자. 로메인에 브로콜리, 닭 가슴살, 병아리콩을 올려 크게 한 쌈 싸 먹는다. 그리고 후식으로 방울토마토를 준비해 포만감을 더 확실하게 채워준다.

재료 로메인 6장, 브로콜리 ⅓개, 찐 고구마 1개, 다노 닭 가슴살 볼 1팩, 방울토마토 1움큼, 병아리콩 약간 조리 불필요(전자레인지에 닭 가슴살을 넣어 약 1~2분간 돌려 해동한 후, 밀프렙한 재료와 함께 그릇에 담는다.)

선녀's 꿀팁 부기를 빼기 위해 저녁 식사 후 반신욕을 하는 것도 좋다. 반신욕은 따뜻한 물을 가슴 아래까지 받아 30분 내에 마무리한다.

8th Week

8주차

This Week's Challenges
이번 주 목표

8주 차 목표

100일 목표를 향하여

근력 운동	유산소 운동
런지 20회 3세트	걷기 운동 40분

50일 동안 잘 지켜온 밀가루 단식. 자칫하면 50일이나 성공했다는 성취감에 취해 밀가루의 유혹에 넘어갈 수 있다. 오히려 지금이 그 어느 때보다 마인드 컨트롤이 중요한 시점이다. 내가 하는 운동이나 식단 관리를 일시적인 퍼포먼스라고 생각하지 말자. 100일을 투자해서 평생의 습관으로 만들고 싶다. 꾸준히 하고 있는 밀프렙과 매일 작성하는 식단 일기로 하루를 돌이켜보며 습관 굳히기에 최선을 다해보자.

이번 주 이것만은 다짐하자!

 01 조리해서 먹기

요즘은 인터넷에서 다양한 다이어트 레시피를 쉽게 찾을 수 있다. 똑같은 음식을 먹더라도 맛있고 더 다양하게 식단을 즐기면 다이어트 스트레스를 조금이나마 해소할 수 있다. 소소하게라도 나를 위한 요리를 해보자.

 02 체중계보다는 눈바디

매일 아침 눈뜨자마자 체중계에 올라가 숫자로 컨디션을 체크하는 것도 좋지만, 몸무게에 너무 연연하지 말자. 대신 늘 해오던 것처럼 전신 거울 앞에 서서 몸매를 체크해보자. 지방과 근육의 무게는 엄연히 다르다. 숫자에 절대 울고 웃지 않는다. 눈에 보이는 몸이 곧 명함이고 가장 중요하다는 사실을 잊지 말자!

 03 감사 일기 작성하기

저녁마다 일기장에 그날 먹은 음식과 물 섭취량, 배변 활동, 기분과 몸 상태 등 모든 것을 기록하고 한편에 감사 일기를 작성해보자. 내 삶에서 일어난 작은 것부터 감사하면 만족감과 절제력이 생긴다. 거창하지 않아도 좋다. 주변의 모든 일에 감사해보자.

 선녀'S 이야기	선녀의 밀가루 단식 100일 프로젝트
	## '나'라는 프로그램은 내가 만드는 것이다

    처음에는 3주로 잡았던 목표가 50일이 되고, 50일이었던 목표가 지금은 100일이 됐다. 단순한 다이어트가 아닌 '평생 유지할 습관을 내 몸에 익히는 시간을 갖자'라고 마음먹으니 몇 번이든 반복하고 싶고 노력하고 싶어진다. 지금까지 평생 해온 습관을 버리고 새로운 습관을 몸에 새기는 과정이 마냥 쉽지는 않다. 때론 너무 지치기도 한다. 단순한 다이어트도 너무 괴로운데 밀가루 단식까지 병행한다는 게 정말 쉽지가 않다. 하지만 참으면서 묵묵히 인내하는 만큼 이 습관이 나의 길을 계속 다져줄 거라 믿는다.

    이제 여기서 멈추기에는 지금까지 만들어온 내 몸과 습관이 너무 아깝다. 계속해서 나 자신을 믿으며 앞으로 나가자.

    100일까지 Go! Go!

This Week's Meal Plan
이번 주 식단 한눈에 보기

	50일	51일	52일
아침	**최애 그린 스무디** P.186 · 케일 5장 · 바나나 1개 · 냉동 아보카도 1스푼 · 코코넛 워터 1컵 · 물 적당량	**영양가 풍부해 스무디** P.188 · 케일 5장 · 바나나 1개 · 냉동 아보카도 1스푼 · 코코넛 워터 1컵 · 어린 밀싹 파우더 1스푼 · 물 적당량	**초간단 그린 스무디** P.190 · 케일 5장 · 바나나 1개 · 냉동 아보카도 1스푼 · 코코넛 워터 1컵 · 어린 밀싹 파우더 1스푼
점심	**아삭아삭한 점심** P.186 · 찐 고구마 1개 · 양배추 1움큼 · 방울토마토 1움큼 · 귤 1개 · 오이 ½개 · 허닭 스테이크 닭 가슴살 1팩	**연어는 언제나 옳다** P.188 · 구운 연어 100g · 반숙란 1개 · 찐 고구마 1개 · 양배추 1움큼 · 방울토마토 1움큼	**맛있는 닭 가슴살 도시락** P.190 · 다노 닭 가슴살 볼 1팩 · 어린잎 1움큼 · 청포도 1움큼 · 오이 1개 · 찐 고구마 1개
저녁	**닮은 듯 다른 콤비** P.187 · 반숙란 1개 · 찐 고구마 1개 · 청포도 1움큼 · 콜리플라워 1움큼 · 굽네 훈제 닭 가슴살 1팩	**고구마 에그 슬럿** P.189 · 고구마 에그 슬럿 · 허닭 스테이크 닭 가슴살 1팩 · 어린잎 1움큼 · 병아리콩 약간 · 귤 ½개	**남이 싸준 도시락 먹기** P.191 · 마이비밀 도시락 1팩 (카레 닭 가슴살)
간식	· 아몬드 1움큼 · 아메리카노 1잔 · 커클랜드 프로틴 바 ½개	· 아몬드 1움큼 · 아메리카노 1잔 · 커클랜드 프로틴 바 ½개	· 아몬드 1움큼 · 아메리카노 1잔 · 커클랜드 프로틴 바 ½개

사람들이 인터넷 커뮤니티에 공유하는 다양한 다이어트 식단과 요리를 보면서 조금씩 따라 해보자. 조리 음식에 크게 의존하지 않되, 어느 정도 기분 내는 선에서 한 번씩 즐긴다면 다이어트에 대한 강박이 사라지고 더 즐겁게 식단을 관리할 수 있을 것이다.

53일

알록달록 요거트 P.192

- 요거트 80㎖
- 냉동 블루베리 1스푼
- 타이거 너츠 1스푼
- 어린 밀싹 파우더 1스푼

나 또 낫토 먹었어 P.192

- 어린잎 1움큼
- 방울토마토 1움큼
- 낫토 1팩
- 찐 고구마 1개
- 병아리콩 약간

오리고기로 즐기는 홈 외식 P.193

- 훈제 오리 100g
- 어린잎 1움큼
- 청양고추 1개
- 청포도 1움큼
- 찐 고구마 1개
- 오이 ½개

- 아몬드 1움큼
- 아메리카노 1잔
- 커클랜드 프로틴 바 ½개

54일

습관처럼 그린 스무디 P.194

- 케일 5장
- 바나나 1개
- 냉동 아보카도 1스푼
- 코코넛 워터 1컵
- 어린 밀싹 파우더 1스푼
- 물 적당량

콜리 콩볶음 P.194

- 다노 닭 가슴살 볼 1팩
- 콜리플라워 1움큼
- 병아리콩 1움큼
- 오이 1개
- 양배추 1움큼

빠져버렸다 고예슬 P.195

- 고구마 에그 슬럿
- 청포도 1움큼
- 냉동 블루베리 1스푼
- 허닭 스테이크 닭 가슴살 1팩
- 양배추 1움큼
- 오이 ½개

- 아몬드 1움큼
- 아메리카노 1잔
- 커클랜드 프로틴 바 ½개

55일

보랏빛 버블 스무디 P.196

- 바나나 1개
- 냉동 블루베리 1스푼
- 냉동 아보카도 1스푼
- 코코넛 워터 1컵
- 물 적당량

치팅 전 정석 닭고야 P.196

- 찐 고구마 1개
- 오이 1개
- 꼬꼬빌 치즈 볼 닭 가슴살 1팩
- 어린잎 1움큼
- 병아리콩 약간
- 귤 ½개

★★★★
치팅데이!

- 아몬드 1움큼
- 아메리카노 1잔
- 커클랜드 프로틴 바 ½개

56일

코코넛 워터 디톡스 P.198

- 코코넛 워터 1컵
- 깔라만시 1스푼
- 물 적당량

연어로 리듬 되찾기 P.198

- 반숙란 1개
- 어린잎 1움큼
- 구운 연어 100g
- 바나나 파프리카 3개
- 오이 ½개
- 찐 고구마 1개

다시 감 잡으며 스타트 P.199

- 찐 고구마 1개
- 꼬꼬빌 치즈 볼 닭 가슴살 1팩
- 방울토마토 1움큼
- 고추 2개
- 상추 5장
- 오이 ½개

- 아몬드 1움큼
- 아메리카노 1잔
- 커클랜드 프로틴 바 ½개

This Week's Meal Prep
쟁여놓고 마음껏 먹자! 이번 주 밀프렙

신선 식품	시판 제품
✓ 케일 20장(P.20)	✓ 냉동 아보카도 5스푼(곰곰)
☐ 바나나 5개	☐ 코코넛 워터 6컵(말리)
☐ 찐 고구마 11개(P.20)	☐ 어린 밀싹 파우더 4스푼(파파오가닉)
☐ 양배추 4움큼(P.20)	☐ 요거트 80㎖(상하목장)
☐ 방울토마토 4움큼(P.20)	☐ 냉동 블루베리 3스푼(웰프레쉬)
☐ 귤 2개	☐ 핏콩 타이거 너츠 1스푼(핏콩)
☐ 오이 4.5개(P.20)	☐ 순수한 깔라만시 1스푼(자연의 품격)
☐ 냉동 연어 200g	☐ 반숙란 3개(에그코리아)
☐ 어린잎 6움큼(P.20)	☐ 스테이크 닭 가슴살 3팩(허닭)
☐ 청포도 4움큼(P.20)	☐ 닭 가슴살 볼 2팩(다노)
☐ 병아리콩 4움큼(P.21)	☐ 치즈 볼 닭 가슴살 2팩(꼬꼬빌)
☐ 달걀 2개	☐ 훈제 닭 가슴살 1팩(굽네)
☐ 콜리플라워 2움큼(P.21)	☐ 실의 힘 낫토 1팩(풀무원)
☐ 바나나 파프리카 3개(P.20)	☐ 훈제 오리 100g(다향오리)
☐ 아기용 치즈 1장	☐ 리얼너츠 7움큼(노브랜드)
☐ 청양고추 1개	☐ 프로틴 바 3.5개(커클랜드)
☐ 고추 2개	
☐ 상추 5장(P.20)	

아침

최애 그린 스무디

스무디 레시피 중 가장 좋아하는 조합으로 월요병을 이겨내자. 특히 케일에는 철분이 가득 들어 있어 한 달에 한 번 찾아오는 그날 스무디로 만들어 섭취하면 매우 좋다.

재료 케일 5장, 바나나 1개, 냉동 아보카도 1스푼, 코코넛 워터 1컵, 물 적당량 **조리 필요** ❶ 믹서에 바나나, 아보카도, 케일을 넣는다. ❷ 코코넛 워터를 넣고 물을 부어 농도를 맞추며 간다.

점심

아삭아삭한 점심

아무리 바쁘고 밥 먹을 시간이 없어도 단순히 마시는 음료보다는 되도록 양배추나 오이같이 식감이 단단한 채소를 먹으려고 노력하자. 열심히 씹다 보면 식욕을 잠재울 수 있다.

재료 찐 고구마 1개, 양배추 1움큼, 방울토마토 1움큼, 귤 1개, 오이 ½개, 허닭 스테이크 닭 가슴살 1팩 **조리 불필요** (닭 가슴살을 전자레인지로 약 1~2분간 해동한 후 밀프렙한 재료를 함께 그릇에 담는다.)

선녀's 꿀팁 양배추는 생으로 먹든 쪄 먹든 둘 다 좋다. 그날 기분에 따라 조리해서 먹어보자.

잠깐	
오늘의 오후 간식	**선녀's 토크**
 · 아메리카노 1잔 · 아몬드 1움큼 · 커클랜드 프로틴 바 ½개	앞으로 50일을 더 버텨야 한다는 사실이 조금은 암담하게 느껴지기도 하지만, 누군가 그랬다. 사람이 원하는 것을 얻으려면 최소 100일은 노력하고 1년은 미쳐야 한다고. 그래, 앞으로 정말 단단히 미쳐볼 생각이다. 고통이라 생각하지 말자. 즐겨야 효과가 배가된다!

50일
따라하기

저녁
닮은 듯 다른 콜리

브로콜리와 비슷하게 생겨 흰색 브로콜리로도 불리는 콜리플라워. 꽃양배추라고 할 만큼 식이 섬유가 풍부하고 비타민 C가 풍부한 슈퍼 푸드다. 식감이 부드러워 맛까지 좋다.

재료 반숙란 1개, 찐 고구마 1개, 청포도 1움큼, 콜리플라워 1움큼, 굽네 훈제 닭 가슴살 1팩 조리 필요 ❶ 달군 팬에 올리브유를 약간 두른 후 콜리플라워를 넣고 약한 불로 살짝 볶는다. ❷ 닭 가슴살은 전자레인지에 넣고 약 1~2분간 돌려 해동한다. ❸ 밀프렙한 재료와 함께 그릇에 담는다.

선녀's 꿀팁 청포도를 냉동고에 넣어 살짝 얼려 먹어보자. 식감이 더욱 좋아진다.

아침
영양가 풍부해 스무디

항상 먹던 그린 스무디에 어린 밀싹 파우더를 추가해서 갈아보았다. 한층 업그레이드된 영양으로 건강한 맛을 뽐내는 스무디 완성!

재료 케일 5장, 바나나 1개, 냉동 아보카도 1스푼, 코코넛 워터 1컵, 어린 밀싹 파우더 1스푼, 물 적당량 **조리 필요**
❶ 믹서에 케일, 바나나, 아보카도, 어린 밀싹 파우더를 넣는다. ❷ 코코넛 워터를 넣고 물을 부어 농도를 맞춰 간다.

점심
연어는 언제나 옳다

간만에 노릇노릇하게 구운 연어 스테이크를 먹어보자. 아삭아삭한 양배추를 곁들이면 연어의 느끼함을 잡아 더 담백하게 즐길 수 있다. 한마디로 최고의 궁합 식단.

재료 구운 연어 100g, 반숙란 1개, 찐 고구마 1개, 양배추 1움큼, 방울토마토 1움큼 **조리 필요** ❶ 올리브유를 살짝 두른 팬에 연어를 앞뒤로 바짝 굽는다. ❷ 밀프렙한 재료와 함께 그릇에 담는다.

선녀's 꿀팁 겉은 바삭하고 속은 촉촉한 식감을 내기 위해 에어프라이어를 적극 활용해보자.

> **51일**
> 따라하기

잠깐

오늘의 오후 간식

- 아메리카노 1잔
- 아몬드 1움큼
- 커클랜드 프로틴 바 ½개

 선녀's 토크

다이어트하기 전에는 밥순이였던 내가 50일 동안 밥 대신 고구마를 꾸준히 먹었다는 게 참 신기하다. 특히 오늘 저녁에 시도해본 에그 슬럿 맛이 너무 좋아 앞으로 고구마를 더 사랑하게 될 것 같다. 그리고 오늘, 드디어 최저 몸무게를 찍었다. 기분은 정말 좋지만 체중계 숫자에 일희일비하지 않으려고 마인드 컨트롤하는 중이다. 숫자보다는 눈으로 체크하며 몸의 변화를 만끽하자.

저녁

고구마 에그 슬럿

처음으로 도전해본 고구마 에그 슬럿. 부드럽고 고소하고 달달하다. 생각보다 손이 많이 가지 않고 조리가 간단하다. 부족한 단백질은 닭 가슴살과 병아리콩으로 채우자.

선녀's 꿀팁 아기 치즈는 나트륨 함량이 낮아 식단 조절 메뉴로 좋다.

재료 고구마 에그 슬럿(달걀 1개, 아기용 치즈 ½장, 찐 고구마 1개), 허닭 스테이크 닭 가슴살 1팩, 어린잎 1움큼, 병아리콩 약간, 귤 ½개 **조리 필요** ❶ 전자레인지용 그릇에 고구마를 으깨 넣은 후, 가운데에 동그랗게 빈 공간을 만들어준다. ❷ 빈 공간에 달걀 1개를 깨뜨려 넣고, 포크로 노른자를 콕콕 쑤셔준다. ❸ 그 위에 아기용 치즈 ½장을 올리고 전자레인지에 넣어 약 2~3분간 돌린 후, 밀프렙한 재료와 함께 그릇에 담는다.

아침

초간단 그린 스무디

평소보다 빨리 준비해 나가야 하는 아침이라면, 재빨리 그린 스무디를 갈아 보틀에 넣어 챙기자. 냄새가 나지 않아 가방에 넣고 다니기에도 좋고, 아무 데서나 식사 시간에 맞춰 먹기에도 좋다.

재료 케일 5장, 바나나 1개, 냉동 아보카도 1스푼, 코코넛 워터 1컵, 어린 밀싹 파우더 1스푼, 물 적당량 **조리 필요** ❶ 믹서에 케일, 바나나, 아보카도, 어린 밀싹 파우더를 넣는다. ❷ 코코넛 워터를 넣고 물을 부어 농도를 맞추며 간다.

점심

맛있는 닭 가슴살 도시락

피자, 치킨 같은 밀가루 음식에 둘러싸여 버텨야 했던 오늘 점심. 어느 때보다 힘든 날이었지만 집에서 싸 온 맛있는 닭 가슴살 도시락 덕분에 그럭저럭 잘 견딜 수 있었다. 좋아하는 닭 가슴살을 골라 맛있는 도시락을 만들어보자.

선녀's 꿀팁 많은 사람들 앞에서 도시락을 꺼낼 때 필요한 건 용기다! 자신 있게 꺼내 먹자.

재료 다노 닭 가슴살 볼 1팩, 어린잎 1움큼, 청포도 1움큼, 오이 1개, 찐 고구마 1개 **조리 불필요**(닭 가슴살을 전자레인지에 약 1~2분간 해동시킨 후, 밀프렙한 재료와 함께 담는다.)

잠깐	
오늘의 오후 간식	선녀'S 토크
 · 아메리카노 1잔 · 아몬드 1움큼 · 커클랜드 프로틴 바 ½개	오늘은 크루 운동회가 있어 새벽부터 많이 움직였다. 당연히 평소보다 더 배고프고 허기졌는데, 내가 의지할 수 있는 건 집에서 싸 온 도시락뿐이었다. 운동회장에는 과자, 초콜릿이 넘쳐났고 식사로 피자, 치킨, 떡볶이가 나왔다. 피해 가야 할 이 많은 음식 사이에서 주변 사람들의 시선을 견디며 꿋꿋하게 도시락을 먹었다. 정말 곤욕스럽기 그지없었지만 잘 버텼다. 오늘도 잘 참은 내가 너무 대견하다.

저녁

남이 싸준 도시락 먹기

오늘은 특별히 남이 싸준 도시락을 먹기로 했다. 기분 전환이 필요할 때마다 이용하는 시판 도시락. 매일 나만의 식단을 스스로 준비하는 데 지쳤다면 하루쯤은 이렇게 시판 도시락으로 간단하게 기분을 전환해보자.

아침

알록달록 요거트

평소처럼 먹는 요거트지만 다양한 색상의 재료와 함께 먹으면 알록달록하게 더 예쁜 한 끼를 먹을 수 있다. 사진으로 남겨 자랑하고 싶은 비주얼로 완성!

재료 요거트 볼 80㎖, 냉동 블루베리 1스푼, 타이거 너츠 1스푼, 어린 밀싹 파우더 1스푼 **조리 불필요**(볼에 요거트와 재료를 예쁘게 담아 맛있게 먹는다.)

점심

나 또 낫토 먹었어

낫토는 최소한 100번은 저어야 더 고소하고 깊은 맛을 즐길 수 있다. 실에서 나오는 면역의 힘! 동봉된 간장 소스보다는 겨자 소스를 뿌려 먹어보자. 겨자 향 솔솔 나는 좀 더 색다른 낫토를 즐길 수 있다.

선녀's 꿀팁 낫토는 회사마다 맛이 조금씩 다르기 때문에 다양한 곳에서 주문해 먹어보는 것도 괜찮다.

재료 어린잎 1움큼, 방울토마토 1움큼, 낫토 1팩, 찐 고구마 1개, 병아리콩 약간 **조리 불필요**(낫토를 여러 번 저은 후, 밀프렙한 재료와 함께 그릇에 담는다.)

잠깐

오늘의 오후 간식

- 아메리카노 1잔
- 아몬드 1움큼
- 커클랜드 프로틴 바 ½개

 선녀's 토크

오늘은 배가 유독 많이 고팠던 날. 몸에서 요구하는 걸 무시하지 않고 배고픈 만큼 충분히 먹기로 했다. 점심에는 낫토로, 저녁에는 오리고기로 기분을 내니 컨디션이 한껏 좋아졌다. 날씨가 점점 추워져 움직이기 싫고 더 움츠러들지만 눈이 펑펑 오기 전까지는 열심히 운동하며 이겨내자고 다시 다짐해본다.

저녁

오리고기로 즐기는 홈 외식

닭고기가 먹고 싶지 않은 날에는 담백한 오리고기를 바짝 구워 채소와 함께 먹어보자. 다이어트 중 떨어질 수 있는 기력을 회복할 수 있고 외식하는 기분까지 더해 더욱 심기일전할 수 있다. 매콤한 청양고추와 함께 먹으면 외식 부럽지 않은 한 끼 식사가 된다.

선녀's 꿀팁 오리고기의 기름기가 걱정된다면 끓는 물에 데치고, 팬에 한번 더 볶자.

재료 훈제 오리 100g, 어린잎 1움큼, 청양고추 1개, 청포도 1움큼, 찐 고구마 1개, 오이 ½개 **조리 필요** ❶ 오리고기를 끓는 물에 데치고 팬에 한번 더 볶는다. ❷ 밀프렙한 재료와 함께 그릇에 담는다.

아침

습관처럼 그린 스무디

이제는 아침에 그린 스무디를 갈아 먹는 게 습관이 되었다. 긴 밤 공복 후 아침에 일어나면 배가 많이 고프지만, 공복을 채울 때는 자극적이거나 무거운 음식보다는 이렇게 부드러운 스무디를 마시는 게 위에 좋다.

재료 케일 5장, 바나나 1개, 냉동 아보카도 1스푼, 코코넛 워터 1컵, 어린 밀싹 파우더 1스푼, 물 적당량 조리 필요 ❶ 믹서에 케일, 바나나, 아보카도, 어린 밀싹 파우더를 넣는다. ❷ 코코넛 워터를 넣고 물을 부어 농도를 맞추며 간다.

점심

콜리 콩볶음

아삭한 콜리플라워와 병아리콩을 함께 볶아 후춧가루로 간을 해서 먹는다. 어디에서 본 레시피가 아닌, 새롭게 만들어본 나만의 레시피다. 입맛이 당기는 맛은 아니어도 채소 본연의 풍미를 느낄 수 있는 건강한 맛이다.

선녀's 꿀팁 차가운 채소가 부담스럽다면 팬에 볶아보자.

재료 다노 닭 가슴살 볼 1팩, 콜리플라워 1움큼, 병아리콩 1움큼, 오이 1개, 양배추 1움큼 조리 필요 ❶ 올리브유를 두른 팬에 콜리플라워와 병아리콩을 넣고 살살 볶는다. ❷ 전자레인지에 닭 가슴살을 넣고 약 1~2분간 돌려 해동한 후, 밀프렙한 재료와 함께 그릇에 담는다.

> **54일**
> 따라하기

잠깐

오늘의 오후 간식

- 아메리카노 1잔
- 아몬드 1움큼
- 커클랜드 프로틴 바 ½개

 선녀's 토크

밀가루 단식을 하면서 경험하는 신기한 일 중 하나는 바로 밤에 일찍 자고 아침 일찍 거뜬하게 일어난다는 것. 아침형으로 사니 하루를 길고 알차게 쓸 수 있어 정말 좋다. 밀가루 단식을 통해 건강해질 수 있다는 걸 몸소 체험하니 이제는 밀가루 단식을 하지 않으려야 안 할 수가 없다. 건강함에 감사하고 행복한 오늘.

저녁

빠져버렸다 고에슬

며칠 전에 먹은 고구마 에그 슬럿의 맛이 그리워 한 번 더 도전! 달걀에 후춧가루를 톡톡 뿌리면 느끼함을 잡아줘 한층 더 맛있게 즐길 수 있다.

선녀's 꿀팁 생 블루베리는 보관하기 까다롭기 때문에 맛과 형태를 고스란히 간직한 냉동 제품을 이용하는 게 더 편리하다.

재료 고구마 에그 슬럿(달걀 1개, 아기용 치즈 ½장, 찐 고구마 1개), 청포도 1움큼, 냉동 블루베리 1스푼, 허닭 스테이크 닭 가슴살 1팩, 양배추 1움큼, 오이 ½개 조리 필요 ❶ 전자레인지용 그릇에 고구마를 으깨 넣은 후, 가운데에 동그랗게 빈 공간을 만들어준다. ❷ 빈 공간에 달걀을 깨뜨려 넣고 포크로 노른자를 콕콕 쑤셔준다. ❸ 그 위에 아기용 치즈를 올리고 전자레인지에 넣어 약 2~3분간 돌린 후, 밀프렙한 재료와 함께 그릇에 담는다.

아침

보랏빛 바블 스무디

바블 스무디를 먹고 있으면 보라보라 한 색이 너무 예뻐 기분이 좋다 못해 행복해지기까지 한다. 맛도 있고 보기에도 예뻐 아침마다 갈아 먹는 바블 스무디. 매일 아침 기분 좋아지게 하는 보라 마법!

재료 바나나 1개, 냉동 블루베리 1스푼, 냉동 아보카도 1스푼, 코코넛 워터 1컵, 물 적당량 **조리 필요** ❶ 믹서에 바나나, 블루베리, 아보카도를 넣는다. ❷ 코코넛 워터를 넣고 물을 부어 농도를 맞추며 간다.

점심

치팅 전 정석 닭고야

다이어트의 정석인 닭 가슴살, 고구마, 야채의 조합으로 치팅데이를 준비해본다. 치팅데이라 해서 일부러 굶거나 점심부터 과하게 먹는 것보다는 평소처럼 간단하게 먹어 리듬을 유지하는 게 가장 좋다.

선녀's 꿀팁 병아리콩은 충분히 불려 쌀과 함께 밥으로 지어 먹어도 좋다.

재료 찐 고구마 1개, 오이 1개, 꼬꼬빌 치즈 볼 닭 가슴살 1팩, 어린잎 1움큼, 병아리콩 약간, 귤 ½개 **조리 불필요** (닭 가슴살을 전자레인지에 약 1~2분간 돌려 해동한 후, 밀프렙한 재료와 함께 그릇에 담는다.)

잠깐	
오늘의 오후 간식	**선녀's 토크**
 · 아메리카노 1잔 · 아몬드 1움큼 · 커클랜드 프로틴 바 ½개	저녁 치팅 메뉴로 요즘 유행인 마라탕을 골랐다. 지난주 닭발의 빨간 맛을 맛보고 어마무시한 부송으로 며칠 고생했지만, 먹고 싶은 음식을 즐겁게 먹는 것도 중요하다는 생각에 마라탕을 선택했다. 마라탕집 사장님께 밀가루 재료가 들어 있는지 일일이 물어보기 죄송해서 육수에 채소만 가득 담아 즐겁게 먹었다. 채소만 가득 담긴 탕일지라도 너무 행복하고 감사했다.

 저녁

치팅데이

치팅데이를 똑똑하게 잘 활용한다면 즐거운 다이어트가 된다. 일주일에 딱 한 번 맛있는 음식으로 보상해주는 날이니만큼 아무 생각하지 말고 즐겁게 한 끼 식사를 나에게 선물하자. 물론 밀가루가 없는 고단백 식사 위주로!

아침

코코넛 워터 디톡스

전날 자극적인 음식을 먹은 탓에 부종이 생겼다. 이럴 때는 무리하게 음식물을 섭취하는 것보다 공복을 조금 더 유지하는 게 편할 수 있다. 코코넛 워터는 체내 염분 배출을 돕기 때문에 깔라만시와 함께 섞어 마시면 긴급 디톡스를 할 수 있다. 물과 함께 충분히 마신다.

재료 코코넛 워터 1컵, 깔라만시 1스푼, 물 적당량 **조리** 불필요(코코넛 워터와 깔라만시를 넣고 물을 부어 농도를 맞춰 섞어 마신다.)

점심

연어로 리듬 되찾기

전날의 치팅으로 자극받은 몸과 입맛을 다시 원래대로 돌리기 위해 건강하고 신선한 재료 위주의 식단을 준비한다. 치팅의 여파가 가실 수 있도록 평소에 많이 먹어 물릴 수 있는 닭 가슴살보다 맛있게 먹을 수 있는 연어를 준비해 담백하게 구워보자.

재료 반숙란 1개, 어린잎 1움큼, 구운 연어 100g, 바나나 파프리카 3개, 오이 ½개, 찐 고구마 1개 **조리 필요** ❶ 올리브유를 살짝 두른 팬에 연어를 앞뒤로 바짝 굽는다. ❷ 밑프렙한 재료와 함께 그릇에 담는다.

선녀's 꿀팁 파프리카는 수분이 풍부해 생으로 먹어도 좋고, 볶음이나 조림으로 먹어도 훌륭하다.

56일 따라하기

잠깐

오늘의 오후 간식

- 아메리카노 1잔
- 아몬드 1움큼
- 커클랜드 프로틴 바 ½개

 선녀's 토크

전날 치팅데이의 여파로 몸이 퉁퉁 부은 오늘. 하루 종일 자극적인 맛이 계속 생각났지만 그럴수록 더 많이 움직이고 유산소 운동을 하려고 노력했다. 저녁에는 반신욕까지 더해 부기가 더 빨리 빠질 수 있도록 했다. 이제는 하루 정도만 이렇게 해도 감이 바로 돌아온다. 내일이면 이제 또 한 주가 시작된다. 이 기세를 몰아 다음 주도 파이팅하자!

저녁

다시 감 잡으며 스타트

계속해서 자극적인 맛이 당기기 전에 포만감을 줄 수 있는 쌈을 준비해 크게 한 입 먹어보자. 상추에 닭 가슴살과 고추를 넣어 쌈을 싸 먹으면 맛이 일품이다. 후식으로 방울토마토와 오이를 준비해 더 확실하게 포만감을 채운다.

재료 찐 고구마 1개, 꼬꼬빌 치즈 볼 닭 가슴살 1팩, 방울토마토 1움큼, 고추 2개, 상추 5장, 오이 ½개 조리 불필요
(닭 가슴살을 전자레인지에 넣고 약 1~2분간 돌려 해동한 후, 밀프렙한 재료들과 함께 그릇에 담는다.)

선녀's 꿀팁 정신이 번쩍 드는 고추로 식탁에 알싸하고 시원한 맛을 더해보자.

9th Week

9주차

This Week's Challenges
이번 주 목표

만족 지연을 높이는 습관을 들여보자

근력 운동	유산소 운동
스쿼트 25회 5세트 + 플랭크 50초 3세트	걷기 운동 40분

50일 동안 무탈하게 진행해온 밀가루 단식. 지금까지는 이 악물고 꾹 참아야만 하는 괴로운 시간의 연속이었다면 이번 주부터는 마음의 여유를 가지며 나를 돌보려고 한다. 무조건 직진하며 무리하게 뛰기만 하다 보면 지치기 쉽상이다. 지금까지 노력해 이루어놓은 것을 돌이켜보며 과정에 감사하자. 내가 가진 것에 감사하는 순간, 행복은 더해진다.

이번 주 이것만은 다짐하자!

 01 제철 과일 즐기기

체온이 1℃만 떨어져도 급격하게 감소하는 면역력. 면역력 증강을 위해 비타민과 미네랄이 풍부한 제철 과일을 먹자. 건강은 물론 계절 타는 입맛 또한 단단히 지켜낼 수 있다. 이렇게 과일을 식단에 포함시켜 자주 먹으면 자꾸만 생각나는 군것질의 유혹을 떨쳐낼 수 있다.

 02 미니 치팅 즐겨보기

치팅을 일주일에 단 한 번만 하면 치팅데이에 과식을 하게 된다. 이를 예방하기 위해 치팅데이 전이라도 먹고 싶은 음식이 있다면 과식하지 않는 선에서 1인분 정량으로 먹어보자. 이런 식의 유연한 방법을 활용하면 일반식과 다이어트식의 경계를 약간씩 허물면서 식단 관리를 유지할 수 있다.

 03 잠을 충분히 자자

잠을 잘 때 우리 몸은 모든 전원을 끄고 치료와 회복에 힘쏟다. 몸과 마음의 안정을 위해 잠들기 전 스마트폰은 최대한 멀리하고 7시간 정도 충분히 수면을 취하자. 수면 패턴이 불규칙하면 식욕을 자극하므로 잘 먹는 만큼 잘 자는 것도 중요하다.

선녀의 밀가루 단식 100일 프로젝트

절제력은 자존감을 낳는다

    지금까지 밀가루 단식을 하면서 얻은 성과 중 마음에 드는 건 바로 수면의 질이 향상된 것. 하루를 알차게 보낸 후 드는 잠자리가 밀가루를 끊기 전과 확연하게 달라졌다는 것을 실감한다. 물론 극심한 배고픔에 힘들 때도 있긴 하지만, 전보다는 훨씬 더 잘 자고 아침에도 가뿐하게 일어난다. 직접 경험한 변화인 만큼 더 신기하고 보람차게 느껴진다. 밤에는 숙면을, 아침에는 가뿐한 기상을 생활화하다 보니 하루에 대한 만족도가 높아지고, 집중이 더 잘되는 것 같다. 집중이 더 잘되니 하는 일마다 능률도 성취도도 더 높아지는 건 당연지사. 결과적으로 밀가루 음식을 참고 절제한 내 노력이 자존감 상승으로 이어지는 것 같다.

    일주일에 한 번만 치팅을 하면서 외부 음식을 많이 제한했지만 이제는 약간씩 일반식을 먹으면서 몸이 적응할 시간을 주려고 한다. 맛있는 음식을 넣어달라는 몸의 요구와 격렬히 타협하며 유연하게 절제하는 방법을 익히려고 노력하는 중이다. 한마디로 즐기면서 참는 법을 익히는 중이랄까? 항상 명심하고 또 명심하기. 먹으면서 죄짓는다고 생각하지 말자. 대신 건강하고 맛있는 음식을 다양하게 먹자.

This Week's Meal Plan
이번 주 식단 한눈에 보기

	57일	58일	59일
아침	**철분 가득 그린 스무디** P.208 · 케일 5장 · 냉동 아보카도 1스푼 · 냉동 블루베리 1스푼 · 코코넛 워터 1컵 · 어린 밀싹 파우더 1스푼 · 물 적당량	**바나나 요거트 볼** P.210 · 요거트 80㎖ · 어린 밀싹 파우더 1스푼 · 타이거 너츠 1스푼 · 바나나 1/2개	**그린 스무디의 정석** P.212 · 케일 5장 · 바나나 1개 · 냉동 아보카도 1스푼 · 코코넛 워터 1컵 · 물 적당량
점심	**포만감의 핵심 쌈 싸 먹기** P.208 · 로메인 6장 · 꼬꼬빌 치즈 볼 닭 가슴살 1팩 · 바나나 파프리카 3개 · 반숙란 1개 · 사과 ½개 · 찐 고구마 1개	**어린잎 채소의 매력** P.210 · 바나나 파프리카 2개 · 방울토마토 1움큼 · 다노 닭 가슴살 볼 1팩 · 어린잎 1움큼 · 찐 고구마 1개 · 귤 ½개	**깻잎 향이 솔솔** P.212 · 깻잎 5장 · 꼬꼬빌 치즈 볼 닭 가슴살 1팩 · 반숙란 1개 · 오이 ⅓개 · 바나나 파프리카 3개 · 찐 고구마 1개
저녁	**텁텁해질 때쯤 차오르는 수분** P.209 · 굽네 훈제 닭 가슴살 1팩 · 어린잎 1움큼 · 병아리콩 약간 · 바나나 파프리카 3개 · 청포도 1움큼 · 찐 고구마 1개	**미니 치팅데이!**	**채소의 향연** P.213 · 허닭 스테이크 닭 가슴살 1팩 · 양배추 1움큼 · 청포도 1움큼 · 찐 고구마 1개 · 브로콜리 1움큼
간식	· 아몬드 1움큼 · 아메리카노 1잔 · 커클랜드 프로틴 바 ½개	· 아몬드 1움큼 · 아메리카노 1잔 · 커클랜드 프로틴 바 ½개	· 아몬드 1움큼 · 아메리카노 1잔 · 커클랜드 프로틴 바 ½개

이번 주부터는 배부르게 먹는 토요일 치팅데이 외에 맛있는 음식을 소소하게 즐길 수 있는 '미니 치팅데이'를 정해 갑자기 생기는 욕구에 대비하려고 한다. 늘 먹던 음식 외에 다양한 음식을 식단에 추가해 새로운 느낌을 주려고 노력했다. 일반식을 먹으면서도 스스로 절제하는 방법을 몸에 알려주자.

60일	61일	62일	63일
철분 가득 스무디 P.214	**삼색 요거트 볼** P.216	**과일 더하기 그린 스무디** P.218	**보랏빛 바블 스무디** P.220
· 케일 5장 · 바나나 1개 · 냉동 블루베리 1스푼 · 코코넛 워터 1컵 · 물 적당량	· 요거트 80㎖ · 냉동 블루베리 1스푼 · 그래놀라 약간 · 어린 밀싹 파우더 1스푼 · 타이거 너츠 1스푼	· 케일 5장 · 바나나 1개 · 코코넛 워터 1컵 · 냉동 아보카도 1스푼 · 청포도 1스푼 · 물 적당량	· 바나나 1개 · 냉동 아보카도 1스푼 · 코코넛 워터 1컵 · 냉동 블루베리 1스푼 · 물 적당량
옥수수 선수 등판 P.214	**샐러드집 투어** P.216	**형형색색 점심** P.218	**치팅데이 전 클린한 식사** P.220
· 방울토마토 1움큼 · 오이 ½개 · 옥수수 ½개 · 어린잎 1움큼 · 허닭 스테이크 닭 가슴살 1팩	· 투고 샐러드 1팩 (연어 닭 다리살 샐러드)	· 어린잎 1움큼 · 허닭 스테이크 닭 가슴살 1팩 · 반숙란 1개 · 바나나 파프리카 3개 · 찐 고구마 1개 · 귤 ½개	· 찐 고구마 1개 · 사과 ½개 · 반숙란 1개 · 어린잎 1움큼 · 허닭 훈제 닭 가슴살 1팩 · 브로콜리 ⅓개 · 오이 ½개
아삭아삭 맛있게 P.215	**유익균 가득 낫토** P.217	**토요일 밤의 유혹** P.219	★★★★ **치팅데이!**
· 다노 닭가슴살 볼 1팩 · 어린잎 1움큼 · 귤 ½개 · 바나나 파프리카 3개 · 찐 고구마 1개 · 풋고추 2개	· 어린잎 1움큼 · 낫토 1팩 · 찐 고구마 1개 · 반숙란 1개 · 귤 ½개 · 바나나 파프리카 3개	· 꼬꼬빌 치즈 볼 닭가슴살 1팩 · 양배추 1움큼 · 반숙란 1개 · 찐 고구마 1개 · 사과 ½개	
· 아몬드 1움큼 · 아메리카노 1잔 · 커클랜드 프로틴 바 ½개	· 아몬드 1움큼 · 아메리카노 1잔 · 커클랜드 프로틴 바 ½개	· 아몬드 1움큼 · 아메리카노 1잔 · 커클랜드 프로틴 바 ½개	· 아몬드 1움큼 · 아메리카노 1잔 · 커클랜드 프로틴 바 ½개

This Week's Meal Prep

쟁여놓고 마음껏 먹자! 이번 주 밀프렙

신선 식품

- ✓ 케일 20장(P.20)
- ☐ 바나나 4.5개
- ☐ 청포도 2움큼(P.20)
- ☐ 로메인 6장(P.20)
- ☐ 바나나 파프리카 19개(P.20)
- ☐ 사과 1.5개
- ☐ 찐 고구마 10개(P.20)
- ☐ 방울토마토 2움큼(P.20)
- ☐ 어린잎 7움큼(P.20)
- ☐ 귤 2개
- ☐ 깻잎 5장(P.20)
- ☐ 오이 1.5개(P.20)
- ☐ 옥수수 ½개(P.21)
- ☐ 브로콜리 2움큼(P.21)
- ☐ 병아리콩 약간(P.21)
- ☐ 양배추 2움큼(P.20)
- ☐ 풋고추 2개

시판 제품

- ✓ 냉동 아보카도 4스푼(곰곰)
- ☐ 냉동 블루베리 4스푼(웰프레쉬)
- ☐ 코코넛 워터 5컵(말리)
- ☐ 어린 밀싹 파우더 3스푼(파파오가닉)
- ☐ 요거트 160㎖(상하목장)
- ☐ 핏콩 타이거 너츠 2스푼(핏콩)
- ☐ 그래놀라 약간(파파오가닉)
- ☐ 반숙란 6개(에그코리아)
- ☐ 실의 힘 낫토 1팩(풀무원)
- ☐ 치즈 볼 닭 가슴살 3팩(꼬꼬빌)
- ☐ 닭 가슴살 볼 2팩(다노)
- ☐ 스테이크 닭 가슴살 3팩(허닭)
- ☐ 훈제 닭 가슴살 1팩(허닭)
- ☐ 훈제 닭 가슴살 1팩(굽네)
- ☐ 리얼너츠 7움큼(노브랜드)
- ☐ 프로틴 바 3.5개(커클랜드)

아침

철분 가득 그린 스무디

다이어트를 하다 보면 먹는 양이 줄어 하늘이 빙빙 도는 듯 어지럼증을 느끼기도 한다. 케일에는 여성에게 좋은 철분이 가득하므로 아침마다 케일을 이용해 부드러운 스무디를 만들어 마시면 어지럼증을 예방할 수 있다.

재료 케일 5장, 냉동 아보카도 1스푼, 냉동 블루베리 1스푼, 코코넛 워터 1컵, 어린 밀싹 파우더 1스푼, 물 적당량 **조리 필요** ❶ 믹서에 케일, 아보카도, 블루베리, 어린 밀싹 파우더를 넣는다. ❷ 코코넛 워터를 넣고 물을 부어 농도를 맞추며 간다.

점심

포만감의 핵심 쌈 싸 먹기

배가 유독 고픈 날에는 쌈 채소를 꺼내 재료를 가득 올려 크게 한 쌈 먹어보자. 재료를 따로 먹었을 때보다 속이 더 든든하게 채워지는 기분을 느낄 수 있다. 새콤달콤한 사과를 후식으로 먹어 지루한 오후, 기분 전환까지 해보자.

재료 로메인 6장, 꼬꼬빌 치즈 볼 닭 가슴살 1팩, 바나나 파프리카 3개, 반숙란 1개, 사과 ½개, 찐 고구마 1개 **조리 불필요**(닭 가슴살을 전자레인지로 약 1~2분간 돌려 해동한 후, 밀프렙한 재료와 함께 그릇에 담는다.)

선녀's 꿀팁 반숙란은 일상에서 한두 개씩 꺼내 먹으면 속을 쉽게 든든히 채울 수 있다.

잠깐	
오늘의 오후 간식	 선녀'S 토크
 · 아메리카노 1잔 · 아몬드 1움큼 · 커클랜드 프로틴 바 ½개	밀가루 단식을 시작할 때부터 금주를 함께 시작해 지금까지 잘 지키고 있다. 원래 술을 좋아하고 술자리를 즐기던 내가 이제는 밀가루와 술을 완벽하게 끊고 사는 게 스스로도 너무 신기하고 놀랍다. 물론 술을 평생 끊을 생각은 아니다. 밀가루 단식에 어느 정도 성공했을 때 적정량으로 즐길 생각이다. 안주가 아닌 술 자체를 즐길 수 있을 때 말이다.

저녁

텁텁해질 때쯤 차오르는 수분

고단백 식품인 병아리콩은 고소하긴 하지만 다소 텁텁하기도 하다. 따라서 수분이 풍부하고 아삭한 파프리카를 함께 먹으면 훨씬 깔끔한 맛으로 즐길 수 있다. 마치 입안에서 정화가 되는 듯한 느낌이다. 다 먹은 후 상큼하게 터지는 청포도로 입가심을 하면 더욱더 완벽한 식사가 된다.

선녀's 꿀팁 음주한 다음 날은 무리한 운동을 하지 않는 것이 좋다. 간 해독에만 힘쓰자.

재료 굽네 훈제 닭 가슴살 1팩, 어린잎 1움큼, 병아리콩 약간, 바나나 파프리카 3개, 청포도 1움큼, 찐 고구마 1개
조리 불필요(닭 가슴살을 전자레인지로 약 1~2분간 돌려 해동한 후, 밀프렙한 재료와 함께 그릇에 담는다.)

아침

바나나 요거트 볼

새하얀 요거트에 초록빛 어린 밀싹 파우더를 뿌려 은은한 색감을 더한 후, 바나나를 잘게 썰어 토핑한다. 그 위에 타이거 너츠를 고명으로 올려 마무리하면 카페 부럽지 않은 초간단 요거트 볼 완성!

재료 요거트 80㎖, 어린 밀싹 파우더 1스푼, 타이거 너츠 1스푼, 바나나 ½개 조리 불필요(볼에 요거트와 재료를 예쁘게 담아 맛있게 먹는다.)

점심

어린잎 채소의 매력

향이 강하지 않아 누구나 거부감 없이 먹을 수 있는 어린잎 채소는 구하기도 쉽고 가격도 저렴해 식단에 활용하기 매우 좋다. 특히 외부로 도시락을 싸서 다니기에도 안성맞춤!

재료 바나나 파프리카 2개, 방울토마토 1움큼, 다노 닭 가슴살 볼 1팩, 어린잎 1움큼, 찐 고구마 1개, 귤 ½개 조리 불필요(닭 가슴살을 전자레인지로 약 1~2분간 돌려 해동한 후, 밀프렙한 재료와 함께 그릇에 담는다.)

선녀's 꿀팁 내가 먹는 것을 매일 기록해보자. 나중에 큰 도움이 된다.

잠깐	
오늘의 오후 간식  · 아메리카노 1잔 · 아몬드 1움큼 · 커클랜드 프로틴 바 ½개	선녀's 토크 오늘은 감기 기운이 있어 힘든 하루였다. 이렇게 몸이 약해지고 힘들 때는 무리하게 운동을 하거나 굶지 말고 최대한 몸이 원하는 대로 해주는 게 좋다. 마침 미니 치팅데이로 정한 날이기도 해서 좋아하는 청국장과 볶음밥으로 든든하게 한 끼 먹고 휴식을 취했다. 이제는 그날그날 컨디션에 따라 식단과 운동을 조절하는 요령이 생긴 듯하다.

저녁
미니 치팅데이

본격 치팅데이 전까지 중간에 한 번씩 즐기기로 한 미니 치팅. 자극적인 음식보다는 내가 좋아하는 한식을 선택했다. 예전에는 1인분 이상 배부르게 먹었다면 소식하는 습관을 위해 조금만 덜어서 천천히 먹었다. 각자 기분 전환할 수 있는 소량의 음식으로 치팅을 해보자. 음식 먹는 것을 두려워하지 말 것!

아침

그린 스무디의 정석

전날 미니 치팅을 해 평소 식단보다 자극적인 일반식을 먹었기 때문에 혹시라도 흐트러질 수 있는 리듬을 바로잡아야 한다. 약간이라도 생길지 모를 부기를 예방해주는 그린 스무디를 만들어 먹어보자.

재료 케일 5장, 바나나 1개, 냉동 아보카도 1스푼, 코코넛 워터 1컵, 물 적당량 **조리 필요 ❶** 믹서에 케일, 바나나, 아보카도를 넣는다. **❷** 코코넛 워터를 넣고 물을 부어 농도를 맞추며 간다.

점심

깻잎 향이 솔솔

깻잎 향 덕분인지 뼛속까지 상쾌해지는 듯 기분 좋은 식사. 깻잎 위에 닭 가슴살을 넣고 아삭한 파프리카까지 올려 한 쌈 싸 먹어도 좋다.

재료 깻잎 5장, 꼬꼬빌 치즈 볼 닭 가슴살 1팩, 반숙란 1개, 오이 ⅓개, 바나나 파프리카 3개, 찐 고구마 1개 **조리 불필요**(닭 가슴살을 전자레인지로 약 1~2분간 돌려 해동한 후, 밀프렙한 재료와 함께 그릇에 담는다.)

> **선녀's 꿀팁** 원 플레이트 식사의 매력은 약속한 양의 식사만 할 수 있다는 것이다.

> **59일**
> 따라하기

잠깐

오늘의 오후 간식

- 아메리카노 1잔
- 아몬드 1움큼
- 커클랜드 프로틴 바 ½개

 **선녀's 토크**

유튜브로 먹방을 즐겨 보던 나였는데, 이제는 볼 엄두가 나지 않는다. 아는 맛이 가장 무섭지만 모르는 맛도 정말 무섭다. 신상 음식을 리뷰하는 영상을 보고 있으려니 맛이 궁금해서 미칠 것 같다. 결국 당분간은 방송을 멀리하는 걸로 긴급 처방.

저녁

채소의 향연

하루 중 배가 가장 고픈 저녁. 포만감을 주기 위해 다양한 채소를 준비해 먹어보자. 생채소만 먹는 것보다 살짝 볶은 채소와 함께 먹는 게 포만감을 더 많이 줄 수 있다. 고구마를 마지막에 먹으면 포만감을 목 끝까지 가득 채워 식욕을 컨트롤할 수 있다.

선녀's 꿀팁 채소만 먹기가 너무 힘들다면 1티스푼 정도의 드레싱을 허락해보자. 양을 조금씩 줄여가는 것도 괜찮다.

재료 허닭 스테이크 닭 가슴살 1팩, 양배추 1움큼, 청포도 1움큼, 찐 고구마 1개, 브로콜리 1움큼 **조리 필요** ❶ 올리브유를 두른 팬에 브로콜리를 넣고 약한 불로 살짝 볶는다. ❷ 닭 가슴살을 전자레인지로 약 1~2분간 돌려 해동한 후, 밀프렙한 재료와 함께 그릇에 담는다.

아침

철분 가득 스무디

다이어트를 하면 무리한 감량으로 생리가 끊기거나 건강이 안 좋아지는 경우가 있다. 따라서 무리한 절식으로 양을 줄이기보다는 건강한 식품으로 식단을 대체하는 게 좋다. 아침을 거르지 말고 몸에 좋은 철분이 가득한 케일 스무디를 갈아 필요한 영양소를 채우며 건강하게 관리하자.

재료 케일 5장, 바나나 1개, 냉동 블루베리 1스푼, 코코넛 워터 1컵, 물 적당량 조리 필요 ❶ 믹서에 케일, 바나나, 블루베리를 넣는다. ❷ 코코넛 워터를 넣고 물을 부어 농도를 맞추며 간다.

점심

옥수수 선수 등판

지금껏 고구마로만 탄수화물을 섭취하다 보니 약간은 물리는 듯한 느낌이 든다. 새로운 탄수화물 식품을 찾다가 고구마와 같은 구황작물인 옥수수를 먹으면 어떨까 싶어 준비해보았다. 다양한 식품을 골고루 먹어보며 나에게 맞는 식품을 체크해보는 것도 매우 좋은 자기 관리 방법 중 하나다.

선녀's 꿀팁 탄산음료 대신 탄산수를 마시자. 단, 물처럼 의존하지 않도록 주의한다.

재료 방울토마토 1움큼, 오이 ½개, 옥수수 ⅓개, 어린잎 1움큼, 허닭 스테이크 닭 가슴살 1팩 조리 불필요(닭 가슴살을 전자레인지로 약 1~2분간 돌려 해동한 후, 밀프렙한 재료와 함께 그릇에 담는다.)

잠깐

오늘의 오후 간식

· 아메리카노 1잔
· 아몬드 1움큼
· 커클랜드 프로틴 바 ½개

선녀's 토크

다양한 탄수화물을 맛보고 싶어 옥수수를 먹었는데 글쎄다 싶다. 찐 옥수수는 고구마에 비해 열량도 더 높은 반면 포만감은 생각보다 적었다. 역시 나에게는 고구마가 잘 맞는구나! 이렇게 나에 대해 또 하나 알게 되었다. 열심히 여러 식품을 경험하며 단짝 음식을 찾아보자.

저녁
아삭아삭 맛있게

식단을 조절할 때 파프리카같이 단단한 채소를 씹어 먹으면 식욕을 조절할 수 있다. 매운 맛이 그립다면 아삭한 풋고추를 곁들여보자. 알싸한 맛이 더해져 기분 전환에 매우 좋다. 역시 육류와 고추의 조합은 언제나 옳다.

> 재료 다노 닭 가슴살 볼 1팩, 어린잎 1움큼, 귤 ½개, 바나나 파프리카 3개, 찐 고구마 1개, 풋고추 2개 조리 불필요
> (닭 가슴살을 전자레인지로 약 1~2분간 돌려 해동한 후, 밀프렙한 재료와 함께 그릇에 담는다.)

선녀's 꿀팁 밤고구마, 호박고구마 등등 어떤 것이 칼로리가 적을지 고민하지 말고 좋아하는 걸로 맛있게 먹자.

9주

아침
삼색 요거트 볼

내가 사랑하는 요거트 볼을 먹는 날에는 다른 때보다 더 일찍 눈이 떠진다. 꾸미는 맛까지 더한 요거트 볼. 보라색 블루베리, 노란빛이 도는 갈색 너츠, 초록색 어린 밀싹까지 넣으면 삼색의 예쁜 요거트 볼 완성!

재료 요거트 80㎖, 냉동 블루베리 1스푼, 그래놀라 약간, 어린 밀싹 파우더 1스푼, 타이거 너츠 1스푼 조리 불필요
(볼에 요거트와 재료를 예쁘게 담아 맛있게 먹는다.)

점심
샐러드집 투어

밀가루를 끊은 이후로 자주 가는 샐러드집. 가장 좋아하는 닭 다리살 연어 메뉴로 주문했다. 약간 부족한 듯한 느낌이 든다면 고구마를 미리 준비해 탄수화물을 채워주는 것도 좋은 방법이다. 기분 전환 대대대성공!

잠깐	
오늘의 오후 간식	선녀's 토크

- 아메리카노 1잔
- 아몬드 1움큼
- 커클랜드 프로틴 바 ½개

오랜만에 맛본 남이 만들어준 샐러드. 시판 샐러드는 아무래도 전문점에서 판매하는 것이기 때문에 집에서 직접 준비한 샐러드보다 더 맛있을 수밖에 없는데, 오늘은 이상하게도 내가 만든 샐러드가 더 맛있게 느껴진다. 점점 식단에 맞춰지는 내 입맛. 요즘은 보는 사람들마다 살 빠졌다고, 앙상해 보인다고 한다. 역시 누가 알아봐줄 때가 가장 행복해. 귀찮은 마음 하나 없이 즐겁게 식단을 준비하는 나를 발견한다.

저녁
유익균 가득 낫토

변비를 예방해주는 낫토. 건강에 좋은 발효 식품이자 몸에 좋은 유익균을 많이 만들어주고 유해균을 제거해주는 고마운 녀석이다. 좋아하지 않더라도 하나씩 챙겨 먹으면 더욱더 건강하게 다이어트를 할 수 있다.

선녀's 꿀팁 밀가루 단식은 장을 건강하게 해준다. 우리 몸의 면역력은 장이 책임진다.

재료 어린잎 1움큼, 낫토 1팩, 찐 고구마 1개, 반숙란 1개, 귤 ⅓개, 바나나 파프리카 3개 조리 불필요(낫토를 여러 번 저은 후, 동봉된 소스를 빼고 밀프렙한 재료와 함께 맛있게 먹는다.)

아침

과일 더하기 그린 스무디

그린 스무디의 베이스는 채소지만 제철 과일을 약간씩 넣으면 더 달달하고 부드러운 스무디를 만들 수 있다. 오늘은 내가 가장 좋아하는 포도를 더했다. 그날그날 먹고 싶은 과일로 채워주자.

재료 케일 5장, 바나나 1개, 냉동 아보카도 1스푼, 청포도 1스푼, 코코넛 워터 1컵, 물 적당량 **조리 필요** ❶ 믹서에 케일, 바나나, 아보카도, 청포도를 넣는다. ❷ 코코넛 워터를 넣고 물을 부어 농도를 맞춰 간다.

점심

형형색색 점심

반숙란의 노란색, 파프리카의 빨간색, 귤의 주황색, 그리고 싱그러운 어린잎의 초록빛까지 형형색색의 재료가 접시 위에서 한데 어우러져 조화를 이룬다. 대충 차려 먹지 말고 약간만 신경 써 예쁘게 차리자. 내가 나에게 주는 선물이다.

재료 어린잎 1움큼, 허닭 스테이크 닭 가슴살 1팩, 반숙란 1개, 바나나 파프리카 3개, 찐 고구마 1개, 귤 ½개 **조리 불필요**(닭 가슴살을 전자레인지로 약 1~2분간 돌려 해동한 후, 밀프렙한 재료와 함께 그릇에 담는다.)

선녀's 꿀팁 운동할 때 땀이 안 난다고 살이 덜 빠지거나 효과가 없는 건 아니다.

잠깐

오늘의 오후 간식

- 아메리카노 1잔
- 아몬드 1움큼
- 커클랜드 프로틴 바 ½개

 선녀's 토크

토요일 저녁이면 항상 치팅을 즐겼지만 이번 주에는 오늘이 아닌 내일이 치팅이다. 하필이면 오후에 약속이 있어 나갔다 왔는데 사방에 음식점이 즐비하게 늘어서 맛있는 냄새를 솔솔 풍기는 게 아닌가. 내일만 생각하며 챙겨 온 도시락을 먹으면서 식욕을 잠재웠다. 꿋꿋하게 참은 나의 절제력! 아주 칭찬해!

저녁

토요일 밤의 유혹

이번 주 치팅은 토요일이 아닌 일요일. 치팅데이 없이 보내는 토요일 저녁은 평일보다 더 많은 유혹을 버텨야 한다. 가장 좋아하는 재료만 엄선해 한 그릇 가득 담아보자.

재료 꼬꼬빌 치즈 볼 닭 가슴살 1팩, 양배추 1움큼, 반숙란 1개, 찐 고구마 1개, 사과 ½개 조리 불필요(닭 가슴살을 전자레인지에 넣고 약 1~2분간 해동한 후, 밀프렙한 다른 재료와 함께 그릇에 담는다.)

 선녀's 꿀팁 컨디션이 저조할 때는 상태가 회복될 때까지 소식하며 음주를 하지 않는다.

아침

보랏빛 바블 스무디

매일 아침 재료를 준비해 믹서로 스무디를 만드는 것이 약간은 귀찮을지도 모른다. 하지만 내 몸은 내가 챙긴다는 생각으로 거르지 말고 꼭 만들어 먹자. 그래도 믹서에 손이 가지 않는다면 바나나나 블루베리같이 맛있는 과일을 넣어 입맛을 당기게 해보자.

재료 냉동 블루베리 1스푼, 바나나 1개, 냉동 아보카도 1스푼, 코코넛 워터 1컵, 물 적당량 **조리 필요** ❶ 믹서에 블루베리, 바나나, 아보카도를 넣는다. ❷ 코코넛 워터를 넣고 물을 부어 농도를 맞추며 간다.

점심

치팅데이 전 클린한 식사

누누이 말하지만 치팅데이 직전까지 평소와 같은 식사량을 유지하는 게 관리의 비결이다. 점심에 적정량을 먹어야 저녁에 과식하는 걸 예방하고 부족한 영양을 채울 수 있다. 평소처럼 삼시 세끼 제시간에 먹어야 하는 건 두말할 필요도 없다.

재료 찐 고구마 1개, 사과 ⅓개, 반숙란 1개, 어린잎 1움큼, 허닭 훈제 닭 가슴살 1팩, 브로콜리 ⅓개, 오이 ½개 **조리 불필요**(닭 가슴살을 전자레인지에 넣고 약 1~2분간 해동한 후, 밀프렙한 재료와 함께 그릇에 담는다.)

> **선녀's 꿀팁** 지방과 설탕을 동시에 섭취하는 건 좋지 않다. 이 두 가지가 합쳐져 비만이 더욱 가속된다.

잠깐

오늘의 오후 간식

- 아메리카노 1잔
- 아몬드 1움큼
- 커클랜드 프로틴 바 ½개

선녀's 토크

"먹어봤자 아는 맛이다"라는 다이어트 명언은 도저히 이해하지 못하겠다. 나는 아는 맛이라서 더 무섭다. 다이어트하기 전에 먹던 닭볶음탕을 치팅데이에 다시 먹으니 매콤달콤한 게 너무 맛있다. 일주일 동안 관리하며 고생하다가 즐기는 만찬이 너무 소중하고 감사하다. 자, 잘 먹었으니 이제 또 한 주 달려보자.

저녁

치팅데이

드디어 일주일 동안 학수고대하던 치팅데이. 이번 주에는 토요일이 아니라 하루 뒤인 일요일에 치팅을 하기 때문에 참고 기다리기가 더 힘들었을지도 모른다. 잘 참은 당신, 이제 맘껏 먹는 일만 남았다. 물론 밀가루가 아닌 고단백 음식을 과식하지 않으면서 말이다. 예전에는 먹고 싶으면 먹고, 생각나는 대로 했지만 절제하며 밀가루를 끊다 보니 치팅데이가 소중하고 내가 먹는 음식 하나하나가 정말 소중해졌다. 음식의 감사함까지 배우는 요즘, 밀가루 단식은 모든 것을 감사하게 만든다.

10th Week

10주차

This Week's Challenges
이번 주 목표

지속적인 에너지를 만들자

근력 운동	유산소 운동
브리지 30회 + 덩키 킥 30회	걷기 운동 40분

"평화롭게 먹은 빵 껍질이 걱정 속에서 먹은 성찬보다 낫다"는 말이 있다. 일반식을 먹으면 살이 찔지도 모른다는 압박감을 버리기 위해 식이 조절과 일반식 사이에서 적정선을 찾아 유연하게 절제하는 방법을 터득해야 한다. 관리식을 지키는 것도 중요하지만 평생 일반식을 먹지 않고 살 수는 없다. 음식이 무섭다고 생각하지 말자. 피한다고 모든 게 해결되지는 않는다. 어느 자리, 어떤 상황이든 식사를 절제할 수 있는 나만의 방법을 계속 터득하고, 몸에 익숙하게 만들어야 한다.

이번 주 이것만은 다짐하자!

 몸이 보내는 신호 읽기

유독 피곤하거나 힘든 날, 생리전증후군으로 컨디션이 떨어진 날, 감기 기운이 느껴지는 날에는 무리해서 운동하지 말고 내 몸이 보내는 신호를 알아채 위로하자. 다이어트는 평생 해야 하는 자기 관리임을 잊지 말자. 건강이 우선이니까.

 하루에 물 5잔 이상 마시기

다이어트할 때 매우 중요한 물 섭취. 수분을 충분히 섭취하면 허기를 달래주는 동시에 몸속 노폐물을 배출해 장 운동을 활발하게 해주기 때문에 다이어트에 도움을 준다. 오늘부터 물을 자주 마시는 습관을 들여보자.

 마인드풀 이팅 마인드 컨트롤

스스로를 합리화하면서 느슨해질 수 있는 매우 위험한 시기이므로 스스로에게 더욱 집중해 좀 더 엄격하게 생활을 관리하자. 음식을 먹는 행위 자체와 먹고 있는 음식 자체에 집중하고 의식하며 차근차근 먹어보자. 이것이 곧 마인드풀 이팅(mindful eating)이다. 단순히 먹는 것 자체에 죄책감을 가지지 말자. 질 좋은 음식을 다양하게 먹는다는 생각으로 음식에 집중하고 음식에 감사하는 마음을 가지며 식사하자.

선녀의 밀가루 단식 100일 프로젝트

당당하게 말하자, S 사이즈라고

　전에 입던 바지가 이제는 너무 커 손으로 잡지 않으면 흘러내린다. 그 정도로 몸의 부피가 많이 줄어들었다. 누구나 그렇겠지만, 나는 예쁜 옷을 입는 게 참 좋다. 입고 싶은 예쁜 옷을 아무런 제약 없이 쇼핑할 때면 스트레스가 다 풀리는 것 같다. 옷장 앞에서 무너지고 옷 앞에서 비참해지는 순간이 나를 가장 힘들게 만든다. 입을 옷이 마땅치 않아 발을 동동 구르다가도 금세 먹을 것 앞에서 다시 무너졌던 그동안의 나.

　누군가는 고작 예쁜 옷 하나 입으려고 이 고생하면서 살을 빼느냐고 말한다. 내가 나를 표현할 수 있는 옷, 예쁜 옷, 입어보고 싶은 옷 등등 세상의 모든 옷을 어떤 핏으로든 누가 봐도 예쁘게 입을 수 있다는 건 '고작' 같은 일이 아니다. 물론 한 번도 그렇게 해보지 못한 사람들에게는 대수롭지 않은 일이겠지만. 이제 나는 그 기쁨이 배부르게 먹는 기쁨보다 만 배는 더 크다는 걸 안다.

　사이즈 앞에서 고민하지 않아도 되는 지금이 너무너무 행복하다. 이제 옷을 살 때 매장 직원의 눈치를 볼 필요가 없다. 피팅 룸 안에서 발만 동동 구르지 말고 당당하게 나와라.

This Week's Meal Plan
이번 주 식단 한눈에 보기

	64일	65일	66일
아침	**단식 주스** P.230 · 코코넛 워터 1컵 · 깔라만시 1스푼 · 물 적당량	**베스트 그린 스무디** P.232 · 케일 5장 · 냉동 아보카도 1스푼 · 바나나 1개 · 코코넛 워터 1컵 · 냉동 블루베리 1스푼 · 물 적당량	**어디서든 간편하게 그린 스무디** P.234 · 케일 5장 · 바나나 1개 · 냉동 아보카도 1스푼 · 코코넛 워터 1컵 · 냉동 블루베리 1스푼 · 물 적당량
점심	**다시 클린하게** P.230 · 청포도 1움큼 · 찐 고구마 1개 · 반숙란 1개 · 찐 양배추 1움큼 · 브로콜리 ⅓개 · 허닭 스테이크 닭 가슴살 1팩	**브로콜리 꽃이 피었습니다** P.232 · 브로콜리 ½개 · 굽네 훈제 닭 가슴살 1팩 · 오이 ½개 · 찐 고구마 1개 · 바나나 파프리카 2개	**여행 가서 식단 지키기** P.234 · 양배추 1움큼 · 오이 1개 · 당근 ½개 · 커클랜드 프로틴 바 ½개 · 찐 고구마 1개
저녁	**아삭 아삭** P.231 · 찐 고구마 1개 · 굽네 훈제 닭 가슴살 1팩 · 반숙란 1개 · 귤 ½개 · 어린잎 1움큼 · 오이 ½개 · 바나나 파프리카 2개	**채소 건강 요법** P.233 · 귤 ½개 · 풋고추 2개 · 양배추 1움큼 · 찐 고구마 1개 · 허닭 훈제 닭 가슴살 1팩 · 냉동 채소볶음 1움큼	★★★★ **미니 치팅데이!**
간식	· 아몬드 1움큼 · 아메리카노 1잔 · 커클랜드 프로틴 바 ½개	· 아몬드 1움큼 · 아메리카노 1잔 · 커클랜드 프로틴 바 ½개	· 아몬드 1움큼 · 아메리카노 1잔 · 커클랜드 프로틴 바 ½개

밀프렙 재료가 동나지 않도록 냉장고 속 재료를 항상 잘 체크하고 필요한 건 적절히 보충해야 한다. 재료가 떨어지거나 미리 준비되어 있지 않으면 '오늘만 다른 거 먹자'라면서 충동적으로 다른 음식을 먹을 수도 있다. 한번 합리화하면 두 번 세 번 반복하게 된다. 또 밀프렙 재료 준비에만 그치는 게 아니라 냉장고 속 재료에 관심을 갖자.

67일	68일	69일	70일
밀프렙 스무디 P.236	**당빠 스무디** P.238	**그린 스무디의 무한매력** P.240	**코코만시** P.242
· 케일 5장 · 바나나 1개 · 냉동 아보카도 1스푼 · 코코넛 워터 1컵 · 냉동 블루베리 1스푼 · 물 적당량	· 케일 5장 · 당근 ½개 · 바나나 1개 · 코코넛 워터 1컵 · 물 적당량	· 케일 5장 · 바나나 1개 · 냉동 아보카도 1스푼 · 코코넛 워터 1컵 · 냉동 블루베리 1스푼 · 물 적당량	· 코코넛 워터 1컵 · 깔라만시 1스푼 · 물 적당량
시판 샐러드 고마워 P.236	**홈메이드 연어 샐러드** P.238	**얼려 먹는 고구마 '얼구마'** P.240	**볶을수록 건강하다!** P.242
· 투고 샐러드 1팩 (닭 다리살 샐러드)	· 생연어 100g · 어린잎 1움큼 · 바나나 파프리카 1개 · 귤 ½개 · 찐 고구마 1개 · 브로콜리 ⅓개	· 새우 닭 가슴살 채소볶음 1움큼 · 반숙란 1개 · 바나나 파프리카 2개 · 찐 고구마 1개 · 어린잎 1움큼	· 찐 고구마 1개 · 바나나 파프리카 3개 · 오이 ½개 · 반숙란 1개 · 닭 가슴살 청경채볶음 1움큼
다시 감잡기 P.237	**당근 맛있지!** P.239	★★★★ **치팅데이!**	**포만감 킹왕짱** P.243
· 허닭 스테이크 닭 가슴살 1팩 · 찐 고구마 1개 · 귤 ½개 · 어린잎 1움큼 · 브로콜리 ½개 · 바나나 파프리카 2개	· 찐 고구마 1개 · 허닭 스테이크 닭 가슴살 1팩 · 바나나 파프리카 2개 · 양배추 1움큼 · 당근 ½개		· 당근 ⅓개 · 반숙란 1개 · 허닭 스테이크 닭 가슴살 1팩 · 자몽 ½개 · 찐 고구마 1개 · 어린잎 1움큼
· 아몬드 1움큼 · 아메리카노 1잔 · 커클랜드 프로틴 바 ½개	· 아몬드 1움큼 · 아메리카노 1잔 · 커클랜드 프로틴 바 ½개	· 아몬드 1움큼 · 아메리카노 1잔 · 커클랜드 프로틴 바 ½개	· 아몬드 1움큼 · 아메리카노 1잔 · 커클랜드 프로틴 바 ½개

This Week's Meal Prep
쟁여놓고 마음껏 먹자! 이번 주 밀프렙

신선 식품	시판 제품

- ✓ 케일 25장(P.20)
- ☐ 바나나 5개
- ☐ 당근 2개(P.20)
- ☐ 청포도 1움큼(P.20)
- ☐ 찐 고구마 11개(P.20)
- ☐ 양배추 4움큼(P.20)
- ☐ 브로콜리 1.5개(P.21)
- ☐ 오이 2.5개(P.20)
- ☐ 바나나 파프리카 14개(P.20)
- ☐ 어린잎 5움큼(P.20)
- ☐ 귤 2개
- ☐ 콜리플라워 1움큼(P.21)
- ☐ 청경채 2움큼(P.20)
- ☐ 풋고추 2개
- ☐ 자몽 ½개
- ☐ 생연어 100g
- ☐ 냉동 칵테일 새우 10개

- ✓ 코코넛 워터 7컵(말리)
- ☐ 순수한 깔라만시 2스푼(자연의 품격)
- ☐ 냉동 아보카도 4스푼(곰곰)
- ☐ 냉동 블루베리 4스푼(웰프레쉬)
- ☐ 반숙란 5개(자연애찬)
- ☐ 허닭 스테이크 닭 가슴살 4팩(허닭)
- ☐ 굽네 훈제 닭 가슴살 2팩(굽네)
- ☐ 프로틴 바 4개(커클랜드)
- ☐ 허닭 훈제 닭 가슴살 3팩(허닭)
- ☐ 냉동 손질 채소 1움큼(웰프레쉬)
- ☐ 리얼너츠 7움큼(노브랜드)

아침
단식 주스

전날 치팅데이로 생긴 부기를 잠재우기 위해서는 속을 잠시 비우는 게 좋다. 단식 시간이 길어질수록 전날 먹은 음식을 에너지원으로 더 많이 사용하기 때문에 최대한 길게 공복을 유지하고 점심부터 일반 식사로 돌아오는 게 좋다.

재료 코코넛 워터 1컵, 깔라만시 1스푼, 물 적당량 **조리 불필요**(보틀에 코코넛 워터와 깔라만시, 물을 넣고 섞어 마신다.)

점심
다시 클린하게

치팅데이 다음 날은 평소보다 채소를 더 많이 섭취하려고 한다. 부드럽게 쪄낸 양배추를 닭 가슴살에 싸서 먹으면 포만감도 느껴지고 맛도 좋다.

재료 청포도 1움큼, 찐 고구마 1개, 반숙란 1개, 찐 양배추 1움큼, 브로콜리 ⅓개, 허닭 스테이크 닭 가슴살 1팩 **조리 필요** ❶ 냄비에 양배추를 넣고 잠길 만큼 물을 부어 약 4~5분간 찐다. ❷ 닭 가슴살을 전자레인지로 약 1~2분 간 해동한 후 밀프렙한 재료와 함께 그릇에 담는다.

> **선녀's 꿀팁** 치팅데이 다음 날, 흐트러지고 싶더라도 딱 하루만 참으면 페이스를 되찾을 수 있다는 생각으로 참아내자.

잠깐

오늘의 오후 간식

- 아메리카노 1잔
- 아몬드 1움큼
- 커클랜드 프로틴 바 ½개

 선녀'S 토크

어제 빨갛고 자극적인 음식을 먹었기 때문에 오늘 많이 부을 거라고 생각했는데, 아침에 일어나보니 생각보다 많이 붓지 않았다. 치팅하고 나서인지 오히려 컨디션이 좋고 힘이 남아 돌아 운동이 더 잘됐다. 그래도 흐트러질 수 있는 멘탈을 바로잡기 위해 최대한 클린하게 식사하려고 계속해서 마인드 컨트롤을 하는 중이다. 치팅데이 다음 날, 딱 하루만 버티면 다음 날부터는 훨씬 편해진다.

저녁

아사삭 아사삭

오이와 파프리카는 수분이 많은 채소다. 운동하면서 땀을 많이 흘렸다면 이런 채소를 섭취하자. 체내 수분 밸런스를 유지하는 데 도움이 된다.

재료 찐 고구마 1개, 굽네 훈제 닭 가슴살 1팩, 반숙란 1개, 귤 ½개, 어린잎 1움큼, 오이 ½개, 바나나 파프리카 2개
조리 불필요(닭 가슴살을 전자레인지에 넣고 약 1~2분간 해동한 후, 밀프렙한 재료와 함께 그릇에 담는다.)

선녀's 꿀팁 중요한 건 몸무게가 아니라 몸의 구성비! 체중계 숫자에 연연하기보다는 보기 좋은 몸매를 만들자.

아침

베스트 그린 스무디

그린 스무디는 재료가 뭐가 됐든 모두 훌륭하지만 역시 달콤한 바나나를 넣어야 완벽하다. 되직함과 달콤함이 조화를 이루어 부드럽고 포만감 있는 그린 스무디가 된다.

재료 케일 5장, 냉동 아보카도 1스푼, 바나나 1개, 냉동 블루베리 1스푼, 코코넛 워터 1컵, 물 적당량 **조리 필요 ❶** 믹서에 케일, 아보카도, 바나나, 블루베리를 넣는다. ❷ 코코넛 워터를 넣고 물을 부어 농도를 맞추며 간다.

점심

브로콜리 꽃이 피었습니다

SNS에 식단을 매일 기록하다 보니 점점 음식 비주얼이 신경 쓰이기 시작한다. 같은 채소라도 더 예쁘게 담고 싶은 욕심이 생긴다. 보기 좋은 떡이 먹기도 좋다고, 대충 차려 먹는 것보다 식단을 더 오래 유지할 수 있는 나만의 비법이다.

재료 브로콜리 ½개, 굽네 훈제 닭 가슴살 1팩, 오이 ½개, 찐 고구마 1개, 바나나 파프리카 2개 **조리 불필요**(닭 가슴살을 전자레인지에 넣고 약 1~2분간 해동한 후, 밀프렙한 재료와 함께 그릇에 담는다.)

선녀's 꿀팁 늦은 밤 야식과 불규칙한 수면 리듬은 건강을 해친다. 일찍 먹고 빨리 자자.

잠깐	
오늘의 오후 간식	선녀's 토크

- 아메리카노 1잔
- 아몬드 1움큼
- 커클랜드 프로틴 바 ½개

처음에 3주 동안의 밀가루 단식을 목표로 잡았을 때는 하루하루 시간이 더디게만 갔다. 그리고 다시 50일로 기간을 늘린 후에는 계속할 수 있을까 싶었다. 그런데 50일이 지나고 100일이라는 새로운 목표가 다시 생기니 신기하게도 밀가루 생각이 별로 나지 않는다. 오히려 너무 자연스럽게 익숙해져 습관의 힘이 무섭게 느껴질 정도. 오늘도 잘 참은 나 자신, Thank Me!

저녁

채소 건강 요법

자기 자신이 최고의 주치의라고 할 만큼 사람들에게는 각자 자기만의 다양한 민간 요법과 식이 요법이 있다. 누군가의 정보를 참고하기도 하고 연구해보기도 하는 자기만의 건강 비법. 그중 남녀노소 누구에게나 가장 정직하고 확실한 건강 요법은 꾸준한 채소 섭취다.

선녀's 꿀팁 견과류는 뛰어난 항암 효과를 발휘하니 꾸준히 섭취하자.

재료 귤 ½개, 풋고추 2개, 양배추 1움큼, 찐 고구마 1개, 허닭 훈제 닭 가슴살 1팩, 냉동 채소볶음 1움큼 조리 필요
❶ 올리브유를 두른 팬에 냉동 손질 채소를 넣고 약한 불로 살짝 볶는다. ❷ 닭 가슴살을 전자레인지에 넣고 약 1~2분간 해동한다. ❸ 밀프렙한 재료를 꺼내 그릇에 담는다.

10주

아침

어디서든 간편하게 그린 스무디

일찍 외출해야 하는 날이 있다. 그런 날에도 절대 거를 수 없는 아침! 외부에서도 간편하게 먹을 수 있게 보틀에 보관해서 챙겨 간다. 전날 미리 갈아두는 것보다는 귀찮더라도 아침에 갈아 먹는 게 신선하고 좋다.

재료 케일 5장, 바나나 1개, 냉동 아보카도 1스푼, 냉동 블루베리 1스푼, 코코넛 워터 1컵, 물 적당량 조리 필요 ❶ 믹서에 케일, 바나나, 아보카도, 블루베리를 넣는다. ❷ 코코넛 워터를 넣고 물을 부어 농도를 맞추며 간다.

점심

여행 가서 식단 지키기

밀가루 단식 다이어트 중이라고 여행까지 포기하진 말자. 여행이나 소풍을 가더라도 밀가루 단식을 할 수 있다. 여행지의 맛집은 과감하게 포기하고, 상할 위험이 없고 냄새가 나지 않는 오이와 당근, 양배추를 준비해 가자. 프로틴 바와 고구마도 함께 챙겨 단백질과 탄수화물을 채워주자.

재료 양배추 1움큼, 오이 1개, 당근 ½개, 커클랜드 프로틴 바 ½개, 찐 고구마 1개 조리 불필요(밀프렙한 재료를 그릇에 담아 맛있게 먹는다.)

선녀's 꿀팁 잘 때 불빛과 소리를 최대한 차단하자. 깊은 수면을 취하는 데 도움이 된다.

잠깐	
오늘의 오후 간식	선녀's 토크

- 아메리카노 1잔
- 아몬드 1움큼
- 커클랜드 프로틴 바 ½개

1박 2일 일정으로 짧고 굵은 제주도 여행을 왔다. 예전 같으면 식도락 여행이었겠지만 이번 여행은 약간 특별하다. 딱 한 끼만 미니 치팅하기로 마음먹고 밀가루 음식은 물론이고 군것질도 참아냈다. 이번 여행은 먹기 위해 여행을 왔다기보다 여행 자체를 즐기러 온 거라서 먹지 못하는 게 그다지 괴롭지는 않았다. 나 스스로에게 약속한 건 끝까지 지키고 싶은 마음이랄까.

저녁
미니 치팅데이

음주도 즐기는 식도락 여행을 선호했지만 이번에는 다르다. 미니 치팅 메뉴로 자극적이지 않은 돼지고기 목살을 선택했다. 기름기가 적은 목살은 단백질 함량이 높아 다이어트에 좋다. 채소와 함께 먹으면 포만감 있고 맛있는 식사를 할 수 있다. 사이드 메뉴로 나오는 찌개나 자극적인 반찬은 되도록 절제해서 먹자. 술과 밀가루는 당연히 안녕!

10주

아침
밀프렙 스무디

여행지에서도 놓칠 수 없는 그린 스무디. 전날 스무디를 갈아서 얼리면 신선하고 시원하게 즐길 수 있다. 지퍼 팩에 얼려 숙소 냉동실에 넣어두고 다음 날 해동해서 먹으면 된다. 상황이 어떻든 절대로 굶지 않는 것이 다이어트의 포인트!

재료 케일 5장, 바나나 1개, 냉동 아보카도 1스푼, 냉동 블루베리 1스푼, 코코넛 워터 1컵, 물 적당량 조리 필요 ❶ 믹서에 케일, 바나나, 아보카도, 블루베리를 넣는다. ❷ 코코넛 워터를 넣고 물을 부어 농도를 맞추며 간다.

점심
시판 샐러드 고마워

한 번씩 즐기는 시판 샐러드를 먹을 때면 언제나 즐겁다. 다양한 잎채소를 먹을 수 있고 평소보다 자극적이기까지 하다. 그래도 어제 저녁에 미니 치팅을 했기 때문에 다소 무거울 수 있는 도시락보다는 채소와 닭고기로 이루어진 샐러드를 선택했다. 치팅데이를 한 다음 날이나 마음이 뒤숭숭한 날은 '남만샐(남이 만든 샐러드)'을 찾아보자!

잠깐

오늘의 오후 간식

- 아메리카노 1잔
- 아몬드 1움큼
- 커클랜드 프로틴 바 ½개

 선녀's 토크

2일간의 제주도 여행을 끝내고 서울로 돌아오는 날. 여행 내내 밀가루의 유혹을 잘 견뎌냈다. 서울에 와서도 딴 데 가지 않고 바로 집으로 돌아와 평소대로 식단을 준비해 먹었다. 다시 원래 식단으로 돌아오니 오히려 마음이 한결 편하다. 스스로를 컨트롤하려는 의지만 있다면 언제 어디서든 할 수 있다는 용기를 얻었다.

저녁
다시 감잡기

미니 치팅 후 시판 샐러드까지 연일 먹으니 이상하게 마음이 싱숭생숭해지는 저녁. 특정 음식이 떠오르진 않지만 무언가 먹고 싶다는 생각이 든다면, 다소 엄격한 식단으로 흔들리려고 하는 멘탈을 꽉 잡자.

재료 허닭 스테이크 닭 가슴살 1팩, 찐 고구마 1개, 귤 ½개, 어린잎 1움큼, 브로콜리 ⅓개, 바나나 파프리카 2개
조리 불필요(닭 가슴살을 전자레인지에 넣고 약 1~2분간 해동한 후 밀프렙한 재료와 함께 그릇에 담는다.)

선녀's 꿀팁 특정 음식이 아닌 배고파서 아무거나 먹고 싶은 거라면 거짓 배고픔일 수도 있다. 배고픔의 신호를 정확히 파악하자.

아침
당빠 스무디

이번 주 밀프렙에 새롭게 추가한 당근을 스무디에 넣어보았다. 당근의 쓸쓸한 맛 때문인지 바나나의 달달한 맛이 전혀 느껴지지 않지만, 시력에 좋다고 하니 자주 먹어야겠다. 맛보다는 역시 건강이다!

재료 케일 5장, 당근 ⅓개, 바나나 1개, 코코넛 워터 1컵, 물 적당량 조리 필요 ❶ 믹서에 케일, 당근, 바나나를 넣는다. ❷ 코코넛 워터를 넣고 물을 부어 농도를 맞추며 간다.

점심
홈메이드 연어 샐러드

많은 이들이 좋아하는 연어. 담백하지만 너무 많이 먹으면 느끼해 물릴 수 있다. 쌉싸름한 맛이 매력인 어린잎 샐러드와 함께 먹으면 느끼하지 않게 마음껏 즐길 수 있다.

재료 생연어 100g, 어린잎 1움큼, 바나나 파프리카 1개, 귤 ⅓개, 찐 고구마 1개, 브로콜리 ⅓개 조리 불필요(밀프렙한 재료를 그릇에 담아 맛있게 먹는다.)

선녀's 꿀팁 어린잎 채소는 특유의 풋내가 적은 편이라 부담이 없다.

잠깐

오늘의 오후 간식

- 아메리카노 1잔
- 아몬드 1움큼
- 커클랜드 프로틴 바 ½개

 선녀's 토크

밀가루 없이 산 지 68일 차라니, 믿기지 않는다. 금요일이면 모임에 나가 시원하게 술 한잔 하고, 주말마다 야식을 실컷 즐기던 나였는데. 요즘 나의 주말 라이프는 180도로 달라졌다. 불금마다 술이 아닌 유산소 운동과 반신욕으로 화끈하게 불태운다. 점점 변화하는 내 생활. 마음에 쏙 든다.

저녁

당근 맛있지!

친근한 채소, 당근. 당근은 비타민 A의 황제라 불릴 만큼 영양소가 매우 풍부하다. 특히 눈 건강에 좋기로 유명한데, 아삭아삭한 식감으로 식욕까지 잠재워주는 고마운 녀석이다.

재료 찐 고구마 1개, 허닭 스테이크 닭 가슴살 1팩, 바나나 파프리카 2개, 양배추 1움큼, 당근 ½개 조리 불필요(닭 가슴살을 전자레인지에 넣고 약 1~2분간 돌려 해동한 후, 밀프렙한 재료와 함께 그릇에 담는다.)

선녀's 꿀팁 채소를 고르는 특별한 비법은 없지만, 국내산을 선호하는 편이다.

10주

아침

그린 스무디의 무한 매력

긴 공복으로 기력 없는 아침에 그린 스무디 한 잔으로 활력을 불어넣어주자. 하루 종일 상쾌한 기분을 유지할 수 있다. 오전에 운동을 하는 나로선 운동하기 전에 부담 없이 먹기 좋은 메뉴다.

재료 케일 5장, 바나나 1개, 냉동 아보카도 1스푼, 냉동 블루베리 1스푼, 코코넛 워터 1컵, 물 적당량 **조리 필요** ❶ 믹서에 케일, 바나나, 아보카도, 블루베리를 넣는다. ❷ 코코넛 워터를 넣고 물을 부어 농도를 맞추며 간다.

점심

얼려 먹는 고구마 '얼구마'

고구마를 미리 쪄 냉동실에 얼렸다가 먹기 전에 꺼내 자연 해동해 먹으면 셔벗처럼 사각사각한 식감으로 먹을 수 있다. 갓 찐 뜨끈뜨끈한 고구마도 맛있지만 차가운 고구마도 정말 꿀맛이다.

선녀's 꿀팁 고구마를 쪄서 냉동고에 넣어놓고 얼려 먹으면 셔벗처럼 색다르게 즐길 수 있다.

재료 새우 닭 가슴살 채소볶음(칵테일 새우 10개, 허닭 훈제 닭 가슴살 1팩, 냉동 채소 1움큼)1움큼, 반숙란 1개, 바나나 파프리카 2개, 찐 고구마 1개, 어린잎 1움큼 **조리 필요** ❶ 닭 가슴살을 전자레인지에 넣고 약 1~2분간 해동한 후, 먹기 좋은 크기로 썬다. ❷ 올리브유를 두른 팬에 해동한 닭 가슴살, 새우, 냉동 채소를 넣어 약한 불로 볶는다. ❸ 밀프렙한 재료를 꺼내 그릇에 함께 담는다.

잠깐	
오늘의 오후 간식	선녀's 토크
 · 아메리카노 1잔 · 아몬드 1움큼 · 커클랜드 프로틴 바 ½개	밤늦게 가족 모임에 가야 해서 저녁에는 탄수화물을 빼고 간단하게 식사를 만들어 먹었다. 과식하지 않고 단백질 위주로 먹기 위해 소고기를 먹었다. 밀가루 단식을 할 때 처음에는 밀가루 음식을 구분 하는 게 어려웠지만 이제는 한정식집에서 메뉴가 나오자마자 밀가루가 들어갔는지 아닌지 구별이 간다. 스스로 많이 발전했다고 느낀 하루였다.

저녁
치팅데이

한 주 동안 열심히 참은 당신, 이제 마음껏 먹어라! 물론 고단백 식품 위주로. 치팅데이라고 해서 긴장을 늦추고 밀가루 음식을 약간이라도 입에 넣는다면 그동안 쌓아온 모든 습관이 한 번에 와르르 무너질 수 있다. 밀가루 음식이 아닌 메뉴 중 가장 맛있는 걸 고르자. 참아내면 성취감이 더 커질 것이다.

10주

아침

코코만시

전날 치팅으로 평소보다 무리한 위를 위해 오늘 아침은 약간 가볍게 먹어주자. 공복 시간을 더 길게 유지해 전날 먹은 음식이 에너지원으로 쓰일 수 있게끔 하자. 틈틈이 물을 마시는 것도 잊지 않기!

재료 코코넛 워터 1컵, 깔라만시 1스푼, 물 적당량 **조리 불필요**(보틀에 코코넛 워터와 깔라만시, 물을 넣고 잘 섞어 마신다.)

점심

볶을수록 건강하다!

청경채에 함유된 베타카로틴은 지용성이기 때문에 기름에 볶으면 체내 흡수율이 더욱 높아진다. 닭 가슴살, 콜리플라워를 넣어 함께 볶으면 든든하고 맛있는 그럴듯한 요리가 된다.

재료 찐 고구마 1개, 바나나 파프리카 3개, 오이 ½개, 반숙란 1개, 닭 가슴살 청경채볶음(허닭 훈제 닭 가슴살 1팩, 청경채 2움큼, 콜리플라워 1움큼) 1움큼 **조리 필요** ❶ 닭 가슴살을 전자레인지에 넣고 약 1~2분간 해동한 후, 먹기 좋은 크기로 썬다. ❷ 올리브유를 두른 팬에 해동한 닭 가슴살과 콜리플라워, 청경채를 넣고 약한 불로 볶는다. ❸ 밀프렙한 재료를 꺼내 그릇에 함께 담는다.

> **선녀's 꿀팁** 청경채를 살짝 데치거나 볶으면 새로운 풍미를 더할 수 있다.

잠깐	
오늘의 오후 간식	선녀's 토크
 · 아메리카노 1잔 · 아몬드 1움큼 · 커클랜드 프로틴 바 ½개	밀가루를 끊은 지 딱 70일이 되는 날. 시간이 정말 빠르다. 이상하게 점점 날이 갈수록 밀가루 음식이 생각나지 않는다. 계속 안 먹는 습관을 들이니 몸에서 원하지 않게 되었나 보다. 원래 일요일은 신랑이 쉬는 날이라서 같이 맛있는 음식을 즐기곤 했는데. 안 먹는 건 적응이 돼도, 함께 하던 즐거운 일을 못하는 건 아직까지 적응이 안 된다. 아쉽더라도 100일 차까지 내 목표에만 집중하자.

70일 따라하기

저녁
포만감 킹왕짱

다이어트할 때는 식단만큼 식사하는 순서도 중요하다. 채소와 닭 가슴살부터 먹고 고구마로 마무리한다. 식사 시간은 최대 20분 이상으로 가급적 천천히 먹는다. 고구마의 풍부한 식이 섬유는 적은 양으로도 충분한 포만감을 준다.

재료 당근 ⅓개, 반숙란 1개, 허닭 스테이크 닭 가슴살 1팩, 자몽 ½개, 찐 고구마 1개, 어린잎 1움큼 조리 불필요(닭 가슴살을 전자레인지에 넣고 약 1~2분간 돌려 해동한 후, 밀프렙한 재료와 함께 그릇에 담는다.)

선녀's 꿀팁 천천히 먹는 습관을 기르기 위해 먹는 모습을 영상으로 촬영해 돌려보는 것도 좋은 방법이다.

11th Week

11주차

This Week's Challenges
이번 주 목표

11주 차 목표	나의 능력을 신뢰하기	
	근력 운동	유산소 운동
	크런치 20회 4세트 + 레그레이즈 15회 4세트	걷기 운동 40분

예전에는 술 마시며 노는 게 내면의 헛헛함을 채워준다고 생각했다. 그래서 돈을 아끼지 않고 흥청망청 술 마시며 놀기에 바빴고, 건강관리는 뒷전이었다. 하지만 지금은 입으로 들어가는 모든 음식 하나하나가 중요하다. 건강한 음식을 스스로 선택해 먹을 수 있다는 것과 운동을 할 수 있음에 감사하다. 예전에는 다이어트가 마냥 괴롭고 힘들어서 하기 싫었지만, 지금은 내 몸을 스스로 보호할 수 있고 지킬 수 있어 정말 감사할 뿐이다.

이번 주 이것만은 다짐하자!

 스스로 동기부여하기

남과의 비교나 실패에 대한 두려움과 상실감을 버리고 내 안에서 선한 자극제를 만드는 게 중요하다. 노력은 반드시 결과를 만든다. 목표에만 집중한다면 불가능할 것만 같은 일도 성취할 수 있다는 믿음을 갖자. 좋은 생각, 예쁜 마음, 긍정의 힘을 믿자.

 하루에 물 5잔 이상 마시기

다이어트할 때 매우 중요한 물 섭취. 수분을 충분히 섭취하면 허기를 달래주는 동시에 몸속 노폐물을 배출해 장운동을 활발하게 해주기 때문에 다이어트에 도움을 준다. 물을 자주 마시는 습관을 들여보자.

 생활 속 습관 고치기

잠들기 전 스마트폰을 멀리하고 이어폰 끼는 횟수를 줄여 귀 건강을 챙기자. 평소 앉아 있는 자세도 바르게 해보자. 내가 아무렇지 않게 해오던 소소한 습관을 의식하며 '습관 성형'을 해보자.

선녀의 밀가루 단식 100일 프로젝트

매일 달라지는 내 몸, 마음껏 사랑하기

 채소를 먹고 소식하는 습관을 들이고 규칙적으로 운동을 하다 보니 마치 내 몸이 고맙다고 말해주는 것 같다. 요즘은 식단이나 운동 외에 나를 위한 또 다른 노력 하나를 추가했다. 이어폰 끼는 횟수를 줄이고 자연스러운 바깥 소리를 들으려고 노력하기, 스마트폰 덜 만지며 자세와 목 건강에 신경 쓰기, 다리 꼬거나 짝다리 하지 않기. 이 부수적인 노력은 밀가루 단식을 하면서 덩달아 생긴 습관이다.

 노력하면 몸이 반드시 답한다는 걸 깨달았기 때문에, 더욱 건강하고 예뻐지자는 생각으로 나를 위한 새로운 습관을 함께 길들여가는 중이다.

 100일까지 얼마 남지 않은 시점. 무슨 일을 하든지 꾸준히 하면 반느시 결과가 나온다. 원하는 몸을 얻으려면 최소 100일은 미쳐봐야 하지 않을까? 지금 난 살짝 미쳐 있다. 살면서 뚱뚱한 몸매도 경험해봤고, 요요도 겪어봤고, 날씬한 몸매도 경험해봤다. 결국은 맛보다 멋이 더 달콤하다.

This Week's Meal Plan
이번 주 식단 한눈에 보기

	71일	72일	73일
아침	**감사한 하루의 시작 P.252** · 케일 5장 · 바나나 1개 · 냉동 아보카도 1스푼 · 냉동 블루베리 1스푼 · 코코넛 워터 1컵 · 물 적당량	**유쾌하게 쾌변! P.254** · 케일 5장 · 바나나 1개 · 요거트 1스푼 · 냉동 블루베리 1스푼 · 코코넛 워터 1컵 · 물 적당량	**새콤달달 요거트 볼 P.256** · 요거트 80㎖ · 어린 밀싹 파우더 1스푼 · 냉동 블루베리 1스푼 · 그래놀라 1스푼 · 타이거 너츠 1스푼
점심	**마음만은 봄 P.252** · 자몽 ½개 · 허닭 훈제 닭 가슴살 1팩 · 바나나 파프리카 3개 · 당근 ½개 · 찐 고구마 1개	**청경채 닭 가슴살 볶음 P.254** · 청경채 닭 가슴살 볶음 1움큼 · 반숙란 1개 · 당근 ½개 · 바나나 파프리카 2개 · 찐 고구마 1개	**미녀의 콩 P.256** · 찐 고구마 1개 · 당근 ⅓개 · 오이 ⅓개 · 허닭 훈제 닭 가슴살 1팩 · 병아리콩 약간 · 어린잎 1움큼 · 반숙란 1개
저녁	**그릭 요거트에 콕! P.253** · 오이 ½개 · 당근 ⅓개 · 반숙란 1개 · 그릭 요거트 1통 · 어린잎 1움큼 · 허닭 훈제 닭 가슴살 1팩 · 찐 고구마 1개	**채소 건강 요법 P.255** · 오이 1개 · 당근 ⅓개 · 찐 고구마 1개 · 허닭 훈제 닭 가슴살 1팩 · 돌나물 1움큼 · 자몽 ½개 · 반숙란 1개	**삼겹살로 미니 치팅데이! P.257** · 로메인 6장 · 당근 ⅓개 · 바나나 파프리카 1개 · 반숙란 1개 · 찐 고구마 1개 · 대패 삼겹살 150g · 돌나물 1움큼
간식	· 아몬드 1움큼 · 아메리카노 1잔 · 커클랜드 프로틴 바 ½개	· 아몬드 1움큼 · 아메리카노 1잔 · 커클랜드 프로틴 바 ½개	· 아몬드 1움큼 · 아메리카노 1잔 · 커클랜드 프로틴 바 ½개

되도록 간결한 식단을 유지하자. 맛을 내기 위해 많은 양념과 조리를 하면 영양소가 적어지고 칼로리는 높아질 수 있다.

74일	75일	76일	77일
하루 한 잔으로 피부 관리 끝 P.258 · 케일 5장 · 사과 ½개 · 바나나 1개 · 코코넛 워터 1컵 · 물 적당량	**실패하지 않는 그린 스무디 조합** P.260 · 케일 5장 · 바나나 1개 · 냉동 아보카도 1스푼 · 냉동 블루베리 1스푼 · 코코넛 워터 1컵 · 물 적당량	**혈관 건강 지킴이 타이거 너츠!** P.262 · 요거트 80㎖ · 타이거 너츠 1스푼 · 어린 밀싹 파우더 1스푼 · 아몬드 약간 · 그래놀라 1스푼	**그린 스무디 밀프렙** P.264 · 케일 5장 · 바나나 1개 · 코코넛 워터 1컵 · 냉동 아보카도 1스푼 · 물 적당량
5분 완성 초간단 레시피 P.258 · 당근 ⅓개 · 바나나 파프리카 2개 · 찐 고구마 1개 · 새우볶음 1움큼 · 반숙란 1개	**맛있어? 당근이지!** P.260 · 자몽 ½개 · 바나나 파프리카 3개 · 찐 고구마 1개 · 허닭 훈제 닭 가슴살 1팩 · 당근 ⅓개	**브런치 부럽지 않아** P.262 · 고구마 에그 슬럿 · 브로콜리 ⅓개 · 자몽 ½개 · 바나나 파프리카 3개 · 당근 ½개	**간편한 도시락 식단** P.264 · 브로콜리 ½개 · 허닭 훈제 닭 가슴살 1팩 · 찐 고구마 1개 · 사과 ½개 · 바나나 파프리카 2개 · 당근 ⅓개
전자레인지만 있다면 '고에슬' P.259 · 고구마 에그 슬럿 · 오이 ⅓개 · 귤 ½개 · 바나나 파프리카 2개 · 돌나물 1움큼 · 허닭 훈제 닭 가슴살 1팩	**가을에 먹는 제철 과일** P.261 · 찐 고구마 1개 · 귤 ½개 · 반숙란 1개 · 새우볶음 1움큼 · 바나나 파프리카 2개	★★★★ **치팅데이!**	**드레싱 없어도 맛있어** P.265 · 찐 고구마 1개 · 바나나 파프리카 2개 · 양상추 1움큼 · 브로콜리 ½개 · 허닭 훈제 닭 가슴살 1팩 · 반숙란 1개 · 블랙 올리브 약간
· 아몬드 1움큼 · 아메리카노 1잔 · 커클랜드 프로틴 바 ½개	· 아몬드 1움큼 · 아메리카노 1잔 · 커클랜드 프로틴 바 ½개	· 아몬드 1움큼 · 아메리카노 1잔 · 커클랜드 프로틴 바 ½개	· 아몬드 1움큼 · 아메리카노 1잔 · 커클랜드 프로틴 바 ½개

This Week's Meal Prep
쟁여놓고 마음껏 먹자! 이번 주 밀프렙

신선 식품	시판 제품
☑ 케일 25장(P.20)	☑ 냉동 아보카도 3스푼(곰곰)
☐ 바나나 5개	☐ 냉동 블루베리 4스푼(웰프레쉬)
☐ 사과 1개	☐ 코코넛 워터 5컵(말리)
☐ 자몽 1.5개	☐ 요거트 250g(파파오가닉)
☐ 바나나 파프리카 22개(P.20)	☐ 어린 밀싹 파우더 2스푼(파파오가닉)
☐ 당근 3개(P.20)	☐ 그래놀라 1스푼(파파오가닉)
☐ 찐 고구마 13개(P.20)	☐ 핏콩 타이거 너츠 2스푼(핏콩)
☐ 청경채 2움큼(P.20)	☐ 허닭 훈제 닭 가슴살 9팩(허닭)
☐ 오이 2개(P.20)	☐ 반숙란 8개(에그코리아)
☐ 병아리콩 약간(P.21)	☐ 냉동 손질 채소 2움큼(웰프레쉬)
☐ 어린잎 2움큼(P.20)	☐ 리얼너츠 7움큼(노브랜드)
☐ 아기용 치즈 2장	☐ 프로틴 바 3.5개
☐ 달걀 2개	
☐ 브로콜리 1.5개(P.21)	
☐ 냉동 칵테일 새우 20개	
☐ 돌나물 3움큼(P.20)	
☐ 자몽 ½개	
☐ 로메인 6장(P.20)	
☐ 양상추 1움큼(P.20)	
☐ 대패 삼겹살 150g	
☐ 귤 1개	
☐ 블랙 올리브 약간	

아침
감사한 하루의 시작

긴 공복을 끝내고 이른 아침 처음으로 마시는 그린 스무디는 유독 맛있게 느껴진다. 위에 부담을 주지 않고 다양한 채소를 간단하게 섭취할 수 있다는 게 가장 큰 장점! 오늘 하루도 건강해질 것 같은 기분!

재료 케일 5장, 바나나 1개, 냉동 아보카도 1스푼, 냉동 블루베리 1스푼, 코코넛 워터 1컵, 물 적당량 조리 필요 ❶ 믹서에 케일, 바나나, 아보카도, 블루베리를 넣는다. ❷ 코코넛 워터를 넣고 물을 부어 농도를 맞추며 간다.

점심
마음만은 봄

날씨가 점점 추워지거나 너무 더워져 아무것도 하기 싫더라도 날씨 탓 하지 말고 가볍게 일어나자. 알록달록 예쁜 색으로 기분까지 좋게 만들어주는 파프리카, 자몽, 당근을 식단에 넣어 기분 전환을 해주면 추워지는 날씨도 더워지는 날씨도 다시 다이어트하기 딱 좋게 느껴진다.

선녀's 꿀팁 예쁘게 차린 식단은 다이어트 할 때 소소한 흥미를 느끼게 해준다.

재료 자몽 ½개, 허닭 훈제 닭 가슴살 1팩, 바나나 파프리카 3개, 당근 ½개, 찐 고구마 1개 조리 불필요(닭 가슴살을 전자레인지에 넣고 약 1~2분간 해동한 후, 밀프렙한 재료와 함께 그릇에 담는다.)

71일
따라하기

잠깐	
오늘의 오후 간식	선녀's 토크
 · 아메리카노 1잔 · 아몬드 1움큼 · 커클랜드 프로틴 바 ½개	너무너무 배고픈 하루였다. 그렇지만 그럴수록 천천히 먹으려고 노력했다. 채소부터 가볍게 먹고 탄수화물은 마지막에 먹는 순서도 지켰다. 이렇게 먹으면 급하게 먹는 버릇을 고칠 수 있을 뿐 아니라 포만감도 커 배고픔과 허전함을 잘 견뎌낼 수 있다. 이제 날씨가 추워졌다. 추위를 많이 타는 나에게 야외 유산소 운동은 너무 곤욕스럽지만 두 겹 세 겹 껴입고 오늘도 또 걷기 운동에 나선다.

저녁

그릭 요거트에 콕!

잘게 썬 오이와 당근을 그릭 요거트에 콕 찍어 먹으면 마요네즈에 찍어 먹는 것보다 죄책감 없이 더 건강하게 먹을 수 있다. 무슨 채소를 곁들이든 잘 어울리는 그릭 요거트! 콕 찍고 싶을 때 애용해보자.

재료 오이 ⅓개, 당근 ⅓개, 반숙란 1개, 그릭 요거트 1통, 어린잎 1움큼, 허닭 훈제 닭 가슴살 1팩, 찐 고구마 1개 조리 불필요(닭 가슴살을 전자레인지에 넣고 약 1~2분간 해동한 후, 밀프렙한 재료와 함께 그릇에 담는다.)

선녀's 꿀팁 요거트는 물 같은 액체 제형과 꾸덕하고 단단한 질감, 두 종류가 있다. 각자 입맛에 맞게 골라 먹자.

11주

아침

유쾌하게 쾌변!

화장실에 잘 가지 못하는 것도 다이어트 부작용 중 하나다. 유산균을 먹고 채소를 먹어도 영 시원찮다. 하지만 1일 차부터 그린 스무디를 꾸준히 먹어왔다면 남의 얘기일 것이다. 오늘도 그린 스무디 한잔하고 당당하게 화장실로 향하자.

재료 케일 5장, 바나나 1개, 요거트 1스푼, 냉동 블루베리 1스푼, 코코넛 워터 1컵, 물 적당량 **조리 필요** ❶ 믹서에 케일, 바나나, 요거트, 블루베리를 넣는다. ❷ 코코넛 워터를 넣고 물을 부어 농도를 맞춰 간다.

점심

청경채 닭 가슴살 볶음

청경채를 팬에 살짝 볶으면 수분이 팡팡 터지고 더욱 부드러워지는데, 생으로 먹는 것과는 또 다른 느낌을 준다. 닭 가슴살까지 함께 볶으면 근사하고 푸짐한 한 끼를 먹을 수 있다.

선녀's 꿀팁 내가 드레싱 중 가장 좋아하는 스리라차 소스. 볶은 채소에 콕 찍어 먹어보자.

재료 청경채 닭 가슴살 볶음(허닭 훈제 닭 가슴살 1팩, 청경채 2움큼)1움큼, 반숙란 1개, 당근 ½개, 바나나 파프리카 2개, 찐 고구마 1개 **조리 필요** ❶ 올리브유를 두른 팬에 청경채와 닭 가슴살을 살살 볶는다. ❷ 후춧가루를 약간 뿌려 간한다. ❸ 밀프렙한 재료와 함께 그릇에 담는다.

잠깐	
오늘의 오후 간식  · 아메리카노 1잔 · 아몬드 1움큼 · 커클랜드 프로틴 바 ½개	**선녀's 토크** 흔히 가을은 살찌는 계절이라고들 하지만, 내게 이번 가을은 죽어라 다이어트만 한 계절이다. 이 계절에 가장 즐기기 좋은 편맥(편의점+맥주)도 누리지 못하고 가을 나들이 한번 나가 보지 못했지만, 그래도 점점 날씬해지고 있는 내 몸을 보며 오늘도 괜스레 아쉬워지는 마음을 달래본다. 내가 계속 이렇게 노력할 수 있는 건 먹는 것보다 건강하고 날씬해지는 내가 좋아서가 아닐까.

저녁

채소 건강 요법

돌나물은 그냥 먹기에는 다소 씁쓰름하지만 닭 가슴살에 곁들이면 맛이 중화되어 맛있게 먹을 수 있다. 또 닭 가슴살의 느끼함을 잡아주고 아삭아삭한 식감을 낸다. 약재로 사용할 만큼 칼슘과 비타민 C가 풍부한 돌나물을 자주 먹어 영양을 채우자.

선녀's 꿀팁 생전 먹어본 적 없는 다양한 채소를 먹어보자. 의외로 '취향저격'일 수 있다.

재료 오이 1개, 당근 ⅓개, 찐 고구마 1개, 허닭 훈제 닭 가슴살 1팩, 돌나물 1움큼, 자몽 ½개, 반숙란 1개 조리 불필요(닭 가슴살을 전자레인지에 넣고 약 1~2분간 해동한 후, 밀프렙한 재료와 함께 그릇에 담는다.)

11주

아침
새콤달달 요거트 볼

군것질이 생각나지 않는 것은 주기적으로 먹는 요거트 볼 덕분이다. 바삭바삭한 그래놀라와 타이거 너츠의 식감이 과자 생각을 없애준다. 상큼한 블루베리까지 있어 찰떡궁합!

재료 요거트 80㎖, 어린 밀싹 파우더 1스푼, 냉동 블루베리 1스푼, 그래놀라 1스푼, 타이거 너츠 1스푼 조리 불필요 (볼에 요거트와 재료를 예쁘게 담아 맛있게 먹는다.)

점심
미녀의 콩

포만감이 유달리 큰 병아리콩. 고단백 식품이면서 혈당까지 낮춰주기 때문에 다이어트하면서 자주 먹으면 좋다. 콩알 하나하나 씹히는 식감도 매력 있어 자꾸만 찾게 된다.

재료 찐 고구마 1개, 당근 ⅓개, 오이 ⅓개, 허닭 훈제 닭 가슴살 1팩, 병아리콩 약간, 어린잎 1움큼, 반숙란 1개 조리 불필요(닭 가슴살을 전자레인지에 넣고 약 1~2분간 해동한 후, 밀프렙한 재료와 함께 그릇에 담는다.)

선녀's 꿀팁 병아리콩은 곱게 으깨 후무스, 스프레드 등으로도 즐길 수 있다.

잠깐

오늘의 오후 간식

- 아메리카노 1잔
- 아몬드 1움큼
- 커클랜드 프로틴 바 ½개

선녀's 토크

오늘은 미니 치팅으로 돼지고기를 먹어 기력을 보충했다. 많은 양은 아니었지만 너무 감사하고 맛있는 한 끼였다. 일반식을 두려워하지 말자. 먹고 싶은 음식도 양만 조절한다면 다이어트 식단이 될 수 있다는 마음가짐, 잊지 말자.

저녁

삼겹살로 미니 치팅데이!

이번 주 미니 치팅 메뉴는 대패 삼겹살. 로메인 2장에 돼지고기 한 점 올리고 돌나물과 당근까지 듬뿍 담아 한 입 가득 먹으면 이보다 더 든든하고 맛있을 수 없다. 삼겹살이 아니더라도 오늘은 좋아하는 고기로 기력을 보충하며 보상해주자.

재료 로메인 6장, 당근 ⅓개, 바나나 파프리카 1개, 반숙란 1개, 찐 고구마 1개, 대패 삼겹살 150g, 돌나물 1움큼 조리 불필요(팬에 대패 삼겹살을 노릇하게 구워 밀프렙한 재료와 함께 맛있게 먹는다.)

선녀's 꿀팁 기름진 음식을 먹을 때는 중화해주는 채소를 반드시 함께 섭취하자.

11주

아침
하루 한 잔으로 피부 관리 끝

케일의 대표 효능은 항산화 효과와 면역력 증진, 그리고 세포 생성이다. 케일과 궁합이 잘 맞는 사과까지 함께 갈아 마시면 피부 관리를 따로 하지 않아도 몸속부터 자연스럽게 예뻐진다.

재료 케일 5장, 사과 ½개, 바나나 1개, 코코넛 워터 1컵, 물 적당량 **조리 필요** ❶ 믹서에 케일, 사과, 바나나를 넣는다. ❷ 코코넛 워터를 넣고 물을 부어 농도를 맞추며 간다.

점심
5분 완성 초간단 레시피

평소 먹는 닭 가슴살 볶음에 칵테일 새우만 넣어도 음식 퀄리티가 높아진다. 별다른 소스를 넣지 않아도 채소 본연의 맛을 즐기며 건강함도 지킬 수 있는 초간단 다이어트 레시피.

재료 당근 ⅓개, 바나나 파프리카 2개, 찐 고구마 1개, 새우볶음(칵테일 새우 10개, 냉동 채소 1움큼) 1움큼, 반숙란 1개 **조리 필요** ❶ 올리브유를 두른 팬에 냉동 채소를 넣고 볶다가 새우를 넣어 약한 불로 한 번 더 볶는다. ❷ 밀프렙 한 재료와 함께 그릇에 담는다.

선녀's 꿀팁 과식은 활성산소를 많이 만들어 노화를 촉진한다.

잠깐	
오늘의 오후 간식	선녀's 토크
 · 아메리카노 1잔 · 아몬드 1움큼 · 커클랜드 프로틴 바 ½개	고질병이던 위장 트러블이 없어진 지 74일이 되었다. 장염으로 너무 힘들게 지냈는데 어떻게 괜찮아진 건지, 너무 신기하다. 밤에 잠도 잘 자고 아침에 일어날 때도 무척 개운하다. 하루 종일 컨디션이 이렇게 좋을 수가 있나 싶다. 건강함에 감사하고 실천할 수 있음에 너무너무 감사한 오늘. 평생 이 좋은 습관을 간직하기 위해 오늘도 노력한다.

저녁

전자레인지만 있다면 '고에슬'

얼려 먹는 아이스 고구마만 먹다가 오늘은 왠지 따뜻한 고구마가 먹고 싶어졌다. 이럴 때는 '고에슬'이 정답. 치즈 한 장과 달걀 하나만 있으면 전자레인지로 간단하게 고구마 에그 슬럿을 만들 수 있다. 다른 밀프렙 재료로 탄단지 조합을 완벽하게 맞춰 맛있게 먹자.

선녀's 꿀팁 노른자를 포크로 콕콕 찔러주면 고구마에 스며든 노른자의 풍미를 느낄 수 있다.

재료 고구마 에그 슬럿(아기용 치즈 1장, 달걀 1개, 찐 고구마 1개), 오이 ⅓개, 귤 ½개, 바나나 파프리카 2개, 돌나물 1움큼, 허닭 훈제 닭 가슴살 1팩 조리 필요 ❶ 전자레인지용 그릇에 고구마를 으깨 넣는다. ❷ 으깬 고구마 중간을 수저로 동그랗게 판 후, 달걀을 깨뜨려 넣고 그 위에 치즈를 올린다. ❸ 전자레인지에 약 1분 30초간 돌리면 끝. 닭 가슴살도 전자레인지로 해동해 밀프렙한 나머지 재료와 함께 맛있게 먹는다.

11주

아침

실패하지 않는 그린 스무디 조합

쌉쓰름한 케일과 밋밋할 수 있는 아보카도에 달달한 블루베리를 더해 맛을 잡아주고 바나나로 포만감을 한 번 더 잡아준다. 베이스로 선택한 코코넛 워터는 체내에서 나트륨을 배출해 부기를 빼주고 수분까지 채워준다. 가장 즐겨 먹는 '띵' 조합 스무디!

재료 케일 5장, 바나나 1개, 냉동 아보카도 1스푼, 냉동 블루베리 1스푼, 코코넛 워터 1컵, 물 적당량 **조리 필요** ❶ 믹서에 케일, 바나나, 아보카도, 블루베리를 넣는다. ❷ 코코넛 워터를 넣고 물을 부어 농도를 맞추며 간다.

점심

맛있어? 당근이지!

이전에는 생당근의 맛을 몰랐지만 요즘에는 푹 빠졌다. 먹을수록 달달하고 싱그럽다. 베타카로틴이 풍부한 당근은 체내 노폐물을 배출하기 때문에 다이어트에 도움을 주는 슈퍼 푸드다. 오늘부터 당근 한 입씩 챙겨 먹어보자.

재료 자몽 ½개, 바나나 파프리카 3개, 찐 고구마 1개, 허닭 훈제 닭 가슴살 1팩, 당근 ⅓개 **조리 불필요**(닭 가슴살을 전자레인지에 넣고 약 1~2분간 해동한 후, 밀프렙한 재료와 함께 그릇에 담는다.)

선녀's 꿀팁 다이어트할 때는 가족, 친구, 애인의 협조가 중요하다. 양해를 구하고 도움을 요청하자.

잠깐

오늘의 오후 간식

- 아메리카노 1잔
- 아몬드 1움큼
- 커클랜드 프로틴 바 ½개

 선녀's 토크

벌써 이번 주 밀프렙해둔 양식이 동이 나 냉장고가 텅텅 비어버렸다. 굶지 않겠다는 생각으로 열심히 챙겨 먹은 결과인 것 같다. 예전에는 다이어트한다고 채소를 잔뜩 사다놓고는 결국 먹지 않아 버리기 일쑤였는데 요즘은 사는 족족 버리는 거 하나 없이 잘 먹고 있어 정말 뿌듯하다. 외식 비용을 아끼니 돈도 절약되고 일석이조!

저녁

가을에 먹는 제철 과일

새우는 어떻게 볶아도 언제나 옳다. 채소와 함께 살짝 볶으면 다이어트를 하지 않아도 먹고 싶은 요리가 된다. 여기에 상큼한 귤을 함께 후식으로 먹자. 고급 카페에서 즐기는 샐러드 못지않다.

선녀's 꿀팁 밀프렙을 진열해둔 사진을 찍어두면 냉장고 문을 열기 전 미리 식단을 짤 수 있어 유용하다.

재료 찐 고구마 1개, 귤 ½개, 반숙란 1개, 새우볶음(칵테일 새우 10개, 냉동 채소 1움큼)1움큼, 바나나 파프리카 2개
조리 필요 ❶ 올리브유를 두른 팬에 새우와 냉동 채소를 넣고 살짝 볶는다. ❷ 밀프렙한 다른 재료와 함께 그릇에 담는다.

11주

아침

혈관 건강 지킴이 타이거 너츠!

이번에 다이어트하면서 새로 알게 된 타이거 너츠. 식이 섬유가 굉장히 많아 혈관 청소부라고 불릴 만큼 엄청난 슈퍼 푸드다. 요거트와 너무 잘 어울려 요거트에 뿌려 먹으면 이만한 디저트가 없을 정도.

재료 요거트 80㎖, 타이거 너츠 1스푼, 어린 밀싹 파우더 1스푼, 아몬드 약간, 그래놀라 1스푼 **조리** 불필요(볼에 요거트와 재료를 예쁘게 담아 맛있게 먹는다.)

점심

브런치 부럽지 않아

달걀, 치즈, 고구마, 이 세 가지의 조합이 이렇게 잘 어울릴 줄이야. 질리고 힘든 다이어트 식단도 살짝만 조리해서 바꿔 먹으면 더 즐겁게 먹을 수 있다. 세 가지만 기억하자. 달걀, 치즈 그리고 고구마.

선녀's 꿀팁 노른자를 포크로 콕콕 찔러주면 고구마에 스며든 노른자의 풍미를 느낄 수 있다.

재료 고구마 에그 슬럿(아기용 치즈 1장, 달걀 1개, 고구마 1개), 브로콜리 ⅓개, 자몽 ½개, 바나나 파프리카 3개, 당근 ½개 **조리 필요** ❶ 전자레인지용 그릇에 고구마를 으깨 넣는다. ❷ 으깬 고구마 중간을 수저로 동그랗게 판 후, 달걀을 깨뜨려 넣고 그 위에 치즈를 올린다. ❸ 전자레인지에 약 1분 30초간 돌리면 끝. 닭 가슴살도 전자레인지로 해동해 밀프렙한 나머지 재료와 함께 맛있게 먹는다.

잠깐	
오늘의 오후 간식	 **선녀'S 토크**
 · 아메리카노 1잔 · 아몬드 1움큼 · 커클랜드 프로틴 바 ½개	일주일 내내 극심하게 배고프고 술 생각이 날 때는 '이번 주말에는 꼭 마셔야지' 하다가도 막상 치팅날이 되면 '아니야, 한번만 더 참아보자' 하면서 절제하게 된다. 오늘도 그랬다. 맛있는 보쌈 앞에서 술 생각이 났지만 참을 수 있었다. 오늘도 잘했다.

저녁
치팅데이

드디어 찾아온 이번 주 치팅데이. 오늘은 부담 없이 먹을 수 있는 보쌈을 선택했다. 쌈 채소에 고기 한 점 올려 든든하고 맛있게 먹자. 일주일 참았다가 먹는 이 하루의 치팅은 얼마나 축복인가! 1인분 정량만 기분 좋게 식사하고 아쉬워도 수저 내려놓기, 마음속에 새기자!

11주

아침
그린 스무디 밀프렙

새벽부터 일어나 외출해야 하는 날. 빠르게 그린 스무디를 갈아 미리 준비해놓은 텀블러에 넣고 차로 이동하면서 마신다. 스무디는 간편하게 가지고 다닐 수 있어 식사 시간도 지킬 수 있고 평소의 페이스도 유지할 수 있어 좋다.

재료 케일 5장, 바나나 1개, 냉동 아보카도 1스푼, 코코넛 워터 1컵, 물 적당량 **조리 필요** ❶ 믹서에 케일, 바나나, 아보카도를 넣는다. ❷ 코코넛 워터를 넣고 물을 부어 농도를 맞추며 간다.

점심
간편한 도시락 식단

어쩔 수 없이 밖에서 먹어야 할 때는 최대한 냄새를 풍기지 않고 깔끔하게 먹을 수 있는 채소와 과일 위주로 챙긴다. 단백질을 보충하기 위해 닭 가슴살도 잊지 말고 챙기자!

재료 브로콜리 ½개, 허닭 훈제 닭 가슴살 1팩, 찐 고구마 1개, 사과 ½개, 바나나 파프리카 2개, 당근 ⅓개 **조리 불필요**(닭 가슴살을 전자레인지에 넣고 약 1~2분간 해동한 후, 밀프렙한 재료와 함께 그릇에 담는다.)

선녀's 꿀팁 도시락 통을 쇼핑해보자. 얼른 그 안에 음식을 담아 먹고 싶어 설렐 것이다.

77일 따라하기

잠깐

오늘의 오후 간식

· 아메리카노 1잔
· 아몬드 1움큼
· 커클랜드 프로틴 바 ½개

선녀's 토크

오늘은 마라톤 대회에 나간 동료들을 응원하러 갔다 왔다. 점심시간이 이동 시간과 겹칠 것을 대비해서 미리 준비해 간 나만의 도시락. 스스로 놀랍고 대단하다고 느낀 것은 새벽부터 일찍 도시락을 준비했다는 사실이다. 결국 시간이 겹쳐 공원 벤치에 앉아 도시락을 천천히 먹었다. 노력하는 발전된 모습! 평소보다 더 많이 칭찬해주고 싶다.

저녁

드레싱 없어도 맛있어

닭 가슴살의 짭조름한 맛과 블랙 올리브의 감칠맛 덕분에 드레싱 없이도 밍밍하지 않게 먹을 수 있다. 특히 양상추와 조합이 꽤 괜찮은데, 고명으로 브로콜리와 반숙란을 예쁘게 얹어 플레이팅하면 양식 분위기를 낼 수 있다.

선녀's 꿀팁 식사 후 바로 눕는 습관은 소화 장애를 불러온다. 10~15분간 걷기를 추천한다.

재료 찐 고구마 1개, 바나나 파프리카 2개, 양상추 1움큼, 브로콜리 ½개, 허닭 훈제 닭 가슴살 1팩, 반숙란 1개, 블랙 올리브 약간 조리 불필요(닭 가슴살을 전자레인지에 넣고 약 1~2분간 해동한 후, 밀프렙한 재료와 함께 그릇에 담는다.)

12th Week

12주차

This Week's Challenges
이번 주 목표

12주 차 목표

건강하게 먹을 수 있음에 감사하기

근력 운동	유산소 운동
스쿼트 25회 3세트 + 마운틴 클라임 30회 3세트	걷기 운동 40분

지금의 건강함에 감사하자. 건강하기에 운동도 할 수 있고 좋은 음식도 챙겨 먹을 수 있다. 내가 가지지 못한 것에 집중하기보다 이미 누리고 있는 것에 감사하는 순간 마음가짐은 달라진다. 다이어트라는 특정한 틀에 갇히기보다는 꾸준한 운동과 올바른 식습관으로 '일상을 잘 살아갈 힘'을 기르자. 저녁마다 감사 일기를 작성하며 미처 깨닫지 못한 일상의 고마움을 충분히 느껴보자.

이번 주 이것만은 다짐하자!

 01 스트레칭 열심히 하기

점점 쌀쌀해지는 날씨. 근육은 수축되고 몸은 찌뿌드드해진다. 스트레칭이 부족하면 자칫 부상당할 수 있다. 부상으로 관리에 지장을 주지 않도록 운동 전후 스트레칭에 집중하고 기상 스트레칭, 자기 전 다리 스트레칭까지 신경 써서 몸을 풀어주자. 꾸준히 하면 몸이 유연해진다.

 02 하루에 물 5잔 이상 마시기

다이어트할 때 매우 중요한 물 섭취. 수분을 충분히 섭취하면 허기를 달래주는 동시에 몸속 노폐물을 배출해 장운동을 활발하게 해주기 때문에 다이어트에 도움을 준다. 물을 자주 마시는 습관을 계속해서 들여보자.

 03 감사 일기 작성하기

저녁마다 일기장에 그날 먹은 음식과 물 섭취량, 배변 활동, 기분과 몸 상태 등 모든 것을 기록하고 한편에 감사 일기를 작성해보자. 내 삶에서 일어난 작은 것부터 감사하면 만족감과 절제력이 생긴다. 거창하지 않아도 좋다. 주변의 모든 일에 감사해보자.

선녀's 이야기

선녀의 밀가루 단식 100일 프로젝트

날씬한 부자가 돼라

누군가 나에게 밀가루를 끊어서 좋은 게 뭐냐고 묻는다면 "위장이 좋아졌어요"나 "수면의 질이 좋아졌어요" 같은 뻔한 대답 대신 꼭 이것도 말하고 싶다.

"저축을 많이 하게 돼서 정말 좋아요."

주마다 미리 밀프렙해놓은 음식만 먹고 외식을 전혀 하지 않으니, 펑펑 쓰던 외식 비용도, 술 마시느라 쓰던 유흥비도, 심지어 밤늦게 놀다가 들어올 때마다 타던 택시 비용도 더는 들어가지 않는다. 밀가루 단식을 하면서 음식의 소중함을 알게 되고 생활 습관을 고칠 수 있다는 점도 좋지만, 생각보다 많이 모이는 '저축액'이 살 빼는 것만큼 쏠쏠한 재미를 준다.

흔히 밀프렙 가짓수를 보고 돈이 너무 많이 드는 것 아니냐고 말한다. 다이어트하는 데 사야 할 게 저렇게 많으면 배보다 배꼽이 더 큰 것 아니냐고 말이다. 하지만 생활비는 오히려 남아돈다. 남은 생활비로 사고 싶은 옷을, 내 몸이 쏙 들어가는 S 사이즈 옷을 산다.

지금까지 잘 따라왔다면, 아마 당신도 이제 날씬한 부자가 돼 있을 거라 믿는다.

This Week's Meal Plan
이번 주 식단 한눈에 보기

	78일	79일	80일
아침	**월요일은 역시 그린 스무디** P.274 · 케일 5장 · 바나나 1개 · 냉동 아보카도 1스푼 · 코코넛 워터 1컵 · 물 적당량	**시금치 매직** P.276 · 데친 시금치 ½움큼 · 바나나 1개 · 냉동 블루베리 1스푼 · 냉동 아보카도 1스푼 · 코코넛 워터 1컵 · 물 적당량	**케일 토마토 스무디** P.278 · 케일 5장 · 바나나 1개 · 토마토 1개 · 코코넛 워터 1컵 · 물 적당량
점심	**토마토 통밀 샌드위치** P.274 · 통밀빵 2장 · 양상추 1움큼 · 토마토 ½개 · 허닭 스테이크 닭 가슴살 1팩 · 바나나 파프리카 2개	**뒤돌아서면 생각낫토** P.276 · 브로콜리 ⅓개 · 찐 고구마 1개 · 당근 ⅓개 · 양상추 1움큼 · 낫토 1팩 · 반숙란 1개	**닭 가슴살의 변신** P.278 · 양상추 1움큼 · 마라 맛 닭 가슴살 1팩 · 바나나 파프리카 4개 · 찐 고구마 1개 · 당근 ½개
저녁	**얼구마에 빠진 날** P.275 · 반숙란 1개 · 허닭 스테이크 닭 가슴살 1팩 · 브로콜리 ⅓개 · 찐 고구마 1개 · 당근 ½개 · 바나나 파프리카 2개	**채소를 볶자** P.277 · 상추 1움큼 · 찐 고구마 1개 · 새우볶음 1움큼 · 귤 ½개	★★★★ **미니 치팅데이!**
간식	· 아몬드 1움큼 · 아메리카노 1잔 · 커클랜드 프로틴 바 ½개	· 아몬드 1움큼 · 아메리카노 1잔 · 커클랜드 프로틴 바 ½개	· 아몬드 1움큼 · 아메리카노 1잔 · 커클랜드 프로틴 바 ½개

이번 주는 도전 데이! 밀가루 단식을 시작할 때 통밀까지 먹기로 했는데, 처음으로 샌드위치에 도전해보려고 한다. 식단은 전체적으로 비슷하게 짜되 간헐적 공복에도 도전해보자.

81일	82일	83일	84일
오늘도 맛보는 시금치 매직 P.280 · 데친 시금치 ½움큼 · 바나나 1개 · 냉동 블루베리 1스푼 · 그릭 요거트 1스푼 · 코코넛 워터 1컵 · 물 적당량	**미라클 모닝** P.282 · 케일 5장 · 바나나 1개 · 냉동 아보카도 1수저 · 코코넛 워터 1컵 · 물 적당량	**그린 스무디 주간!** P.284 · 데친 시금치 ½움큼 · 바나나 1움큼 · 냉동 블루베리 1스푼 · 그릭 요거트 1스푼 · 코코넛 워터 1컵 · 물 적당량	**도전! 공복 16시간**
아보카도 통밀 샌드위치 P.280 · 냉동 아보카도 1스푼 · 반숙란 1개 · 통밀빵 2장 · 사과 ½개 · 바나나 파프리카 2개	**보기 좋은 식단이 맛도 좋다!** P.282 · 양상추 1움큼 · 다노 닭 가슴살 볼 1팩 · 브로콜리 ½개 · 찐 고구마 1개 · 바나나 파프리카 2개 · 귤 ½개	**선녀네 홈카페 통밀 샌드위치** P.284 · 그릭 요거트 90㎖ · 청포도 1움큼 · 핏콩 바 1개 · 통밀빵 2장 · 양상추 1움큼 · 닭 가슴살 소시지 1팩	**도전! 공복 16시간**
그릭 요거트 콕! P.281 · 찐 고구마 1개 · 당근 ½개 · 그릭 요거트 1스푼 · 자몽 ¼개 · 구운 두부 ½모 · 바나나 파프리카 3개	**겨울에 딱! 고구마 에그 슬럿** P.283 · 고구마 에그 슬럿 · 당근 ½개 · 바나나 파프리카 2개 · 양상추 1움큼 · 그릭 요거트 1통 · 청포도 1움큼	★★★★ **치팅데이**	**공복 클리어** P.287 · 찐 고구마 1개 · 상추 2움큼 · 브로콜리 ⅓개 · 허닭 스테이크 닭 가슴살 1팩 · 자몽 ½개 · 반숙란 1개
· 아몬드 1움큼 · 아메리카노 1잔 · 커클랜드 프로틴 바 ½개	· 아몬드 1움큼 · 아메리카노 1잔 · 커클랜드 프로틴 바 ½개	· 아몬드 1움큼 · 아메리카노 1잔 · 커클랜드 프로틴 바 ½개	· 아몬드 1움큼 · 아메리카노 1잔 · 커클랜드 프로틴 바 ½개

This Week's Meal Prep
쟁여놓고 마음껏 먹자! 이번 주 밀프렙

신선 식품	시판 제품
✓ 케일 15장(P.20)	✓ 냉동 아보카도 5스푼(곰곰)
☐ 바나나 6개	☐ 코코넛 워터 6컵(말리)
☐ 데친 시금치 ½개(P.21)	☐ 냉동 블루베리 3스푼(웰프레쉬)
☐ 토마토 1.5개(P.20)	☐ 통밀빵 6장(더브레드블루)
☐ 양상추 6움큼(P.20)	☐ 스테이크 닭 가슴살 3팩(허닭)
☐ 파프리카 17개(P.20)	☐ 실의 힘 낫토 1팩(풀무원)
☐ 브로콜리 1.5개(P.21)	☐ 반숙란 4개(에그코리아)
☐ 찐 고구마 8개(P.20)	☐ 마라 맛 닭 가슴살 1팩(인생닭)
☐ 당근 2.5개(P.20)	☐ 닭 가슴살 볼 1팩(다노)
☐ 사과 ½개	☐ 핏콩 바 1개(핏콩)
☐ 귤 1개	☐ 닭 가슴살 소시지 1개(허닭)
☐ 청포도 2움큼(P.20)	☐ 냉동 손질 채소 1움큼(웰프레쉬)
☐ 상추 2움큼(P.20)	☐ 프로틴 바 3.5개(커클랜드)
☐ 냉동 칵테일 새우 10개	☐ 리얼너츠 7움큼(노브랜드)
☐ 자몽 1개	☐ 그릭 요거트 90㎖ 2개(파파오가닉)
☐ 두부 ½모	
☐ 달걀 1개	
☐ 아기용 치즈 1장	

12주

아침

월요일은 역시 그린 스무디

한 주의 시작을 알리는 월요일 아침. 평소의 루틴으로 돌아오기 위해 늘 먹던 그린 스무디로 깔끔하게 시작하자. 몸이 축축 처지는 월요병도, 아직 남은 치팅의 미련도 그린 스무디 한 잔이면 금세 날려버릴 수 있다.

재료 케일 5장, 바나나 1개, 냉동 아보카도 1스푼, 코코넛 워터 1컵, 물 적당량 **조리 필요** ❶ 믹서에 케일, 바나나, 아보카도를 넣는다. ❷ 코코넛 워터를 넣고 물을 부어 농도를 맞추며 간다.

점심

토마토 통밀 샌드위치

밀가루 단식 전에는 맛있는 재료를 듬뿍 넣어 맛있는 샌드위치를 만들었다면 이제는 건강을 위해 채소 위주로 통밀 샌드위치를 만들어보자. 양상추와 토마토를 가득 넣으면 아삭아삭한 씹는 맛까지 더할 수 있다.

선녀's 꿀팁 밀가루 단식을 시작할 때는 지키고 싶은 선에서 허용 범위를 정하면 된다.

재료 통밀빵 2장, 양상추 1움큼, 토마토 ½개, 허닭 스테이크 닭 가슴살 1팩, 바나나 파프리카 2개 **조리 필요** ❶ 통밀빵에 양상추를 1움큼 올린다. ❷ 닭 가슴살과 토마토, 파프리카를 적당량 올리고 나머지 통밀빵으로 덮는다. ❸ 랩으로 돌돌 말아 반으로 갈라 먹는다.

잠깐	
오늘의 오후 간식	선녀's 토크
 · 아메리카노 1잔 · 아몬드 1움큼 · 커클랜드 프로틴 바 ½개	나는 평소에 달달한 군것질을 즐기지 않는데, 냉동실에 아이스크림이 있다는 걸 알고 있어서인지 달달한 음식 생각이 머릿속에서 떠나질 않았다. 아이스크림을 꺼내 먹고 싶은 마음을 열심히 억눌렀다. 계속 헛헛한 기분이 들었지만 잘 버텼다. 참는 만큼 앞으로 더 건강해질 거라는 행복한 상상으로 이겨냈다.

저녁

얼구마에 빠진 날

뜨거운 고구마와 시원한 고구마를 취향에 맞춰 먹어보자. 미리 삶아 얼려놓은 고구마를 5분간 자연 해동한 뒤 먹으면 셔벗처럼 사각사각한 식감으로 맛있게 즐길 수 있다. 같은 고구마여도 질리지 않는 이 맛!

선녀's 꿀팁 브로콜리에 양념을 둘러 먹고 싶은 유혹이 든다면 스리라차 소스를 콕 찍어보자.

재료 반숙란 1개, 허닭 스테이크 닭 가슴살 1팩, 브로콜리 ⅓개, 찐 고구마 1개, 당근 ½개, 바나나 파프리카 2개
조리 불필요(닭 가슴살을 전자레인지에 넣고 약 1~2분간 해동한 후, 밀프렙한 재료와 함께 그릇에 담는다.)

12주

아침
시금치 매직

시금치에 풍부하게 함유된 베타카로틴은 항산화 물질로 시력 보호나 면역력 증강에 많은 도움이 된다. 시금치는 여름보다 겨울에 당도가 더 높고 향이 진하다. 비타민 A·B·C·E·K까지 들어 있는 종합 비타민 식품! 그린 스무디로 만들어 간편하게 섭취하자.

재료 데친 시금치 ½움큼, 바나나 1개, 냉동 블루베리 1스푼, 냉동 아보카도 1스푼, 코코넛 워터 1컵, 물 적당량 **조리 필요** ❶ 믹서에 데친 시금치, 바나나, 블루베리, 아보카도를 넣는다. ❷ 코코넛 워터를 넣고 물을 부어 농도를 맞추며 간다.

점심
뒤돌아서면 생각낫토

구수한 매력이 있어 계속 찾게 되는 매력 만점 낫토는 100번은 저어야 한다는 말이 있다. 저을수록 실이 길게 늘어지는데, 이 실이 건강에 매우 좋다. 맛이 다소 꾸리꾸리하지만 콩의 식감이 탱글탱글해 채소와 아주 잘 어울린다.

선녀's 꿀팁 낫토를 오래 보관하고 싶다면 냉동실에 넣어두자.

재료 브로콜리 ⅓개, 찐 고구마 1개, 당근 ⅓개, 양상추 1움큼, 낫토 1팩, 반숙란 1개 **조리 불필요**(밀프렙한 재료를 그릇에 담아 맛있게 먹는다.)

잠깐	
오늘의 오후 간식  · 아메리카노 1잔 · 아몬드 1움큼 · 커크랜드 프로틴 바 ½개	**선녀's 토크** 요즘은 한 끼 먹을 때마다 30분 정도 소요된다. 책에서 보니 천천히 먹을수록 렙틴 호르몬이 활성화되어 포만감을 더 많이 느끼게 해준다고 한다. 원래는 10분 이내로 급하게 먹는 스타일이었는데, 요즘은 천천히 먹는 습관을 들이기 위해 의식하면서 고쳐가는 중이다. 잠깐 정신 놓아버리면 예전 습관이 나오지만 꾸준히 하면 바뀔 수 있을 거라 믿는다!

저녁

채소를 볶자

따로 손질할 필요 없는 냉동 채소와 칵테일 새우를 함께 볶으면 고퀄리티 샐러드가 뚝딱 완성된다. 상추에 싸 먹으면 좀 더 신선하고 아삭한 느낌으로 즐길 수 있다.

재료 상추 1움큼, 찐 고구마 1개, 새우볶음(칵테일 새우 10개, 냉동 채소 1움큼) 1움큼, 귤 ½개 **조리 필요** ❶ 팬에 올리브유를 두르고 냉동 채소를 볶는다. ❷ 칵테일 새우를 넣어 약한 불로 조금 더 볶는다. ❸ 나머지 밀프렙 재료와 함께 먹는다.

선녀's 꿀팁 생리통이 심할 때는 무리해서 운동하지 않는다. 컨디션이 회복될 때까지 푹 쉬는 게 좋다.

12주

아침
케일 토마토 스무디

스무디의 장점 중 하나는 냉장고 속 재료를 정리할 수 있다는 것. 시들어가는 토마토를 스무디 재료로 사용하면 맛도 챙기고 영양도 챙길 수 있다.

재료 케일 5장, 바나나 1개, 토마토 1개, 코코넛 워터 1컵, 물 적당량 **조리 필요** ❶ 믹서에 케일, 바나나, 토마토를 넣는다. ❷ 코코넛 워터를 넣고 물을 부어 농도를 맞추며 간다.

점심
닭 가슴살의 변신

요즘 닭 가슴살은 종류가 정말 많다. 맛없는 닭 가슴살을 먹으면서 억지로 버티기보다 다양한 맛의 닭 가슴살을 먹으면서 즐겁게 다이어트하는 게 더 능률이 좋다. 오늘은 마라 맛 나는 닭 가슴살로 식욕과 스트레스를 한꺼번에 해소하자.

재료 양상추 1움큼, 마라 맛 닭 가슴살 1팩, 바나나 파프리카 4개, 찐 고구마 1개, 당근 ½개 **조리 불필요**(닭 가슴살을 전자레인지에 넣고 약 1~2분간 해동한 후, 밀프렙한 재료와 함께 그릇에 담는다.)

선녀's 꿀팁 아침 공복 상태에서는 힘이 많이 들어가지 않는 스트레칭과 가벼운 요가를 하는 게 좋다.

잠깐	
오늘의 오후 간식	선녀'S 토크
 · 아메리카노 1잔 · 아몬드 1움큼 · 커클랜드 프로틴 바 ½개	치팅데이 전에 한 끼씩 미니 치팅을 하니 기분이 너무 좋다. 아직 소식에 익숙하지 않아 어렵지만 '곧 적응하겠지' 하는 생각으로 예쁜 그릇을 골라 식탁을 꾸며본다. 나에게 선물하는 마음으로 내가 할 수 있는 선에서 최대한 예쁘게 플레이팅한다. 몸은 내 생각을 읽고 있다. 나를 사랑하고 아끼는 마음으로 한 끼 한 끼 정성스레 준비한다면 몸도 기꺼이 응답해줄 것이다.

저녁
미니 치팅데이

내가 평소 좋아하는 한식으로 미니 치팅하는 날. 꼭 고칼로리 음식만 선택하란 법은 없다. 냉장고에서 좋아하는 갖가지 반찬을 꺼내보자. 단, 평소보다 양은 조절해야 한다. 소소한 미니치팅을 즐기고 나면 파워업! 기분도 업! 의욕도 업된다.

12주

아침
오늘도 맛보는 시금치 매직

시금치를 위해 바나나와 블루베리가 나섰다. 영양이 가득하지만 시금치만 넣어 스무디를 만들어 먹기에는 부담스럽다. 조금이라도 더 맛있게 즐기기 위해 부드럽고 달달한 바나나와 새콤하고 상큼한 블루베리도 함께 갈아보자.

재료 데친 시금치 ½움큼, 바나나 1개, 냉동 블루베리 1스푼, 그릭 요거트 1스푼, 코코넛 워터 1컵, 물 적당량 조리 필요 ❶ 믹서에 데친 시금치, 바나나, 블루베리, 그릭 요거트를 넣는다. ❷ 코코넛 워터를 넣고 물을 부어 농도를 맞추며 간다.

점심
아보카도 통밀 샌드위치

맛있고 만들기 간편해 집에서도, 밖에서도 먹기 좋은 샌드위치. 반숙란과 아보카도를 으깨 빵 사이에 넣으면 부드럽고 고소한 샌드위치가 된다.

재료 통밀 샌드위치(냉동 아보카도 1스푼, 반숙란 1개, 통밀빵 2장), 사과 ½개, 바나나 파프리카 2개 조리 필요 ❶ 반숙란과 아보카도를 수저로 으깬다. ❷ 통밀빵에 으깬 반숙란과 아보카도를 올리고 다시 빵으로 포갠 뒤, 랩으로 돌돌 말아 반으로 자르면 완성. 밀프렙한 재료와 함께 먹는다.

선녀's 꿀팁 바쁜 스케줄 가운데 이동하면서 먹기 좋은 샌드위치. 건강한 통밀빵으로 만들어보자.

잠깐

오늘의 오후 간식

- 아메리카노 1잔
- 아몬드 1움큼
- 커클랜드 프로틴 바 ½개

 선녀's 토크

날이 많이 추워진 요즘, 저녁에 걷기 운동을 할 때마다 곤욕이다. 감기에 걸리지 않게 옷으로 꽁꽁 싸매고 후드까지 뒤집어쓴 후 길을 나선다. 예뻐 보이는 건 포기하고 보온에만 신경 쓴 패션으로 열심히 걷기. 그래도 감사하는 주간이니 생각을 바꿔본다. 건강한 두 다리로 걸을 수 있고 노력할 수 있음에 감사한 하루! 주변에 있는 작은 것들부터 감사하다 보니 모든 것에 감사해진다.

저녁

그릭 요거트 콕!

다이어트 중 그릭 요거트는 여러모로 쓸모가 많은 친구다. 마요네즈가 필요할 때마다 그릭 요거트를 대신 이용하면 되는데, 당근과 고구마를 그릭 요거트에 콕 찍어 먹으면 마요네즈 부럽지 않다.

재료 찐 고구마 1개, 당근 ⅓개, 그릭 요거트 1스푼, 자몽 ¼개, 구운 두부 ½모, 바나나 파프리카 3개 **조리 필요** ❶ 팬에 올리브유를 살짝 두른다. ❷ 네모나게 썬 두부를 약한 불에 골고루 굽는다. ❸ 밀프렙한 재료와 함께 그릇에 담는다.

선녀's 꿀팁 향긋하고 상큼한 자몽에는 비타민 A·C가 풍부하다. 에너지를 충전해야 할 때 먹어보자.

아침

미라클 모닝

5분의 기적! 아침을 거르는 게 일상이던 내가 이제는 아침마다 직접 재료를 씻어 믹서에 넣고 스무디를 만든다. 나 자신을 위해 음식을 준비하는 과정이 얼마나 값지고 소중한지 하루하루 배우고 있다.

재료 케일 5장, 바나나 1개, 냉동 아보카도 1스푼, 코코넛 워터 1컵, 물 적당량 **조리 필요** ❶ 믹서에 케일, 바나나, 아보카도를 넣는다. ❷ 코코넛 워터를 넣고 물을 부어 농도를 맞추며 간다.

점심

보기 좋은 식단이 맛도 좋다!

플레이팅하다 보면 더 예쁘게 차리고 싶은 욕심이 생긴다. 채소도 더 풍성하게 담고, 과일도 알록달록 신경 써서 담는다. 플레이팅 덕에 더욱 건강하게 챙겨 먹게 된다. 기분 전환에 건강까지 챙기는 일석이조 식단이다.

재료 양상추 1움큼, 다노 닭 가슴살 볼 1팩, 브로콜리 ½개, 찐 고구마 1개, 바나나 파프리카 2개, 귤 ½개 **조리 불필요**
(닭 가슴살을 전자레인지에 넣고 약 1~2분간 해동한 후, 밀프렙한 재료와 함께 그릇에 담는다.)

선녀's 꿀팁 밀가루 음식인지 아닌지 헷갈릴 때는 검색해서 찾아보고, 불분명하다면 충동적으로 먹지 않도록 주의한다.

잠깐

오늘의 오후 간식

- 아메리카노 1잔
- 아몬드 1움큼
- 커클랜드 프로틴 바 ½개

 선녀's 토크

날씨가 갑자기 추워져 무척이나 당혹스럽다. 추위에 약하고 더운 걸 좋아하는 나에게 겨울은 그다지 달가운 계절이 아니다. 겨울 내내 웅크리고 있으면서 살을 찌워놓다가 여름 오기 직전에 급하게 벼락치기로 다이어트하는 것도 이제는 지겹다. 지금부터 잔잔하게 관리하자는 생각으로 겨울을 버티고 여름에 뽐내자.

저녁

겨울에 딱! 고구마 에그 슬럿

추워지는 겨울 차가운 '얼구마(얼린 고구마)' 대신 뜨거운 고구마가 당긴다면 치즈와 함께 녹여낸 따뜻한 에그 슬럿으로 한 끼를 배불리 먹자. 탄단지 비율이 딱 맞아떨어지는 완벽한 한 끼가 된다.

선녀's 꿀팁 전자레인지에 돌리기 전 노른자를 포크로 콕콕 찍어준 후 후춧가루를 톡톡 뿌리면 감칠맛이 배가된다.

재료 고구마 에그 슬럿(아기용 치즈 1장, 달걀 1개, 고구마 1개), 당근 ½개, 바나나 파프리카 2개, 양상추 1움큼, 그릭 요거트 1통, 청포도 1움큼 **조리 필요** ❶ 전자레인지용 그릇에 고구마를 으깨 넣는다. ❷ 으깬 고구마 중간을 수저로 동그랗게 판 후, 달걀을 깨뜨려 넣고 그 위에 치즈를 올린다. ❸ 전자레인지에 약 1분 30초간 돌리면 끝. 밀프렙한 나머지 재료와 함께 맛있게 먹는다.

10주

아침
그린 스무디 주간!

이번 주는 3일 동안 준비해둔 데친 시금치를 열심히 갈아 야무지게 먹었다. 그린 스무디가 맛은 별로일 수 있어도 달달한 요거트 볼이나 다른 음식이 생각나지 않을 정도로 몸을 가볍게 해준다. 이번 주 아침도 그린 스무디로 가뿐하게 마무리!

재료 데친 시금치 ⅓움큼, 바나나 1움큼, 냉동 블루베리 1스푼, 그릭 요거트 1스푼, 코코넛 워터 1컵, 물 적당량 **조리 필요** ❶ 믹서에 데친 시금치, 바나나, 블루베리, 그릭 요거트를 넣는다. ❷ 코코넛 워터를 넣고 물을 부어 농도를 맞추며 간다.

점심
선녀네 홈카페 통밀 샌드위치

평소 접시에 담아 먹는 재료를 꺼내 통밀빵 사이에 넣어보자. 포만감이 훨씬 좋다. 많은 재료가 들어가지는 않았지만 통밀의 고소한 맛으로 색다른 매력이 느껴진다.

재료 그릭 요거트 90㎖, 청포도 1움큼, 핏콩 바 1개, 통밀 샌드위치(통밀빵 2장, 양상추 1움큼, 닭 가슴살 소시지 1팩) **조리 필요** ❶ 통밀빵 2장을 준비한다. ❷ 통밀빵에 양상추 1움큼과 닭 가슴살을 올리고 다른 통밀빵으로 덮는다. ❸ 랩으로 감싼 후 반으로 가른다. ❹ 밀프렙 재료를 꺼내 같이 먹는다.

선녀's 꿀팁 요즘은 시중에 글루텐프리(노 밀가루) 식품이 다양하게 나와 있다. 너무 먹고 싶을 땐 검색해서 찾아보자.

잠깐	
오늘의 오후 간식  · 아메리카노 1잔 · 아몬드 1움큼 · 커클랜드 프로틴 바 ½개	**선녀's 토크** 오늘은 오랫동안 잊고 지내던 술을 즐겼다. 충동적으로 마시는 게 아니라 스스로 제어할 수 있을 때 먹자고 다짐했는데, 오늘은 조금 풀어주고 싶었다. 밀가루 음식이 많이 보였지만 절대 피하고, 고단백 위주 안주만 먹은 대단한 나, 칭찬해!

저녁

치팅데이

이번 주도 열심히 참은 당신, 이제 맘껏 즐겨라! 물론 밀가루 음식은 빼고. 딱 보기에도 지나치게 고칼로리인 음식은 자제하고, 되도록 고단백 메뉴 위주로 건강하고 맛있게 치팅을 즐기자. 치팅이라고 너무 허리띠 풀어놓고 배불리 먹으면 위가 늘어나 다음 날 원래 루틴으로 돌아오기 힘들 수 있다. 적당한 양으로 기분 좋게 치팅하는 습관을 들이자. 만약 음주를 허용할 거라면 과음을 피하자! 술기운이 올라왔을 때 충동적으로 먹을 수도 있으니 습관이 자리를 완전하게 잡을 때까지는 참는 걸 추천한다.

아침
도전! 공복 16시간

전날 늦은 시간까지 음식을 먹느라 피로했을 소화기관에 휴식 시간을 주기 위해 16시간 정도 식사를 제한한다. 간헐적 단식 중 하나인 이 방법은 단순히 굶는 게 아니라 몸을 원래 패턴으로 돌려주는 일종의 훈련이다. 틈틈이 2L 이상의 물을 마셔 몸이 스스로 회복할 수 있도록 시간을 주자. 점심까지 식사를 생략해 16시간가량의 공복을 유지하도록 한다.

점심
도전! 공복 16시간

공복 도전 중

선녀표 공복 16시간 단식 방법!
① 과식으로 과로한 장을 쉬게 해준다. ② 수분을 충분히 보충한다. ③ 첫 식사는 가볍게 먹는다. ④ 충분한 수면과 휴식을 취한다. ⑤ 혈액순환을 촉진하기 위해 반신욕을 한다.

잠깐	
오늘의 오후 간식	선녀'S 토크

- 아메리카노 1잔
- 아몬드 1움큼
- 커클랜드 프로틴 바 ½개

16시간 동안 공복을 유지하는 게 쉽지는 않지만 오히려 전날 너무 많이 먹어 더부룩한 느낌을 해소해주는 것 같아 버틸 만했다. 아직은 소식하는 습관이 100% 자리 잡히지 않아 과식하는 버릇을 완벽히 고치지는 못했다. 계속해서 습관을 바꾸기 위해 노력할 것이고 나의 방법을 찾을 것이다.

저녁

공복 클리어

긴 시간의 공복을 깨고 처음으로 먹는 식사는 평소에 먹던 음식으로 가볍게 구성한다. 포만감을 느끼기 위해 쌈 채소에 닭 가슴살을 함께 올려 싸 먹고 고구마를 마지막에 먹는다. 급하지 않게 꼭꼭 씹어 천천히 식사하는 걸 잊지 말자.

재료 찐 고구마 1개, 상추 2움큼, 브로콜리 ⅓개, 허닭 스테이크 닭 가슴살 1팩, 자몽 ⅓개, 반숙란 1개 조리 불필요
(닭 가슴살을 전자레인지에 넣고 약 1~2분간 해동한 후, 밀프렙한 재료와 함께 그릇에 담는다.)

선녀's 꿀팁 단식한 후 처음 식사를 할 때는 위에 부담을 주지 않고 식욕이 유발되지 않도록 가볍게 먹는다.

13th Week

13주차

This Week's Challenges
이번 주 목표

피할 수 없다면 즐겨라

근력 운동	유산소 운동
플랭크 1분 3세트 + 트위스트 플랭크 20회 3세트	걷기 운동 40분

다이어트 중에는 내 의지와 다르게 여러 상황을 겪는다. 굳은 결심만 있다면 빵을 먹는 친구 앞에서도 견딜 수 있고 닭 다리를 코밑까지 들이대는 남자 친구의 유혹에도 견뎌낼 수 있다. 갑자기 잡힌 회식, 빠질 수 없는 친구들과의 여행, 애인과의 데이트, 꼭 가야 하는 동창 모임 등 다양한 상황은 생겨난다. 음식을 영원히 무시할 수 없으니 스트레스받지 않을 방법을 찾을 필요가 있다. 음식 앞에서 컨트롤할 수 있는 나만의 방법을 터득하고 내 몸에 패치시키자.

이번 주 이것만은 다짐하자!

 라지 사이즈와 이별하기

살을 애매하게 뺄 때마다 '언젠가 또 입겠지' 싶어 방치해둔 라지 사이즈 옷들. 다시는 입지 않겠노라며 옷장에 묻어둔 옷을 버리기로 다짐했다. 스스로 선한 동기부여를 하는 방법이다.

 물 마시는 습관 기르기

따뜻한 물을 마실지 차가운 물을 마실지 고민돼서 인터넷으로 다양하게 찾아본 결과, 내 몸이 맛있다고 느끼는 온도로 즐겁게 마시는 게 가장 좋은 것 같다. 몸이 사막화되지 않도록 틈틈이 물을 섭취하자.

 빨리 먹는 습관 고치기

내 식습관 중 가장 안 좋은 고질적인 습관은 '빨리 먹는 것'이다. 반대쪽 손으로도 먹고 먹기 전후 타이머를 켜고 동영상 촬영도 하며 계속 의식하지만, 30년 동안 몸에 밴 습관을 고치는 게 아직은 어렵다. 계속 노력해보자.

| 선녀'S 이야기 | 선녀의 밀가루 단식 100일 프로젝트 |

옷 고르는 행복

밀가루 단식 전에는 꽉 끼어서 입지도 못했던 청바지가 지금은 너무 커져 허리를 잡지 않으면 그냥 흘러내릴 정도다. 이제는 눈으로 보일 만큼 몸 사이즈가 확연히 줄어들었다. 체중이 줄어드는 걸 옷으로 체크할 때마다 신기하고 놀랍다. 다이어트에 꼭 성공하고 싶었던 이유 중 하나는 사이즈 앞에서 비굴해지고 싶지 않아서였다. 쇼핑과 꾸미는 걸 좋아하는 나에게 사이즈의 제약은 자존감을 크게 하락시키는 요소였다. 하지만 요즘은 무슨 옷을 입어도 태가 나서 정말 행복하다. 무슨 옷이든 입으면 예쁘다. 이제는 외출이 즐겁고 기다려진다. 길을 가다가 유리창에 내 모습을 비춰보면 통통했던 나는 온데간데없고 여리여리한 나만 있다.

내가 원하는 목표를 달성하기 위해 지금까지 열심히 노력했다. 하지만 더 중요한 것은 기긴 것을 지키는 일이다. 지금의 나를 유지하기 위해 그전보다 10배는 더 부단히 노력해야 한다. 편하게 늘어지고 싶은 본능과 이성의 끈을 간신히 붙잡고 있는 나. 식욕은 이겨내는 것이 아니라 참아내는 것이 아닐까하는 생각이 든다. 다가오는 100일을 앞두고 괜히 싱숭생숭한 마음이 드는 주간이다. 그래도 건강해지고 여리여리해진 내 모습을 보며, 앞으로도 계속 도전할 수 있다는 것에 감사하고 또 감사하자.

This Week's Meal Plan
이번 주 식단 한눈에 보기

	85일	86일	87일
아침	**그린으로 클린하게 하루를 시작** P.296 · 케일 5장 · 바나나 1개 · 코코넛 워터 1컵 · 냉동 아보카도 1스푼 · 물 적당량	**케일 두유 스무디** P.298 · 케일 5장 · 바나나 1개 · 매일 두유 99.89 1팩 · 물 적당량	**뽀빠이 스무디** P.300 · 데친 시금치 ⅓움큼 · 바나나 1개 · 코코넛 워터 1컵 · 물 적당량
점심	**믹스 & 매치** P.296 · 상추 1움큼 · 스크램블드에그 · 꼬꼬빌 치즈 볼 닭 가슴살 1팩 · 방울토마토 1움큼 · 찐 고구마 1개 · 당근 ⅓개	**새로운 닭 가슴살과 함께** P.298 · 다노 닭 가슴살 볼 1팩 · 찐 고구마 1개 · 청포도 1움큼 · 바나나 파프리카 2개 · 채소볶음 1움큼	**브로콜리꽃이 피었습니다.** P.300 · 찐 양배추 1움큼 · 브로콜리 ⅓개 · 오이 ½개 · 다노 닭 가슴살 볼 1팩 · 찐 고구마 1개 · 청포도 1움큼
저녁	**누룽지탕** P.297 · 누룽지 1컵	**그릭 그린 샐러드** P.299 · 다노 닭 가슴살 볼 1팩 · 브로콜리 ⅓개 · 그릭 요거트 90㎖ 1통 · 자몽 ¼개 · 찐 고구마 1개 · 채소볶음 1움큼	**양질의 단백질 고등어** P.301 · 상추 1움큼 · 풋고추 1개 · 고등어 1토막 · 브로콜리 ⅓개 · 찐 고구마 1개 · 당근 ½개 · 귤 ½개
간식	· 아몬드 1움큼 · 아메리카노 1잔 · 커클랜드 프로틴 바 ½개	· 아몬드 1움큼 · 아메리카노 1잔 · 커클랜드 프로틴 바 ½개	· 아몬드 1움큼 · 아메리카노 1잔 · 커클랜드 프로틴 바 ½개

그린 스무디에 새로운 재료를 넣어보려고 한다. 또 지난 주 시도해보았던 간헐적 단식도 다시 해볼 예정이다. 내 몸에 맞는지 실험해보며 숙제처럼 풀어가야겠다.

88일	89일	90일	91일
아보카도 뽀빠이 스무디 P.302 · 데친 시금치 ⅓움큼 · 바나나 1개 · 냉동 블루베리 1스푼 · 냉동 아보카도 1스푼 · 코코넛 워터 1컵 · 물 적당량	**뽀빠이 그린 스무디의 기적** P.304 · 데친 시금치 ⅓움큼 · 바나나 1개 · 코코넛 워터 1컵 · 냉동 블루베리 1스푼 · 물 적당량	**시금치 토마토 주스** P.306 · 데친 시금치 ⅓움큼 · 코코넛 워터 1컵 · 토마토 ½개 · 바나나 1개 · 물 적당량	**도전! 공복 16시간**
간편하게 믹스 채소! P.302 · 다노 닭 가슴살 볼 1팩 · 찐 고구마 1개 · 오이 ½개 · 브로콜리 ⅓개 · 채소볶음 1움큼	**끈끈한 식사** P.304 · 낫토 1팩 · 채소볶음 1움큼 · 찐 고구마 1개 · 청포도 1움큼 · 당근 ⅓개 · 오이 ½개	**팔색조 양배추** P.306 · 오이 ½개 · 브로콜리 ⅓개 · 찐 양배추 1움큼 · 바나나 파프리카 2개 · 다노 닭 가슴살 볼 1팩 · 돌나물 1움큼 · 찐 고구마 1개	**이너 뷰티 요거트 볼** P.308 · 그릭 요거트 90㎖ 1통 · 어린 밀싹 파우더 1스푼 · 냉동 블루베리 2스푼 · 그래놀라 1스푼 · 타이거 너츠 1스푼
아삭아삭 청포도 P.303 · 찐 고구마 1개 · 청포도 1움큼 · 바나나 파프리카 2개 · 다노 닭 가슴살 볼 1팩 · 그릭 요거트 90㎖ 1통 · 찐 양배추 1움큼	**배고플 땐 한 쌈 두 쌈** P.305 · 브로콜리 ⅓개 · 오이 ½개 · 다노 닭 가슴살 볼 1팩 · 상추 1움큼 · 찐 고구마 1개 · 자몽 ½개 · 풋고추 1개	**치팅데이!**	**오늘도 건강은 당근이지!** P.309 · 꼬꼬빌 치즈 볼 닭 가슴살 1팩 · 돌나물 1움큼 · 풋고추 2개 · 당근 ⅓개 · 브로콜리 ⅓개 · 바나나 파프리카 2개
· 아몬드 1움큼 · 아메리카노 1잔 · 커클랜드 프로틴 바 ½개	· 아몬드 1움큼 · 아메리카노 1잔 · 커클랜드 프로틴 바 ½개	· 아몬드 1움큼 · 아메리카노 1잔 · 커클랜드 프로틴 바 ½개	· 아몬드 1움큼 · 아메리카노 1잔 · 커클랜드 프로틴 바 ½개

This Week's Meal Prep
쟁여놓고 마음껏 먹자! 이번 주 밀프렙

신선 식품	시판 제품
✓ 케일 10장(P.20)	✓ 코코넛 워터 5컵(말리)
☐ 바나나 6개	☐ 냉동 아보카도 2스푼(곰곰)
☐ 데친 시금치 1.5개(P.21)	☐ 매일 두유 99.89 1팩(매일)
☐ 토마토 ½개(P.20)	☐ 냉동 블루베리 4스푼(웰프레쉬)
☐ 방울토마토 1움큼(P.20)	☐ 치즈 볼 닭 가슴살 2팩(꼬꼬빌)
☐ 상추 3움큼(P.20)	☐ 닭 가슴살 볼 7팩(다노)
☐ 달걀 2개	☐ 냉동 손질 채소 4움큼(웰프레쉬)
☐ 찐 고구마 10개(P.20)	☐ 실의 힘 낫토 1팩(풀무원)
☐ 당근 1.5개(P.20)	☐ 그릭 요거트 90㎖ 3통(파파오가닉)
☐ 청포도 4움큼(P.20)	☐ 어린 밀싹 파우더 1스푼(파파오가닉)
☐ 바나나 파프리카 8개(P.20)	☐ 그래놀라 1스푼(파파오가닉)
☐ 양배추 3움큼(P.20)	☐ 핏콩 타이거 너츠 1스푼(핏콩)
☐ 브로콜리 2개(P.21)	☐ 냉동 고등어 1토막(윙잇)
☐ 오이 2.5개(P.20)	☐ 프로틴 바 3.5개(커클랜드)
☐ 돌나물 2움큼(P.20)	☐ 리얼너츠 7움큼(노브랜드)
☐ 누룽지 1컵	
☐ 자몽 2/3개	
☐ 풋고추 4개	
☐ 귤 ½개	

13주

아침
그린으로 클린하게 하루를 시작

월요병과 치팅의 여파로 컨디션이 저조한 월요일 아침. 내가 가장 좋아하는 조합으로 그린 스무디를 만들어 월요일을 힘차게 시작해보자! 오늘 내 선택은 베이식 그린 스무디.

재료 케일 5장, 바나나 1개, 냉동 아보카도 1스푼, 코코넛 워터 1컵, 물 적당량 **조리 필요** ❶ 믹서에 케일, 바나나, 아보카도를 넣는다. ❷ 코코넛 워터를 넣고 물을 부어 농도를 맞추며 간다.

점심
믹스 & 매치

밀프렙해둔 재료를 다양하게 준비해 골고루 담는다. 오늘따라 더 당기는 재료로 나만의 즐겨 찾기 조합을 만들어보자. 달걀로 빠르게 스크램블드에그를 만들어 기름 향 나는 식단을 준비하는 것도 월요병을 이겨내는 데 도움이 된다.

선녀's 꿀팁 밀가루 단식 이후, 좋은 달걀을 먹기 위해 친환경 무항생제 달걀을 애용하고 있다.

재료 상추 1움큼, 스크램블드에그(달걀 2개), 꼬꼬빌 치즈 볼 닭 가슴살 1팩, 방울토마토 1움큼, 찐 고구마 1개, 당근 ⅓개 **조리 필요** ❶ 예열한 팬에 올리브유를 두르고 달걀을 깨뜨려 스크램블드에그를 만든다. ❷ 닭 가슴살을 전자레인지에 넣고 약 1~2분간 해동한다. ❸ 밀프렙한 재료와 함께 그릇에 담는다.

잠깐	
오늘의 오후 간식	 선녀's 토크
 · 아메리카노 1잔 · 아몬드 1움큼 · 커클랜드 프로틴 바 ½개	오늘은 속이 너무 안 좋았다. 컨디션도 좋지 않아서 한 끼 든든히 먹기 위해 누룽지탕을 끓였다. 컨디션이 365일 내내 좋을 수는 없기 때문에 오늘처럼 컨디션이 좋지 않은 날에 쉽게 보신해줄 수 있는 자신만의 식단을 만들어두자. 내 보신 메뉴는 뜨끈한 누룽지탕이다.

저녁

누룽지탕

이번 주 미니 치팅은 누룽지탕이다. 점점 쌀쌀해지는 겨울에는 한 끼 든든하게 먹을 수 있고 날이 더운 여름에는 이열치열로 몸을 보신할 수 있다. 100일이 얼마 남지 않은 지금, 이번 주는 누룽지로 미니 치팅을 해 좀 더 가볍게 컨트롤해주자.

재료 누룽지 1컵 조리 필요 시판 누룽지에 물을 넣어 끓인다.

선녀's 꿀팁 관리 중 컨디션이 떨어졌을 때는 죽이나 누룽지를 준비하자. 자극적이지 않고 부드러워 부담스럽지 않다.

13주

아침
케일 두유 스무디

두유를 베이스로 해 스무디를 만들면 코코넛 워터를 베이스로 할 때보다 더욱 큰 포만감을 느낄 수 있다. 쌉싸름한 케일과 고소한 맛의 두유가 만나 담백한 스무디로 탄생한다.

재료 케일 5장, 바나나 1개, 두유 1팩, 물 적당량 **조리 필요** ❶ 믹서에 케일과 바나나를 넣는다. ❷ 두유를 넣고 물로 농도를 맞추며 간다.

점심
새로운 닭 가슴살과 함께

90일 가까이 닭 가슴살을 먹으면서도 물리지 않고 잘 버티는 이유는 다양한 브랜드에서 여러 맛의 닭 가슴살을 조금씩 주문해서 먹고 있기 때문이다. 같은 닭 가슴살이더라도 회사마다 맛이 조금씩 다르다. 한 군데만 이용하지 말고 가급적 다양한 브랜드의 제품을 이용해 다이어트 기간을 늘려보자.

선녀's 꿀팁 그린 스무디에 더 달달한 맛을 추가하길 원한다면 꿀을 조금 넣어도 좋다. 피로 회복에 도움이 된다.

재료 다노 닭 가슴살 볼 1팩, 찐 고구마 1개, 청포도 1움큼, 바나나 파프리카 2개, 채소볶음 1움큼 **조리 필요** ❶ 올리브유를 두른 팬에 냉동 손질 채소를 넣고 약한 불로 볶는다. ❷ 닭 가슴살을 전자레인지에 넣고 약 1~2분간 해동한다. ❸ 밀프렙한 재료와 함께 그릇에 담는다.

잠깐

오늘의 오후 간식

- 아메리카노 1잔
- 아몬드 1움큼
- 커클랜드 프로틴 바 ½개

선녀's 토크

저녁 먹고 돌아서자마자 배가 고프다. 그래서 오늘은 조금 우울하다. 누굴 위해 밀가루 단식을 하는 건가 싶은 마음도 들고, 맛있는 음식으로 위를 마구 채우고 싶다는 생각도 든다. 90일 가까이 쉼 없이 달려왔는데 100일이 며칠 남지 않아 그런지 마음이 뒤숭숭하다. 체중이 느는 건 싫지만 배고플 때마다 마음이 오락가락한다. 하지만 지금까지 다이어트를 하면서 확실히 얻은 깨달음 하나. 지금 이 순간만 지나면 아무것도 아니다. 그러니까 오늘도 참는다. 맛이 아닌 멋을 위해서.

저녁

그릭 그린 샐러드

다양한 채소와 과일을 한데 모은 그린 샐러드를 준비해 시큼한 그릭 요거트에 콕 찍어 먹으면 상큼하고 새콤한 샐러드가 된다. 그릭 요거트는 소스나 드레싱 대신 사용하기 좋은데, 당분 많은 드레싱 대용으로 쓰기에 안성맞춤이다.

재료 다노 닭 가슴살 볼 1팩, 브로콜리 ⅓개, 그릭 요거트 90㎖ 1통, 자몽 ¼개, 찐 고구마 1개, 채소볶음 1움큼 **조리 필요** ❶ 올리브유를 두른 팬에 냉동 손질 채소를 넣고 약한 불로 볶는다. ❷ 닭 가슴살을 전자레인지에 넣고 약 1~2분간 해동한다. ❸ 밀프렙한 재료와 함께 그릇에 담는다.

> **선녀's 꿀팁** 홈트레이닝을 시작할 예정이라면 두툼한 요가 매트를 반드시 구비하자.

13주

아침
뽀빠이 스무디

데친 시금치에 달달한 바나나를 넣어 일명 '뽀빠이 스무디'를 만들어보자. 기존의 그린 스무디와는 또 다른 에너지를 채워준다. 진한 초록색 비주얼이 굉장히 매력적이다.

재료 데친 시금치 ⅓움큼, 바나나 1개, 코코넛 워터 1컵, 물 적당량 **조리 필요** ❶ 믹서에 시금치와 바나나를 넣는다. ❷ 코코넛 워터를 넣고 물을 부어 농도를 맞추며 간다.

점심
브로콜리 꽃이 피었습니다

식탁에 흔히 올라오는 브로콜리. 도시락에 함께 넣으면 예쁜 플레이팅을 즐길 수 있는 것은 물론 건강에도 좋은 한 끼 식사를 만들 수 있다. 버릴 게 하나 없는 브로콜리로 비타민 C가 풍부한 다이어트 도시락을 만들어보자.

선녀's 꿀팁 건강 관련 서적을 읽으면 건강한 다이어트에 집중하게 된다.

재료 찐 양배추 1움큼, 브로콜리 ⅓개, 오이 ½개, 다노 닭 가슴살 볼 1팩, 찐 고구마 1개, 청포도 1움큼 **조리 필요** ❶ 냄비에 양배추를 넣고 잠길 만큼 물을 부어 4~5분 찐다. ❷ 닭 가슴살을 전자레인지로 약 1~2분간 해동한 후 밀프렙한 재료와 함께 그릇에 담는다.

잠깐

오늘의 오후 간식

- 아메리카노 1잔
- 아몬드 1움큼
- 커클랜드 프로틴 바 ½개

 선녀's 토크

오늘은 비가 와서 야외 유산소 운동을 하지 못했다. 대신 간단히 스트레칭으로 대체했는데 그게 좀 아쉽다. 벌써 밀가루 단식 90일 차가 다가온다. 머리는 버틸 수 있다고 하는데 몸은 그렇지 않나 보다. 스트레스를 받는 건지 요즘 온몸이 천근만근이다. 비가 와서 그렇다며 온 갖 핑계를 대고는 마음을 다시 다잡아본다.

저녁

양질의 단백질 고등어

면역력이 저하되기 쉬운 다이어트 기간에는 등 푸른 생선을 자주 섭취해 영양을 듬뿍 채워주자. 고등어에는 오메가3가 풍부하기 때문에 혈관 건강에 특히 좋다.

재료 상추 1움큼, 풋고추 1개, 고등어 1토막, 브로콜리 ⅓개, 찐 고구마 1개, 당근 ½개, 귤 ½개 **조리 필요** ❶ 팬에 올리브유를 살짝 두르고 고등어를 올려 굽는다. ❷ 밀프렙한 재료를 꺼내 함께 그릇에 담는다.

선녀's 꿀팁 고등어 조리에 손이 많이 가서 걱정이라면 전자레인지에 넣어 돌리기만 하면 되는 제품을 이용하자.

13주

아침
아보카도 뽀빠이 스무디

이번 주는 뽀빠이 스무디 주간! 오늘은 블루베리와 아보카도를 추가했다. 좋은 지방을 함유한 것으로 알려진 아보카도는 비타민과 미네랄도 풍부해 피부와 몸매 관리에 좋다.

재료 데친 시금치 ⅓움큼, 바나나 1개, 냉동 블루베리 1스푼, 냉동 아보카도 1스푼, 코코넛 워터 1컵, 물 적당량 조리 필요 ❶ 믹서에 시금치, 바나나, 블루베리, 아보카도를 넣는다. ❷ 코코넛 워터를 넣고 물을 부어 농도를 맞추며 간다.

점심
간편하게 믹스 채소!

냉동 손질 채소를 준비하면 다양한 채소를 따로 손질할 필요 없이 쉽게 먹을 수 있어 간편하다. 여기에 원하는 맛의 닭 가슴살과 다른 채소를 추가로 준비하면 입맛에 꼭 맞는 식단을 구성할 수 있다.

재료 다노 닭 가슴살 볼 1팩, 찐 고구마 1개, 오이 ½개, 브로콜리 ⅓개, 채소볶음 1움큼 조리 필요 ❶ 올리브유를 두른 팬에 냉동 손질 채소를 넣고 약한 불로 볶는다. ❷ 닭 가슴살을 전자레인지에 넣고 약 1~2분간 해동한다. ❸ 밀프렙한 재료와 함께 그릇에 담는다.

선녀's 꿀팁 닭 가슴살을 좋아하더라도 허구한 날 먹으면 물릴 수 있으니 되도록 다양한 종류를 먹자.

> **잠깐**
>
> | 오늘의 오후 간식 | 선녀's 토크 |
> |---|---|
> | 
· 아메리카노 1잔
· 아몬드 1움큼
· 커클랜드 프로틴 바 ½개 | 요즘은 기력이 없고 조금 힘이 든다. 그래서 오늘은 아예 명상의 시간을 가져 마음을 다시 다잡았다. 이 과정은 건강을 위한 과정임을 잊지 말고, 나를 아끼고 사랑해야 한다는 것, 그래서 지금 이 순간을 꼭 거쳐야 한다는 걸 되뇌고 또 되뇌었다. 누군가를 사랑하는 것엔 큰 노력이 필요하다. 내가 나를 사랑하는 것에도 그만큼의, 아니 그보다 더 큰 노력이 필요하지 않을까 싶다. |

저녁

아삭아삭 청포도

평소에 먹던 청포도를 냉동실에 얼려두었다. 그릭 요거트에 찍어 먹으니 더욱더 꿀맛! 평소에 먹던 식단도 조금만 다르게 조합하면 색다르게 먹을 수 있다.

선녀's 꿀팁 배고플 때 탄산수를 마시면 정신이 번쩍 들어 식욕이 조금이나마 잠잠해진다.

> **재료** 찐 고구마 1개, 청포도 1움큼, 바나나 파프리카 2개, 다노 닭 가슴살 볼 1팩, 그릭 요거트 90㎖ 1통, 찐 양배추 1움큼 **조리 필요** ❶ 냄비에 양배추를 넣고 잠길 만큼 물을 부어 4~5분간 찐다. ❷ 닭 가슴살을 전자레인지로 약 1~2분간 해동한 후, 밀프렙한 재료와 함께 그릇에 담는다.

아침
뽀빠이 그린 스무디의 기적

채소만 넣어 갈면 쓰기만 하고 맛이 없다. 각자가 좋아하는 과일을 넣어 자신에게 딱 맞는 최적의 맛을 찾자. 바로 그 조합이 나만의 스무디 레시피가 된다.

재료 데친 시금치 ⅓움큼, 바나나 1개, 냉동 블루베리 1스푼, 코코넛 워터 1컵, 물 적당량 조리 필요 ❶ 믹서에 시금치와 바나나, 블루베리를 넣는다. ❷ 코코넛 워터를 넣고 물을 부어 농도를 맞추며 간다.

점심
끈끈한 식사

낫토에서 나오는 하얗고 끈끈한 실에는 유산균 중 하나인 바실루스가 가득하다. 식이 섬유까지 많아 소화에 도움을 주기 때문에 다이어트 중 자주 먹으면 좋다. 구수하고 묘한 식감의 매력은 덤!

선녀's 꿀팁 낫토에 고춧가루를 살짝 뿌리면 감칠맛이 업그레이드!

재료 낫토 1팩, 채소볶음 1움큼, 찐 고구마 1개, 청포도 1움큼, 당근 ⅓개, 오이 ½개 조리 필요 ❶ 올리브유를 두른 팬에 냉동 손질 채소를 넣고 약한 불로 볶는다. ❷ 낫토는 동봉된 소스는 빼고 여러 번 휘저어 준비한다. ❸ 밀프렙한 재료와 함께 그릇에 담는다.

> **89일**
> 따라하기

잠깐	
오늘의 오후 간식	**선녀's 토크**

- 아메리카노 1잔
- 아몬드 1움큼
- 커클랜드 프로틴 바 ½개

오늘은 점심에 신랑과 박람회에 다녀왔다. 시식 코너에 맛있는 음식이 즐비했지만 앞만 보며 꾹 참았다. 물론 옆에서 신랑이 맛있게 먹을 때 나도 하나 정도 같이 먹었어도 큰 차이는 없었겠지만, 그래도 나 자신과의 약속인 만큼 주먹 불끈 쥐고 꾹 참았다. 참으니 또 참아진다. 요 며칠 기력이 없어 힘들었는데, 오랜만에 외출을 하고 돌아오니 다시 에너지가 샘솟는다. 이제 이번 주도 이틀 남았다. 아자, 아자, 파이팅!

저녁

배고플 땐 한 쌈 두 쌈

허기가 극에 달하는 금요일 저녁. 상추를 준비해 브로콜리와 오이, 닭 가슴살을 가득 올리자. 배가 고플수록 이렇게 크게 한 쌈 가득 싸서 먹으면 포만감이 느껴져 다른 음식이 생각나지 않는다. 아삭하고 매콤한 고추까지 함께하면 고기 밥상 부럽지 않다.

재료 브로콜리 ⅓개, 오이 1/2개, 다노 닭 가슴살 볼 1팩, 상추 1움큼, 찐 고구마 1개, 자몽 ½개, 풋고추 1개 조리 불필요(닭 가슴살을 전자레인지에 넣고 약 1~2분간 해동한 후, 밀프렙한 재료와 함께 그릇에 담는다.)

선녀's 꿀팁 외출 시 배가 고플 때를 대비해 간식을 가방에 꼭 넣어 가지고 다니자. 큰 도움이 된다.

13주

아침
시금치 토마토 주스

시금치와 토마토의 새로운 궁합! 두 가지 모두 독소 배출을 돕는 대표적인 채소이기 때문에 하루 한 잔씩만 마셔도 몸속 나쁜 노폐물을 제거할 수 있다. 시금치와 토마토로 상큼한 디톡스를 해보자.

재료 데친 시금치 ⅓움큼, 토마토 ½개, 바나나 1개, 코코넛 워터 1컵, 물 적당량 **조리 필요** ❶ 믹서에 시금치와 토마토, 바나나를 넣는다. ❷ 코코넛 워터를 넣고 물을 부어 농도를 맞추며 간다.

점심
팔색조 양배추

100g당 30kcal 미만의 저칼로리를 자랑하는 양배추. 쪄 먹어도 좋고, 생으로 먹어도 좋다. 특히 양배추는 위장을 건강하게 해주기 때문에 밀가루 단식을 할 때는 꼭 자주 챙겨 먹자.

선녀's 꿀팁 맹물을 마시는 게 힘들 때는 티백을 넣어 마셔도 좋다.

재료 오이 ½개, 브로콜리 ⅓움큼, 찐 양배추 1움큼, 바나나 파프리카 2개, 다노 닭 가슴살 볼 1팩, 돌나물 1움큼, 찐 고구마 1개 **조리 필요** ❶ 냄비에 양배추를 넣고 잠길 만큼 물을 부어 4~5분간 찐다. ❷ 닭 가슴살을 전자레인지로 약 1~2분간 해동한 후 밀프렙한 재료와 함께 그릇에 담는다.

잠깐

오늘의 오후 간식

- 아메리카노 1잔
- 아몬드 1움큼
- 커클랜드 프로틴 바 ½개

 선녀's 토크

한 주간 열심히 참아낸 나에게 선사하는 행복한 치팅데이! 맛있는 삼겹살과 돼지 껍데기에 술도 한잔 마시고 싶었지만, 다음 주에 피할 수 없는 술 약속이 있기 때문에 오늘은 참기로 했다. 이제 하루만 있으면 한 주가 또 지나간다. 오늘도 잘 참았다.

저녁

치팅데이

드디어 돌아온 치팅데이. 이번 주는 기력이 특히 없어 힘이 들었던 만큼 보신할 수 있는 메뉴를 고르기로 했다. 몸보신 메뉴는 계절별로 다양하겠지만, 오늘의 선택은 삼겹살. 내가 가장 좋아하는 삼겹살을 절제하다 먹으니 어느 때보다도 더 꿀맛이고 행복하다. 오늘 하루가 끝나는 게 아쉽다고만 생각하지 말고 다음 주를 위한 충전이라고 생각하자. 모든 것은 마음먹기 나름!

아침
도전! 공복 16시간

전날 늦은 시간까지 음식을 먹느라 지친 위에 휴식을 주자. 치팅을 하면 다이어트하던 감을 잃고 원래 식습관으로 돌아오거나 자극적인 음식이 계속 당기는데, 치팅한 후 어느 정도 공복을 유지해주면 이를 예방할 수 있다.

점심
이너 뷰티 요거트 볼

이제 공복을 서서히 채우자. 16시간 공복을 유지하기 위해 평소보다 늦게 점심을 먹는다. 마지막 식사에서 16시간 공복을 유지하고 첫 식사는 가볍게 먹자. 또 점심과 저녁 식사 간격이 평소보다 짧아지더라도 저녁 패턴은 그대로 유지한다. 갑자기 음식을 위에 집어넣는 것보다 가벼우면서 덜 자극적인 요거트로 조금씩 감을 되찾게 하는 게 좋다.

선녀's 꿀팁 단식 중에는 따뜻하거나 미지근한 물을 마셔 속을 달랜다.

재료 그릭 요거트 90㎖ 1통, 어린 밀싹 파우더 1스푼, 냉동 블루베리 2스푼, 그래놀라 1스푼, 타이거 너츠 1스푼
조리 불필요(볼에 요거트와 재료를 예쁘게 담아 맛있게 먹는다.)

잠깐

오늘의 오후 간식

- 아메리카노 1잔
- 아몬드 1움큼
- 커클랜드 프로틴 바 ½개

 선녀's 토크

치팅하고 난 다음 날은 역시 멘탈 잡기가 힘들다. 오늘은 비까지 추적추적 와 기분까지 축축 처지는 듯한 느낌이다. 이럴 때는 몸에 무리를 주는 것보다 푹 쉬는 게 좋다. 운동까지 쉬면서 휴식을 취하며 공복을 오랫동안 유지했다. 처음에는 16시간 공복을 유지하는 것이 힘들었는데, 위장을 쉬게 하니 몸이 편해지는 느낌이 든다.

저녁

오늘도 건강은 당근이지!

식사를 할 때 당근이나 파프리카 같은 단단하고 아삭한 채소로 시작하면 포만감이 커 다른 음식의 섭취를 줄일 수 있다. 이런 유의 채소는 대체로 칼로리도 낮기 때문에 그 자체만으로도 다이어트에 도움을 준다.

선녀's 꿀팁 치팅 다음 날은 유산소 운동 시간을 늘려 더 열심히 해보자.

재료 꼬꼬빌 치즈 볼 닭 가슴살 1팩, 돌나물 1움큼, 풋고추 2개, 당근 ⅓개, 브로콜리 ⅓개, 바나나 파프리카 2개
조리 불필요(닭 가슴살을 전자레인지에 넣고 약 1~2분간 해동한 후, 밀프렙한 재료와 함께 그릇에 담는다.)

14th Week

14주차

This Week's Challenges
이번 주 목표

14주차 목표	**100일의 기적 준비하기**	
	근력 운동	유산소 운동
	무릎 대고 푸시업 15회 4세트 + 런지 20회 4세트	걷기 운동 40분

나 자신을 변화시키기 위해 시작한 밀가루 단식. 처음에는 암담하고 어려웠다. 그저 3주만 해볼 생각이었던 게 어느덧 50일이 되더니, 이제는 100일을 목전에 두고 있다. 다이어트할 때 요요가 더 무서운 이유는 바닥을 쳤던 의지를 한껏 다시 끌어올려야 하고, 해봤던 것이기에 더 지치고 힘이 들기 때문이다. 끝이 보이지 않는 터널을 하염없이 걷는 듯한 기분. 내가 이루어낸 100일은 평생을 위한 투자이고, 두 번 다시 요요를 겪지 않을 것이다. 흔들리지 말고 지금까지 유지해온 습관을 그대로 이어가자. 이제 앞으로 딱 일주일 정도 남았다.

이번 주 이것만은 다짐하자!

 체중계 숫자에 유연해지기

100일을 앞두고 그간 노력을 기울인 나를 존중하고 칭찬해주자. 체중계 숫자로 내 노력을 판단하지 말자. 입고 있는 옷으로 몸매를 체크하고, 줄자로 사이즈를 체크하자!

 나를 예뻐해주기

예뻐지는 몸을 보면 피부 관리도, 손톱 관리도 열심히 하게 되는 매직. 앞으로 손톱 물어뜯는 습관도 완벽하게 고치고, 바른 자세로 앉아 몸선을 예쁘게 만들고, 얼굴 팩도 열심히 하자. 예쁘게 만들어놓은 몸을 태닝하는 것도 좋다. 나를 위해 똑똑하게 투자할 수 있는 자기 관리법이 무엇인지 찾아보자.

 미라클 명상하기

명상은 '마음 훈련'이라고 한다. 불필요한 생각과 집착을 내려놓고, 평화롭고 긍정적인 사고방식을 갖자. 누군가 내가 없는 자리에서 나를 설명하면서 "참 밝고 긍정적인 사람이야"라는 칭찬을 할 만큼 말이다. 앞으론 아침 일찍 일어나 하루를 감사하며 5분 명상으로 생각을 깨워보자.

선녀의 밀가루 단식 100일 프로젝트

밀가루, 너도 별거 없네

　나는 사실 음주를 좋아한다. 친구들과 함께하는 술자리도 즐겁고, 술 마시는 것 자체도 너무 좋다. 밀가루를 끊기 전에는 체중이 늘까 두려워 한 달에 두세 번 정도 술을 마시며 조절했다. 지금은 술을 이전보다 많이 마셔도 체중이 증가하지 않는다. 물론 그만큼 술을 덜 참아도 되기 때문에 스트레스도 적다. 왜 그런가 곰곰이 생각해보니 안주가 문제였다. 보통은 술자리에서 밀가루 안주를 즐겨 먹고, 다음 날에는 짬뽕이나 라면 같은 밀가루 음식으로 해장을 했다. 그러고는 자석처럼 자극적인 음식으로 배를 채웠다. 하지만 지금은 아무리 과음을 해도 다음 날 원래 식단으로 돌아와 몸을 살피니 체중이 전혀 늘지 않는다. 흔히 말하는 '술배'가 어쩌면 '밀가루배'였는지도 모르겠다.

　이젠 술을 먹어도 살이 찌지 않는다. 밀가루 안주도, 밀가루 해장 음식도 전혀 생각나지 않는다. 술을 먹으면 오히려 다음 날 신선하고 아삭한 채소가 당긴다. 마치 하루라도 물을 마시지 않으면 목이 마른 것처럼.

　밀가루 단식을 시작하면서 두려움을 느꼈다. '지금까지 온통 밀가루 음식만 먹어왔는데, 이 모든 걸 끊고 어떻게 살 수 있을까? 풀만 먹으면 행복할까?' 하는 두려움. 그런데 이제 단식한 지 100일이 가까워지니 이런 생각이 든다.

"밀가루, 너도 별거 없네."

This Week's Meal Plan
이번 주 식단 한눈에 보기

	92일	93일	94일
아침	**효소 가득 그린 스무디** P.318 · 케일 5장 · 바나나 1개 · 냉동 아보카도 1스푼 · 코코넛 워터 1컵 · 어린 밀싹 파우더 1스푼 · 물 적당량	**달콤한 스무디** P.320 · 케일 5장 · 바나나 1개 · 사과 ½개 · 코코넛 워터 1컵 · 물 적당량	**레드빛 스무디** P.322 · 케일 5장 · 토마토 ½개 · 냉동 아보카도 1스푼 · 코코넛 워터 1컵 · 어린 밀싹 파우더 1스푼 · 물 적당량
점심	**쌉싸름한 나물의 향기** P.318 · 새우 닭 가슴살 볶음 1움큼 · 돌나물 1움큼 · 찐 고구마 1개 · 오이 ½개 · 자몽 ½개	**알알이 맺힌 청량함** P.320 · 얼린 청포도 1움큼 · 찐 고구마 1개 · 브로콜리 ⅓개 · 굽네 훈제 닭 가슴살 1팩 · 채소볶음 1움큼 · 반숙란 1개	**소시지 비주얼 UP** P.322 · 허닭 닭 가슴살 소시지 1팩 · 채소볶음 1움큼 · 바나나 파프리카 2개 · 방울토마토 1움큼 · 찐 고구마 1개
저녁	**콜리플라워 꽃이 피었습니다** P.319 · 상추 1움큼 · 풋고추 1개 · 브로콜리 ⅓개 · 닭 가슴살 콜리 볶음 1움큼 · 당근 ⅓개 · 바나나 파프리카 1개	**영양 만점 고구마 에그 슬럿** P.321 · 고구마 에그 슬럿 · 당근 ½개 · 귤 ½개 · 청경채 콜리 볶음 1움큼 · 다노 닭 가슴살 볼 1팩	**식욕 누르고 식감 살리고** P.323 · 돌나물 1움큼 · 다노 닭 가슴살 볼 1팩 · 얼린 청포도 1움큼 · 찐 고구마 1개 · 오이 ½개 · 당근 ⅓개 · 반숙란 1개
간식	· 아몬드 1움큼 · 아메리카노 1잔 · 커클랜드 프로틴 바 ½개	· 아몬드 1움큼 · 아메리카노 1잔 · 커클랜드 프로틴 바 ½개	· 아몬드 1움큼 · 아메리카노 1잔 · 커클랜드 프로틴 바 ½개

100일 동안 밀프렙을 하면서 자신이 좋아했던 식재료는 무엇이었고, 잘 맞지 않았던 음식은 무엇이었는지 체크하며 앞으로 실천할 밀가루 단식의 방향에 대해서도 생각해보자.

95일	96일	97일	98일
어벤져스 아침 군단 P.324	**그린 스무디의 기적** P.326	**선녀 카페 딸바 스무디** P.328	**부기 빼요 스무디** P.330
· 케일 5장 · 바나나 1개 · 냉동 아보카도 1스푼 · 어린 밀싹 파우더 1스푼 · 코코넛 워터 1컵 · 물 적당량	· 케일 5장 · 바나나 1개 · 냉동 아보카도 1스푼 · 냉동 블루베리 1스푼 · 코코넛 워터 1컵 · 물 적당량	· 케일 5장 · 바나나 1개 · 딸기 1움큼 · 어린 밀싹 파우더 1스푼 · 코코넛 워터 1컵 · 물 적당량	· 케일 5장 · 바나나 1개 · 냉동 아보카도 1스푼 · 코코넛 워터 1컵 · 물 적당량
치킨 플라워 볶음 P.324	**질리지 않는 식탁** P.326	**쌉쓰름한 맛이 매력이야** P.328	**초록색 꽃봉오리의 매력** P.330
· 닭 가슴살 콜리 볶음 1움큼 · 방울토마토 1움큼 · 찐 고구마 1개 · 바나나 파프리카 2개	· 찐 고구마 1개 · 방울토마토 1움큼 · 귤 ½개 · 채소볶음 1움큼 · 꼬꼬빌 치즈 볼 닭 가슴살 1팩	· 치커리 1움큼 · 허닭 훈제 닭 가슴살 1팩 · 고구마 에그 슬럿 · 방울토마토 1움큼	· 브로콜리 ⅓개 · 찐 고구마 1개 · 당근 ½개 · 허닭 스테이크 닭 가슴살 1팩 · 채소볶음 1움큼
미니 치팅데이!	**그릭 요거트의 재발견** P.327 · 채소볶음 1움큼 · 허닭 닭 가슴살 소시지 1팩 · 찐 고구마 1개 · 그릭 요거트 90㎖ 1통 · 바나나 파프리카 3개	**치팅데이!**	**새우와 아이들** P.331 · 새우볶음 1움큼 · 방울토마토 1움큼 · 찐 고구마 1개
· 아몬드 1움큼 · 아메리카노 1잔 · 커클랜드 프로틴 바 ½개	· 아몬드 1움큼 · 아메리카노 1잔 · 커클랜드 프로틴 바 ½개	· 아몬드 1움큼 · 아메리카노 1잔 · 커클랜드 프로틴 바 ½개	· 아몬드 1움큼 · 아메리카노 1잔 · 커클랜드 프로틴 바 ½개

This Week's Meal Prep
쟁여놓고 마음껏 먹자! 이번 주 밀프렙

신선 식품	시판 제품

신선 식품
- ✓ 케일 35장(P.20)
- ☐ 바나나 6개
- ☐ 사과 ½개
- ☐ 토마토 ½개(P.20)
- ☐ 딸기 1움큼
- ☐ 냉동 칵테일 새우 20개
- ☐ 마늘 7개
- ☐ 돌나물 2움큼(P.20)
- ☐ 찐 고구마 11개(P.20)
- ☐ 오이 1개(P.20)
- ☐ 자몽 ½개
- ☐ 얼린 청포도 2움큼(P.20)
- ☐ 브로콜리 1개(P.21)
- ☐ 바나나 파프리카 8개(P.20)
- ☐ 방울토마토 5움큼(P.20)
- ☐ 콜리플라워 3움큼(P.21)
- ☐ 귤 1개
- ☐ 치커리 1움큼(P.20)
- ☐ 아기용 치즈 2장
- ☐ 달걀 2개
- ☐ 당근 1.5개(P.20)
- ☐ 상추 1움큼(P.20)
- ☐ 풋고추 1개
- ☐ 청경채 4움큼(P.20)

시판 제품
- ✓ 냉동 아보카도 5스푼(곰곰)
- ☐ 코코넛 워터 7컵(말리)
- ☐ 어린 밀싹 파우더 4스푼(파파오가닉)
- ☐ 냉동 블루베리 1스푼(웰프레쉬)
- ☐ 스테이크 닭 가슴살 4팩(허닭)
- ☐ 훈제 닭 가슴살 1팩(굽네)
- ☐ 훈제 닭 가슴살 1팩(허닭)
- ☐ 냉동 손질 채소 5움큼(웰프레쉬)
- ☐ 반숙란 2개(에그코리아)
- ☐ 닭 가슴살 소시지 2팩(허닭)
- ☐ 치즈 볼 닭 가슴살 1팩(꼬꼬빌)
- ☐ 닭 가슴살 볼 2팩(다노)
- ☐ 그릭 요거트 90㎖ 1통(파파오가닉)
- ☐ 리얼너츠 7움큼(노브랜드)
- ☐ 프로틴 바 3.5개(커클랜드)

아침
효소 가득 그린 스무디

가공식품이 점령한 요즘 식탁. 채소와 효소가 부족해도 한참 부족하다. 식탁 위 요리를 모두 바꿀 수 없다면 하루 한 잔 그린 스무디라도 마시자. 아침에 마시는 그린 스무디 한 잔으로 효소를 가득 섭취할 수 있다.

재료 케일 5장, 바나나 1개, 냉동 아보카도 1스푼, 코코넛 워터 1컵, 어린 밀싹 파우더 1스푼, 물 적당량 조리 필요
❶ 믹서에 케일, 바나나, 아보카도를 넣는다. ❷ 코코넛 워터를 넣고 물을 부어 농도를 맞추며 간 후, 어린 밀싹 파우더를 넣고 섞는다.

점심
쌉싸름한 나물의 향기

돌에 사는 나물이라고 해 돌나물이라는 이름이 붙었다. 식단 관리를 하면서 처음 알게 된 돌나물. 쌉싸름한 맛이 묘하게 매력 있다. 기름 향이 도는 볶음과 함께 먹으면 느끼함을 중화해준다.

선녀's 꿀팁 알싸한 게 먹고 싶을 땐 양파, 마늘, 고추를 추천한다. 볶아도 좋고 생으로 먹어도 좋다.

재료 새우 닭 가슴살 볶음(칵테일 새우 10개, 허닭 스테이크 닭 가슴살 1팩, 마늘 7개) 1움큼, 돌나물 1움큼, 찐 고구마 1개, 오이 ½개, 자몽 ½개 조리 필요 ❶ 올리브유를 두른 팬에 새우와 통마늘, 닭 가슴살을 넣고 볶는다. ❷ 밀프렙한 재료와 함께 그릇에 담는다.

잠깐

오늘의 오후 간식

- 아메리카노 1잔
- 아몬드 1움큼
- 커클랜드 프로틴 바 ½개

 선녀's 토크

오늘은 웬일인지 입맛이 없었다. 입맛이 없는 건 다이어터에게는 좋은 일이지만, 몸이 피곤한 것처럼 기운이 없다 보니 축축 처진 하루였다. 100일의 기적이 머지않았다. 끝까지 힘내야지. 아자아자!

저녁
콜리플라워 꽃이 피었습니다

브로콜리와 똑 닮은 모습으로 비타민을 가득 품고 있는 콜리플라워. 닭 가슴살과 함께 볶으면 은은한 단맛을 느낄 수 있다. 다양한 채소와 함께 맛있게 즐기자.

선녀's 꿀팁 따뜻한 채소를 먹고 싶을 땐 과감하게 팬에 굽거나 에어프라이어를 활용하자.

재료 상추 1움큼, 풋고추 1개, 브로콜리 ⅓개, 닭 가슴살 콜리 볶음(허닭 스테이크 닭 가슴살 1팩, 콜리플라워 1움큼) 1움큼, 당근 ⅓개, 바나나 파프리카 1개 **조리 필요** ❶ 올리브유를 두른 팬에 콜리플라워와 닭 가슴살을 넣고 살짝 볶는다. ❷ 밀프렙한 재료와 함께 그릇에 담는다.

14주

아침
달콤한 스무디

아침에 챙겨 먹으면 더 좋은 사과. 깎아야 해서 조금은 귀찮지만, 스무디에 넣으면 달달한 스무디를 먹을 수 있다. 아침에 먹는 황금 사과 스무디로 하루를 활력 있게 시작해보자.

재료 케일 5장, 바나나 1개, 사과 ½개, 코코넛 워터 1컵, 물 적당량 **조리 필요** ❶ 믹서에 케일, 바나나, 사과를 넣는다. ❷ 코코넛 워터를 넣고 물을 부어 농도를 맞추며 간다.

점심
알알이 맺힌 청량함

껍질을 벗길 필요 없고 씨가 없어 간단하게 먹기 좋은 청포도. 냉동실에 넣어두고 한 알씩 꺼내 먹으면 달콤한 셔벗처럼 즐길 수 있다. 달달함에 기분까지 업!

재료 얼린 청포도 1움큼, 찐 고구마 1개, 브로콜리 ⅓개, 굽네 훈제 닭 가슴살 1팩, 채소볶음 1움큼, 반숙란 1개 **조리 필요** ❶ 올리브유를 두른 팬에 냉동 손질 채소를 넣고 약한 불로 볶는다. ❷ 닭 가슴살을 전자레인지에 넣고 약 1~2분간 해동한다. ❸ 밀프렙한 재료와 함께 그릇에 담는다.

선녀's 꿀팁 갈변된 사과는 맛에는 크게 문제가 없다. 스무디로 갈아 마시면 좋다.

93일
따라하기

잠깐
오늘의 오후 간식

- 아메리카노 1잔
- 아몬드 1움쿰
- 커클랜드 프로틴 바 ½개

 선녀's 토크

저녁에 따뜻한 고구마 에그 슬럿을 먹었더니 너무 맛있고 든든하다. 다이어트 중 가끔 먹는 이런 맛있는 음식은 만족감을 넘어 행복감까지 느끼게 해준다. 배고픔에 힘든 하루였지만 가벼운 몸과 컨디션을 잃고 싶지 않다는 생각으로 버텼다. 남은 하루도 멘탈 잡자!

저녁
영양 만점 고구마 에그 슬럿

집에 항상 있는 달걀과 고구마를 이용해 다이어트 식단 같지 않게 맛있는 에그 슬럿을 만들어보자. 나트륨 함량을 줄여 더욱 담백한 아기용 치즈까지 올리면 고급 요리 부럽지 않다.

재료 고구마 에그 슬럿(아기용 치즈 1장, 달걀 1개, 찐 고구마 1개), 당근 ½개, 귤 ½개, 청경채 콜리 볶음(청경채 2움쿰, 콜리플라워 1움쿰) 1움쿰, 다노 닭 가슴살 볼 1팩 **조리 필요** ❶ 전자레인지용 그릇에 고구마를 으깨 넣는다. ❷ 으깬 고구마 중간을 수저로 동그랗게 판 후, 달걀을 깨뜨려 넣고 그 위에 치즈를 올린 후, 전자레인지로 약 1분 30초간 돌린다. ❸ 팬에 올리브유를 두르고 청경채와 콜리플라워를 넣은 후 약한 불로 볶는다. ❹ 닭 가슴살도 전자레인지로 해동해 밀프렙한 나머지 재료와 함께 맛있게 먹는다.

선녀's 꿀팁 노른자는 포크로 콕콕 찔러주자. 한 부위만 살을 쏙 뺄 수는 없다. 식이 조절과 적절한 운동이 받쳐주면 전체적으로 빠지게 된다.

14주

아침

레드빛 스무디

붉은색을 띠는 토마토에는 라이코펜이라는 영양소가 풍부한데, 활성산소를 제거해 위 점막을 보호하는 데 탁월하다. 스무디에 넣어 갈면 더욱 맛있고 간편하게 먹을 수 있다.

재료 케일 5장, 토마토 ½개, 냉동 아보카도 1스푼, 코코넛 워터 1컵, 어린 밀싹 파우더 1스푼, 물 적당량 **조리 필요**
❶ 믹서에 케일, 토마토, 아보카도를 넣는다. ❷ 코코넛 워터를 넣고 물을 부어 농도를 맞추며 간 후, 어린 밀싹 파우더를 넣어 섞는다.

점심

소시지 비주얼 UP

밥반찬으로 먹던 소시지의 비주얼과 똑같아 먹을 때 기분까지 업! 익힌 채소볶음과 닭 가슴살 소시지의 궁합이 정말 좋아 만족스러운 식사가 된다.

재료 허닭 닭 가슴살 소시지 1팩, 채소볶음 1움큼, 바나나 파프리카 2개, 방울토마토 1움큼, 찐 고구마 1개 **조리 필요**
❶ 올리브유를 두른 팬에 냉동 손질 채소를 넣고 약한 불로 볶는다. ❷ 닭 가슴살을 전자레인지에 넣고 약 1~2분간 해동한다. ❸ 해동된 닭 가슴살을 프라이팬에 은은하게 굽는다. 밀프렙한 재료와 함께 그릇에 담는다.

선녀's 꿀팁 닭 가슴살 소시지에 칼집을 내고 팬에 살살 굴려가며 바짝 구워보자. 비주얼이 더 맛깔스러워진다.

> **잠깐**
>
> | 오늘의 오후 간식 | 선녀's 토크 |
> |---|---|
> | 
· 아메리카노 1잔
· 아몬드 1움큼
· 커클랜드 프로틴 바 ½개 | 추워서 그런지 뜨끈한 국물이 자꾸만 생각난 오늘. 포장마차 앞을 지나갈 땐 어묵 국물에 시선을 빼앗기고 순댓국집 앞을 지나갈 땐 순댓국에 시선을 빼앗긴다. 물론 이내 마음을 접고 가볍게 지나쳤다. 내가 좋아하는 한식은 대부분 찌개와 탕인데, 찌개나 국물 같은 건 열량이 높으니 당분간 되도록 자제하다. |

저녁

식욕 누르고 식감 살리고

다이어트 중에는 항상 헛헛한 속을 뭘로 달랠까 고민한다. 신선한 오이와 당근을 식단에 포함하면 아삭아삭한 식감으로 평소보다 더 큰 포만감을 얻을 수 있다. 자칫 퍽퍽하고 느끼할 수 있는 닭 가슴살과도 꽤 잘 어울린다.

재료 돌나물 1움큼, 다노 닭 가슴살 볼 1팩, 얼린 청포도 1움큼, 찐 고구마 1개, 오이 ½개, 당근 ⅓개, 반숙란 1개
조리 불필요(닭 가슴살을 전자레인지에 넣고 약 1~2분간 해동한 후, 밀프렙한 재료와 함께 그릇에 담는다.)

> **선녀's 꿀팁** 탄수화물은 사람이 살아가는 데 꼭 필요하다. 문제가 되는 것은 정제된 탄수화물, 즉 밀가루이다.

14주

아침
어벤져스 아침 군단

사람들이 그린 스무디 최고 조합이 뭐냐고 묻는다면 꼭 대답하는 네 가지. 케일, 코코넛 워터, 아보카도, 바나나. 이 네 가지는 평생 먹고 싶은 '띵 조합'이다.

재료 케일 5장, 바나나 1개, 냉동 아보카도 1스푼, 어린 밀싹 파우더 1스푼, 코코넛 워터 1컵, 물 적당량 **조리 필요** ❶ 믹서에 케일, 바나나, 아보카도를 넣는다. ❷ 코코넛 워터를 넣고 물을 부어 농도를 맞추며 간 후, 어린 밀싹 파우더를 넣고 섞는다.

점심
치킨 플라워 볶음

필요할 때마다 빠르게 꺼내 사용하기 좋은 냉동 채소. 일반 채소는 손도 많이 가고 오래 보관하기도 힘든 반면, 냉동 채소는 원하는 만큼 조금씩 조리하기 쉽고 보관하기도 쉽다. 예민해지기 쉬운 다이어트 기간에는 냉동 채소를 이용해 최대한 쉽고 간단한 메뉴를 만들자.

재료 닭 가슴살 콜리 볶음(허닭 스테이크 닭 가슴살 1팩, 콜리플라워 1움큼) 1움큼, 방울토마토 1움큼, 찐 고구마 1개, 바나나 파프리카 2개 **조리 필요** ❶ 올리브유를 두른 팬에 닭 가슴살과 콜리플라워를 넣고 볶는다. ❷ 밀프렙한 재료와 함께 그릇에 담는다.

선녀's 꿀팁 방울토마토도 종류에 따라 맛이 다양하다. 개인적으로 작고 동글동글한 토마토가 가장 맛있다.

잠깐

오늘의 오후 간식

- 아메리카노 1잔
- 아몬드 1움큼
- 커클랜드 프로틴 바 ½개

 선녀's 토크

맛있는 음식은 목 끝까지 채워 먹고 배부름을 즐기던 나였는데, 이제는 배가 너무 차면 오히려 찌뿌드드한 느낌까지 든다. 전에는 먹는 양은 줄이지 않은 채, 계속 많이 먹으면서 식이조절을 하려 했던 것 같다. 의식적으로 양을 줄여 위 크기를 작게 만들어야 식이조절이 가능해진다는 간단한 이치를 이제야 제대로 알았다. 이런 건강한 습관을 기른 나, 정말정말 칭찬해! 미니 치팅하고 기분도 좋아졌다!

저녁

미니 치팅데이

이번 주 미니 치팅 메뉴는 시판 샐러드. 오랜만에 시판 샐러드로 외식 분위기를 내보자. 이번 주에는 미니 치팅과 치팅데이가 하루 간격으로 붙어 있기 때문에 오늘 미니 치팅에는 무거운 메뉴를 선택하기보다는 시판 샐러드를 이용해 조금 가볍게 먹기로 한다. 샐러드로 치팅을 한다니 웬 말인가 싶겠지만, 집에서 차려 먹는 샐러드 식단과 다르게 사 먹는 샐러드는 더 배부르고 맛깔난다! 아주 만족!

아침
그린 스무디의 기적

후식 과일의 대표 주자인 아보카도. 손질하기 어렵기 때문에 냉동 아보카도를 사용하는 것도 좋은 방법이다. 그린 스무디에 아보카도 1스푼을 넣으면 불포화지방산이 풍부한 영양 만점 그린 스무디가 탄생한다.

재료 케일 5장, 바나나 1개, 냉동 아보카도 1스푼, 냉동 블루베리 1스푼, 코코넛 워터 1컵, 물 적당량 **조리 필요** ❶ 믹서에 케일, 바나나, 아보카도, 블루베리를 넣는다. ❷ 코코넛 워터를 넣고 물을 부어 농도를 맞추며 간다.

점심
질리지 않는 식탁

닭 가슴살에 치즈가 콕콕 박혀 평소보다 맛있는 한 끼 완성. 새로운 닭 가슴살을 먹을 때마다 설렌다. 식탁에서 발견하는 소확행!

재료 찐 고구마 1개, 방울토마토 1움큼, 귤 ½개, 채소볶음 1움큼, 꼬꼬빌 치즈 볼 닭 가슴살 1팩 **조리 필요** ❶ 올리브 유를 두른 팬에 냉동 손질 채소를 넣고 약한 불로 볶는다. ❷ 닭 가슴살을 전자레인지에 넣고 약 1~2분간 해동한다. ❸ 밀프렙한 재료와 함께 그릇에 담는다.

선녀's 꿀팁 스무디로는 왠지 부족하다면 견과류를 오전 간식으로 먹어도 좋다.

96일 따라하기

잠깐

오늘의 오후 간식

- 아메리카노 1잔
- 아몬드 1움큼
- 커클랜드 프로틴 바 ½개

 선녀's 톡

오늘은 컨디션이 너무 좋은 날! 다이어트 중 배고프고 힘들면 좋아하는 옷을 꺼내 입고 거울 앞에서 핏을 뽐내보자. 식욕이 뚝 떨어진다. 예쁜 옷을 마음대로 입을 수 있는 건 나에게 매우 중요한 일이다. 배고플 때마다 옷을 꺼내 입는 게 일종의 주문인 셈. 드디어 내일이 치팅데이다. 꾹 참고 자자.

저녁

그릭 요거트의 재발견

장 건강을 위해 열심히 먹기 시작한 그릭 요거트. 우유의 풍미가 진하게 느껴진다. 고구마에 요거트를 발라 한 입 먹어보자. 고구마를 그냥 먹는 것보다 물리는 느낌 없이 더 맛있게 많이 먹을 수 있다.

선녀's 꿀팁 살짝 얼린 고구마를 요거트에 콕 찍어 먹어보자. 신세계가 펼쳐진다.

재료 채소볶음 1움큼, 허닭 닭 가슴살 소시지 1팩, 찐 고구마 1개, 그릭 요거트 90㎖ 1통, 바나나 파프리카 3개 **조리 필요** ❶ 올리브유를 두른 팬에 냉동 손질 채소를 넣고 약한 불로 볶는다. ❷ 닭 가슴살을 전자레인지에 넣고 약 1~2분간 해동한다. ❸ 밀프렙한 재료와 함께 그릇에 담는다.

아침

선녀 카페 딸바 스무디

카페 인기 메뉴 딸바 주스. 직접 만들어 먹으면 시럽을 넣지 않고 영양분까지 가득 채워 더 건강하게 마실 수 있다. 건강한 스무디에 빼놓을 수 없는 케일까지 넣어 나만의 영양 만점 스무디를 만들어보자.

재료 케일 5장, 바나나 1개, 딸기 1움큼, 어린 밀싹 파우더 1스푼, 코코넛 워터 1컵, 물 적당량 **조리 필요** ❶ 믹서에 케일, 바나나, 딸기를 넣는다. ❷ 코코넛 워터를 넣고 물을 부어 농도를 맞추며 간 후, 어린 밀싹 파우더를 넣고 섞는다.

점심

씁쓰름한 맛이 매력이야

입안 가득 풍기는 씁쓰름한 맛의 대표 주자 치커리에는 칼륨, 칼슘, 카로틴 등 다양한 영양소가 풍부하게 함유되어 있다. 부드러운 닭 가슴살과 함께 먹으면 씁쓰름한 맛이 중화되는데, 달달한 고구마 에그 슬럿까지 함께하면 완벽한 맛의 식단이 된다.

재료 치커리 1움큼, 허닭 훈제 닭 가슴살 1팩, 고구마 에그 슬럿(아기용 치즈 1장, 달걀 1개, 찐 고구마 1개), 방울토마토 1움큼 **조리 필요** ❶ 전자레인지용 그릇에 고구마를 으깨 넣는다. ❷ 으깬 고구마 중간을 수저로 동그랗게 판 후, 달걀을 깨뜨려 넣고 그 위에 치즈를 올린다. ❸ 전자레인지에 약 1분 30초간 돌리면 끝. 닭 가슴살도 전자레인지로 해동해 밀프렙한 나머지 재료와 함께 맛있게 먹는다.

선녀's 꿀팁 포크로 노른자를 콕콕 찌른 다음, 마무리로 파슬리 가루를 뿌려보자. 더 맛있어 보이는 비주얼 완성!

잠깐		
오늘의 오후 간식	선녀's 토크	
 · 아메리카노 1잔 · 아몬드 1움큼 · 커클랜드 프로틴 바 ½개	치팅을 하면서 예정에 없던 술을 마시게 됐지만 죄책감이 들거나 하지는 않았다. 예전과 달리 음식 앞에서 괴로워하지 않고 적절하게 컨트롤하는 요령이 생긴 것 같다. 어차피 내일부터 원래 리듬대로 완벽하게 컨트롤할 수 있는 나라는 걸 잘 알고 또 믿기에 자책도 하지 않는다. 술은 먹었을지언정, 밀가루는 절대 먹으면 안 되는 음식으로 머리와 가슴에 패치가 된 건지 거들떠도 안 보게 된다. 밀가루는 이제 내 안중에 없다.	

저녁

치팅데이

요즘 날씨가 추워지니 자꾸만 따뜻한 국물이 먹고 싶어졌다. 그래서 이번 주 치팅 메뉴는 뜨끈한 감자탕으로 정했다. 나트륨이 많아 자극적인 음식이라는 걸 알고 있지만, 맛있게 먹고 다시 열심히 관리할 자신이 있어 선택했다. 나와 도란도란 술잔 기울이는 걸 좋아하는 신랑과 소주 한잔에 맛있는 밥을 먹으니 97일 동안 쌓인 아쉬움이 한꺼번에 풀렸다. 당연히 전처럼 과음하지 않았고, 밀가루 음식은 생각하지도 않은 나!

14주

아침
부기 빼요 스무디

코코넛 워터는 칼로리는 낮으면서 수분 보충에 탁월한 저칼로리 식품이다. 체내 나트륨과 독소를 배출해주기 때문에 치팅을 즐긴 다음 날 아침에 먹으면 좋다. 전날 즐긴 치팅데이의 여파를 가져가길 바라며!

재료 케일 5장, 바나나 1개, 냉동 아보카도 1스푼, 코코넛 워터 1컵, 물 적당량 조리 필요 ❶ 믹서에 케일, 바나나, 아보카도를 넣는다. ❷ 코코넛 워터를 넣고 물을 부어 농도를 맞추며 간다.

점심
초록색 꽃봉오리의 매력

줄기까지 아삭한 식감이 살아 있어 어느 것 하나 버릴 것 없는 만능 채소 브로콜리. 열량이 낮아 다이어트 중에도 사시사철 부담 없이 즐길 수 있다. 게다가 부족한 영양분을 채워줄 수 있는 매력쟁이다.

재료 브로콜리 ⅓개, 찐 고구마 1개, 당근 ½개, 허닭 스테이크 닭 가슴살 1팩, 채소볶음 1움큼 조리 필요 ❶ 올리브유를 두른 팬에 냉동 손질 채소를 넣고 약한 불로 볶는다. ❷ 닭 가슴살을 전자레인지에 넣고 약 1~2분간 해동한다. ❸ 밀프렙한 재료와 함께 그릇에 담는다.

선녀's 꿀팁 치팅 다음 날은 체중계 숫자가 치솟을 수 있다. 당연한 일이니 크게 연연하지 말자.

98일
따라하기

잠깐
오늘의 오후 간식

- 아메리카노 1잔
- 아몬드 1움큼
- 커클랜드 프로틴 바 ½개

 선녀's 토크

밀가루 없는 세상은 있을 수 없다고 생각했는데 그걸 내가 하고 있다. 그리고 이제 이틀 후면 100일이 된다. 사람들은 먹고 싶지 않냐고 묻는다. 물론 밀가루 음식을 보면 순간적으로 먹고 싶다는 생각이 들긴 하지만, 금세 머릿속에서 먹지 말아야 할 음식으로 분류해서 참게 된다. 힘들게 참지 않아도 자연스럽게 먹지 않는 습관을 기르게 된 것. 이제 밀가루 없는 세상, 충분히 있을 수 있어!

저녁
새우와 아이들

청경채와 칵테일 새우를 팬에 달달 볶아 포만감 좋고 풍미 가득한 새우볶음 샐러드를 만들어보자. 방울토마토와 고구마로 비타민과 탄수화물까지 완벽하게 챙기는 것도 잊지 말자!

재료 새우볶음(청경채 2움큼, 칵테일 새우 10개) 1움큼, 방울토마토 1움큼, 찐 고구마 1개 조리 필요 ❶ 올리브유를 두른 팬에 칵테일 새우와 청경채를 넣고 볶는다. ❷ 밀프렙한 재료와 함께 그릇에 담는다.

선녀's 꿀팁 매콤한 맛을 원한다면 소량의 고춧가루나 페페론치노를 추천한다.

15th Week

15주차

This Week's Challenges
이번 주 목표

또 다른 목표 그리기

근력 운동	유산소 운동
브리지 30회 + 와이드 스쿼트 25회 3세트	걷기 운동 40분

처음에 밀가루 끊는다고 할 때 다들 그걸 왜 하느냐고 말렸는데, 지금은 어떻게 끊는 거냐고 물어본다. 대단하다고, 자기는 못한다며 칭찬도 해준다. 나는 그런 말들은 처음부터 의식하지 않았다. 내가 이루고자 하는 목표와 과정에만 집중하고 달려왔으니까. 남들이 정한 수치에 일희일비하지 말고 나 스스로 만족할 수 있는 결과를 만드는 것. 나를 행복하게 만들고 돌봐주는 것. 몸은 정직하고 노력은 배신하지 않는다는 진리를 배우고 있다. 나는 이 경험으로 앞으로도 많은 도전을 할 수 있을 것 같다.

이번 주 이것만은 다짐하자!

 마인드 컨트롤하기

100일이라는 숫자에 심취해 정신줄 놓지 않는 게 중요하다. 체중계 숫자만큼이나 디데이는 단순한 숫자일 뿐. 잘한 건 칭찬하고 빠르게 내 생활에 집중하자. 공든 탑이 무너지기 쉽다.

 건강 관리하기

변화하는 날씨와 계절에 자칫 체력이 약해지고 몸이 상할 수 있다. 매일 밖에서 걷기 운동을 하는 만큼 보온 등에 더 신경 쓰고, 찬물보다는 미지근한 물을 마시며 컨디션 관리에 신경 쓴다.

 100일 차 이후 목표 설정

100일까지 지켰다고 해서 다이어트가 끝난 게 아니다. 완전히 끊지는 못하더라도 계속 줄이고 절제해야 한다. 막연히 '잘해야지' 하는 생각으로만 그치지 말고 앞으로 자기 관리를 어떻게 지속할지 목표를 세우며 점검해보자.

선녀의 밀가루 단식 100일 프로젝트

나 자신을 컨트롤할 수 있게 되다

어쩌다 많이 먹었으면 다음 날 적게 먹으면 된다. 며칠 동안 적게 먹고 관리를 잘했다면 한 번 정도 야식을 먹으며 스스로를 칭찬해주면 된다. 이렇게 반복하다 보면 원하는 몸매도 얻을 수 있고 맛있는 음식도 적절히 즐길 수 있다. 물론 건강은 덤이다. 단순하지만 나에게는 너무 어려운 원리였다.

연애에도 밀고 당기는 것이 필요하듯 나 자신에게도 밀고 당기기가 필요하다. 적절히 당겨주고 적절히 밀어주다 보면 습관이 생기고 한결 유연해질 수 있다. 막연하게 못하겠다고 생각하던 것들이 이제는 너무나 당연한 습관으로 자리 잡았다.

내가 여기서 모든 걸 내려놓으면 지금 누리는 이 가벼움도, 어렵게 이룬 성취도 다 끝난다는 걸 안다. 배고픔을 느낄 땐 너무 힘들다가도 변해가는 내 몸을 보면 행복하다. 이 감정의 반복을 100일 동안 하루도 빠지지 않고 겪었다. 하루하루를 투자해 진짜 '나'를 알아가는 과정. 이제 나는 나에 대해 어느 정도 알 것 같다. 나를 아는 힘으로 평생을 지금처럼 행복하게 살 수 있다면, 100일 전으로 돌아가도 나는 다시 밀가루 단식을 시작할 것이다.

This Week's Meal Plan
이번 주 식단 한눈에 보기

	99일	100일
아침	**언제나처럼 그린 스무디** P.340 · 케일 5장 · 바나나 1개 · 냉동 아보카도 1스푼 · 코코넛 워터 1컵 · 어린 밀싹 파우더 1스푼 · 물 적당량	**100일의 기적, 그린 스무디** P.342 · 케일 5장 · 바나나 1개 · 냉동 아보카도 1스푼 · 냉동 블루베리 1스푼 · 코코넛 워터 1컵 · 물 적당량
점심	**미니 치팅데이!** 스마트한 미니 치팅	**치팅데이!** 나만의 100일 기념 파티
저녁	**시판 도시락 타임** P.341 · 마이비밀 도시락 1팩 (제육볶음)	**새로운 시작, New Beginning** P.343 · 풋고추 1개 · 방울토마토 1움큼 · 찐 고구마 1개 · 당근 ½개 · 닭 가슴살 콜리 볶음 1움큼
간식	· 아몬드 1움큼 · 아메리카노 1잔 · 커클랜드 프로틴 바 ½개	· 아몬드 1움큼 · 아메리카노 1잔 · 커클랜드 프로틴 바 ½개

This Week's Meal Prep
쟁여놓고 마음껏 먹자! 이번 주 밀프렙

신선 식품

- [x] 케일 10장(P.20)
- [ ] 바나나 2개
- [ ] 풋고추 1개
- [ ] 방울토마토 1움큼(P.20)
- [ ] 찐 고구마 1개(P.20)
- [ ] 당근 ½개(P.20)
- [ ] 콜리플라워 1움큼(P.21)

시판 제품

- [x] 냉동 아보카도 2스푼(곰곰)
- [ ] 코코넛 워터 2컵(말리)
- [ ] 어린 밀싹 파우더 1스푼(파파오가닉)
- [ ] 냉동 블루베리 1스푼(웰프레쉬)
- [ ] 제육볶음 도시락 1팩(마이비밀)
- [ ] 스테이크 닭 가슴살 1팩(허닭)
- [ ] 리얼너츠 2움큼(노브랜드)
- [ ] 프로틴 바 1개(커클랜드)

15주

아침
언제나처럼 그린 스무디

마지막 주 아침이 밝았다. 단 이틀 남았다고 새롭고 특별한 아침을 먹는 것보다 평소와 같은 메뉴를 먹어 지금까지의 흐름을 이어가는 게 좋다. 이번 주도 영양 만점 그린 스무디로 시작하자.

재료 케일 5장, 바나나 1개, 냉동 아보카도 1스푼, 코코넛 워터 1컵, 어린 밀싹 파우더 1스푼, 물 적당량 **조리 필요** ❶ 믹서에 케일, 바나나, 아보카도를 넣는다. ❷ 코코넛 워터를 넣고 물을 부어 농도를 맞추어 간 후, 어린 밀싹 파우더를 넣고 섞는다.

점심
스마트한 미니 치팅

이제 내일이면 밀가루 단식 100일 차! 오늘은 치팅데이에 대비해 미니 치팅 즐기기. 주 1회만 치팅하는 것이 힘들다면 중간에 소소한 미니 치팅을 즐기자. 미니 치팅 덕분에 식사를 컨트롤하고 기분 좋게 먹을 수 있다. 무작정 참는 게 아니라 스마트한 치팅을 즐기는 습관을 들이자.

잠깐

오늘의 오후 간식

- 아메리카노 1잔
- 아몬드 1움큼
- 커클랜드 프로틴 바 ½개

선녀's 토크

SNS에 밀가루 단식 과정을 1일 차부터 기록해 100일이 다가오니 주변에서 벌써부터 축하를 해주고 있다. 주변 사람들도 나를 따라 밀가루 섭취를 줄이며 건강 문제를 해결하고 다이어트에 도움을 받았다고 해서 정말 뿌듯하다. 하루를 돌이켜보기 위해 시작한 다이어트 기록인데, 내가 겪은 100일간의 과정을 먼 훗날 책으로 만들어도 재밌을 것 같다.

저녁

시판 도시락 타임

오늘 저녁에는 내가 가장 좋아하는 메뉴의 시판 도시락을 즐겼다. 밀가루 단식을 할 때 목표한 디데이가 다가오면 마음이 붕 떠서 충동적인 유혹에 시달릴 수 있으므로, 좋아하는 도시락이나 샐러드로 마음을 다잡자. 시판 도시락은 일반식 적응 훈련에도 도움이 된다.

아침

100일의 기적, 그린 스무디

대망의 100일 아침. 그린 스무디로 평소 패턴을 유지하며 하루를 시작하자. 마지막 날이니만큼 간단한 스트레칭이나 운동도 함께 해 컨디션을 최상으로 끌어올리자.

재료 케일 5장, 바나나 1개, 냉동 아보카도 1스푼, 냉동 블루베리 1스푼, 코코넛 워터 1컵, 물 적당량 조리 필요 ❶ 믹서에 케일, 바나나, 아보카도, 블루베리를 넣는다. ❷ 코코넛 워터를 넣고 물을 부어 농도를 맞추며 간다.

점심

나만의 100일 기념 파티

드디어 밀가루 단식 100일 차. 3주를 목표로 잡았던 게 50일이 되고 다시 100일이 됐다. 너무 뿌듯하고 모든 게 감사하다. 100일이 되는 오늘을 도저히 그냥 보낼 수 없다. 맛있는 음식으로 목표 달성을 축하하고 싶다. 단, 다이어트는 현재 진행 중이기 때문에 과식하지 않고 조심해서 먹어야 한다. 가족과 함께할 100일 축하 메뉴는 꼬리찜!

100일

잠깐	 선녀's 토크
오늘의 오후 간식 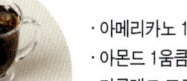　· 아메리카노 1잔 　· 아몬드 1움큼 　· 커클랜드 프로틴 바 ½개	음식을 조절해오면서 그 순간은 너무 힘들어도 한번만 참으면 다음 날 2배, 3배 더 행복해지는 경험을 했기 때문에 100일까지 참을 수 있었다. 목표를 이루었지만 모래시계를 다시 뒤집어놓으려고 한다. 끝이 아닌 새로운 시작이자 연장선이다. 이 마음 그대로 평생 잔잔하게 자기 관리를 할 것이다. 앞으로 나아가야 할 방향은 '다이어트'가 아니라 '자기 관리'다.

저녁

새로운 시작, New Beginning

저녁은 다시 밸런스를 맞춰 평소 식단으로 먹는다. 길다면 길고 짧다면 짧은 밀가루 단식 다이어트를 마무리하려고 한다. 100일간의 노력과 기억을 되새겨보자. 고생했어, 나 자신!

재료 풋고추 1개, 방울토마토 1움큼, 찐 고구마 1개, 당근 ½개, 닭 가슴살 콜리 볶음(허닭 스테이크 닭 가슴살 1팩, 콜리플라워 1움큼) 1움큼 **조리 필요** ❶ 올리브유를 두른 팬에 콜리플라워와 닭 가슴살을 넣고 살살 볶는다. ❷ 밀프렙한 다른 재료와 함께 그릇에 담는다.

선녀's 꿀팁 수납장에 있는 햄, 과자, 군것질은 가족의 양해를 구하고 반드시 정리하자.

"저는 이제 다이어트가 아니라 자기관리를 합니다"

밀가루 단식을 한 지 꽤 지난 시점에 책을 쓰게 되어 다시 1일 차부터 100일 차까지 담은 기록을 꺼내본 지난 1년간의 시간. 잠시 잊고 있던 그때의 열정과 간절함을 다시 한번 마주할 수 있었다. 곧 있으면 밀가루 단식한 지 700일이 된다. 이 책을 쓰면서 다시 마주했던 그때의 내 생각과 감정. 밀가루를 끊고 다이어트를 했기 때문에 책을 쓸 수 있었지만, 아이러니하게도 책을 쓰기 때문에 밀가루 단식을 계속 이어나갈 수 있었다. 다시 본 그때의 기록은 가끔 나약해질 때마다 다시 도전할 수 있도록 힘을 불어넣어주었고, 온 마음으로 느껴지는 그때의 감정은 내가 또 다른 꿈을 꿀 수 있게 해주었다. 이 책을 쓴 사람이 지금까지 밀가루 단식을 계속하고 있다면 독자분들에게 조금 더 좋은 영향과 강한 동기를 줄 수 있지 않을까 싶어 스스로를 컨트롤하며 밀가루 단식을 꾸준히 유지했다.

"아니, 어떻게 밀가루를 몇백 일이나 안 드실 수 있는 거죠?"
자주 듣는 질문에 나는 항상 같은 대답을 한다.

'다 습관이 됩니다'

초반에는 몸에 힘이 뻣뻣하게 들어간 신병의 모습이었다면 시간이 점점 흐를수록 일병, 상병, 병장의 모습으로 변한다. 그리고 지금은 전역을 앞둔 말년 병장의 모습이 아닐까 싶다. 이제는 밀가루 앞에서 긴장하지 않아도 되고 다이어트가 힘들다며 매일 밤 울지 않아도 된다. 말 그대로 내 식습관은 모두 안정화되었다.

나에게 다이어트 성공 비법을 물어보는 사람들에게 "습관을 만드세요" 하는 말은 사실 그리 희망적이지 않을 수 있다. 마음이 급해지다 보면 습관이고 뭐고 빠른 결과만 기대하게 되고, 결과에만 초점을 맞추려는 조급함이 생기기 때문이다. 하지만 그럴수록 성공에서 점점 더 멀어진다는 걸 반드시 알아야 한다. 나 또한 다이어트에 별다른 노력을 기울이지 않았을 때는 다이어트 약을 지어서 즉각적인 효과를 보고 싶었고, 전 재산을 털어 지방 흡입이라도 하고 싶었다. 그렇게 극단적인 다이어트 방법으로 몸과 정신을 계속 아프게만 했다. 더 쉬운 방법으로 성공했다면 지금의 내가 있었을까? 아니. 이 책을 읽는 당신도, 이 책을 만든 나도 없었을 것이다.

근본적인 것부터 차근차근 고쳐 평생 다이어트가 필요 없는 몸을 만들고 싶었다. 조금 더 극단적으로 표현하자면 망가진 것 같은 내 몸 세포 하나하나를 전부 리셋하고 싶었달까. 그렇게 밀가루 단식이 내 마음에 쏙 들어왔고 나를 바꿀 수 있는 단 한 가지가 바로 습관이라는 걸 깨달았을 때 다이어트가 즐거워지기 시작했다.

물론 드러나지 않는 곳에서 매일 밤 울어야 했다. 그 고통은 오롯이 나만 알고 있다. 한 번도 가져본 적 없는 것을 갖기 위해 해본 적도 없는 노력을 했으니까. 하지만 점점 내 노력을 보상하듯 몸에 변화가 오기 시작했다. 몸매가 바뀌었고, 더 이상 변기 위에서 끙끙거리지도 않게 됐다. 잠도 잘 자고, 매일 아침 부기와 싸울 필요도 없어졌다. 그렇게 편안한 속으로 늘 건강한 컨디션을 유지하고 있다. 오늘날까지도.

살면서 무언가 진득하게 제대로 도전해본 적이 있었던가. 밀가루 단식 다이어트를 통해 '꾸준함'이라는 단어가 나랑 어울리는 말이 되었구나 싶었다. 난 아직도 그리 철이 들지 않았고, 대단한 사람도 아니지만 이 말 하나는 확실하게, 그리고 당당하게 말할 수 있다.

"나는 나 자신을 가장 잘 돌볼 줄 아는 사람이고 스스로를 존중하며 아끼고 사랑한다."

I love myself !

MEMO

MEMO